Otto Kaiser

Grundriß der Einleitung in die kanonischen und deuterokanonischen Schriften des Alten Testaments

Band 2: Die prophetischen Werke

Mit einem Beitrag von Karl-Friedrich Pohlmann

Gütersloher Verlagshaus

Die Deutsche Bibliothek – CIP-Einheitsaufnahme

Grundriss der Einleitung in die kanonischen und deuterokanonischen Schriften des Alten Testaments /
Otto Kaiser. Mit einem Beitr. von Karl-Friedrich Pohlmann. –
Gütersloh : Gütersloher Verl.-Haus.
Bd. 1 verf. von Otto Kaiser
NE: Kaiser, Otto; Pohlmann, Karl-Friedrich

Bd. 2. Die prophetischen Werke. – 1994
ISBN 3-579-00053-5

ISBN 3-579-00053-5

Umschlaggestaltung: Dieter Rehder, Kelmis/Belgien
Satz: Weserdruckerei Rolf Oesselmann GmbH, Stolzenau
Druck und Bindung: MZ Verlagsdruckerei GmbH, Memmingen
Printed in Germany

Der Society of Old Testament Study
in Hochachtung und
Dankbarkeit
für die Verleihung
der Honorary Membership

Inhalt

Zum Geleit

Aus verlegerischen Gründen wird die Darstellung der prophetischen und poetischen Schriften auf zwei Bände verteilt. Der größere Umfang dürfte ebenso durch die Einbeziehung der deuterokanonischen Schriften gerechtfertigt sein, die die traditionsgeschichtliche Brücke zwischen den beiden Testamenten schlagen, wie durch die Aufgabe, eine auch nur annähernd angemessene Auskunft über den Stand der gegenwärtigen Forschung zu geben. Aufgrund des stärkeren Umfangs dieses Bandes befindet sich das ausführliche Abkürzungsverzeichnis am Ende von Band 3.

Zu danken habe ich an erster Stelle meinem Freund Karl-Friedrich Pohlmann, Münster, für seine Bereitschaft, den Paragraphen über das Ezechielbuch beizusteuern. Herr Dr. Uwe Becker, Marburg, hat das Entstehen der Arbeit mit seinem Interesse begleitet und ihre Qualität durch zahlreiche Ergänzungsvorschläge verbessert. Weiterhin bin ich Herrn Hochschulassistenten Alexander Fischer, Münster, und besonders Herrn stud. theol. Burghard Bock aus Celle für das Mitlesen der Korrekturen verbunden. Schließlich danke ich dem Gütersloher Verlagshaus für seine Bereitschaft, auch den 2. und 3. Teil des Grundrisses in seine Obhut zu nehmen und damit eine vor einem Vierteljahrhundert begonnene Zusammenarbeit fortzusetzen.

Marburg, im Juni 1993 *Otto Kaiser*

D. Die prophetischen Werke

§ 19 Das Phänomen der alttestamentlichen Prophetie, die vorklassische Prophetie und die Elia-, Elisa- und Jesajaerzählungen

Lehrsatz 1: *Das Phänomen.* Bei der Prophetie als der Voraussage künftiger heil- oder unheilvoller Ereignisse aufgrund medialer oder mantischer Präkognition handelt es sich grundsätzlich um ein weltweites und überzeitliches Phänomen, das in unterschiedlichen Kulturen und Religionen einen unterschiedlichen Grad von Anerkennung und Öffentlichkeit besitzt. Bei den Völkern des Alten Orients,[1] Ägyptens[2] und der Ägäis[3] herrschte die technische Mantik vor. Die präkognitive Inspirationsprophetie läßt sich im Königreich von Mari am mittleren Eufrat im 18./17.Jh.[4], wenige Jahrhunderte später bei den Kanaanäern in Ta^c^anak und bei den Phöniziern in Byblos[5], im 8.Jh. bei den Aramäern in Syrien[6], im 8./7. Jh. v.Chr. auch im kanaanäisch-aramäischen Grenzgebiet des Ostjordanlandes[7] und schließlich im 7.Jh. bei den Assyrern[8] nachweisen. Daneben ist

1. Vgl. dazu B.Meissner, Babylonien und Assyrien II, Heidelberg 1925, S. 242ff; A.L.Oppenheim, Ancient Mesopotamia. Portrait of a Dead Civilization, Chicago und London 1964 (ND), S.206ff.; I.Star, The Rituals of the Diviner, Bibliotheca Mesopotamica 11, Malibu 1983 sowie M.Weippert, Aspekte israelitischer Prophetie im Lichte verwandter Erscheinungen des Alten Orients, in: Ad bene et fideliter seminandum. FS K.Deller, hg. G.Maurer und U.Magen, AOAT 220, Kevelaer und Neukirchen-Vluyn 1988, S.287ff. und M.Nissinen, Die Relevanz der neuassyrischen Prophetie für die alttestamentliche Forschung, in: Mesopotamica – Ugaritica – Biblica. FS K.Bergerhof, hg. M.Dietrich und O.Loretz, AOAT, Kevelaer und Neukirchen-Vluyn 1993, S.217ff.
2. Vgl. dazu H.Bonnet, Artikel: Orakel, in: ders., Reallexikon der Ägyptischen Religionsgeschichte, (1932) Berlin 1971[2], S.560ff.; zu seiner Verwendung in der Spätzeit auch O.Kaiser, Das Orakel als Mittel der Rechtsfindung im Alten Ägypten, ZRGG 10, 1958, S.193ff. Zur Prophetie vgl. G.Lanzcowski, Altägyptischer Prophetismus, ÄA 4, Wiesbaden 1960 und S. Herrmann, Prophetie in Israel und Ägypten. Recht und Grenze eines Vergleichs, SVT 9 Leiden 1963, S. 47ff.
3. Vgl. dazu W.Burkert, Griechische Religion der archaischen und klassischen Epoche, RM 15, Stuttgart u.a. 1977, S.178ff. und z.B. H.W.Parke, The Oracles of Zeus. Dodona. Olympia. Ammon, Oxford 1967. Zu den unterschiedlichen Erscheinungen und Techniken vgl. auch M.T.Cicero, Über die Wahrsagung. De divinatione. Lateinisch-Deutsch, hg., übers. und erläutert v. Chr.Schäublin, Tusculum, München und Zürich 1991.
4. Vgl. TUAT II/1, S.84-93 und dazu F.Ellermeier, Prophetie in Mari und Israel, ThOA 1, Herzberg/Harz 1967; A.Schmitt, Prophetischer Gottesbescheid in Mari und Israel, BWANT 114, Stuttgart u.a. 1982.
5. Vgl. den Brief aus Ta^c^anak Nr.1, ANET[2-3], S.490 sowie den aus der Zeit um 1076 v.Chr. stammenden Reisebericht des Ägypters Wen-Amun 1, 38-40, TGI[3], S.43.
6. Vgl. den Brief des Königs Zakkur von Hamath, KAI 202,12-17; TUAT I/6, S.627.
7. Vgl. die Bileaminschriften vom Tell Deir ^c^Alla (Sukkot), TUAT II/1, S. 138ff.
8. Vgl. die an die Könige Asarhaddon und Assurbanipal gerichteten Prophetien TUAT II/1, S.56ff.

auch an das altarabische Sehertum zu erinnern.[9] Daher ist es nichts Ungewöhnliches, daß es auch in Israel neben der nur schwach bezeugten technischen Mantik[10] inspirierte Propheten und Prophetinnen gab. Sie wurden von Hoch und Niedrig befragt und sagten, darin den Prophetinnen der Ischtar von Arbela gleich, gerufen und ungerufen im Namen Jahwes an, was geschehen werde. Die Besonderheit der israelitischen Prophetie liegt nicht in dem Auftreten von Propheten als solchem, sondern einerseits darin, daß die uns erhaltenen Sprüche durchgehend den Stempel der exklusiven Jahwereligion und ihrer Ethik tragen, und andererseits darin, daß ihre Sprüche zu Prophetenbüchern ausgestaltet worden sind. Die Voraussetzungen dieser Bücher, ihre Entstehungsgeschichte und ihre literarische wie theologische Eigenart darzustellen, bildet die eigentliche Aufgabe der Einleitungswissenschaft.

Lehrsatz 2: *Zur Geschichte der Prophetie in Israel.* Man unterscheidet herkömmlich zwischen der *vorklassischen*, nur in Gestalt von Prophetenerzählungen überlieferten und der *klassischen oder Schriftprophetie.* Die *Erzählungen über die vorklassische Prophetie* setzen mit der Richterzeit ein und reichen bis in die 2. Hälfte des 9.Jh.s v.Chr. Sie haben ihre Ausgestaltung teils in vordtr und weithin in dtr wie nachdtr Kreisen gefunden. Die *Schriftprophetie* setzt mit den um und nach der Mitte des 8.Jh.s im Nordreich wirkenden Propheten Amos aus dem judäischen Thekoa und Hosea Sohn des Beeri, der vermutlich auch aus dem Nordreich stammte, ein und endet mit dem 5.Jh. Die früh einsetzenden literarischen Fortschreibungen der Prophetensprüche, der wir die Prophetenbücher überhaupt erst verdanken, setzten sich teilweise bis in frühhellenistische Zeit fort. Die zeitliche Begrenzung der Schriftprophetie mit ihren Höhepunkten in der vorexilischen Untergangs- und der exilisch-frühnachexilischen Heilsprophetie erklärt sich daraus, daß sie einerseits dem Schulderweis und der Bezeugung der Macht Jahwes angesichts des katastrophalen Endes des Nordreiches Israel 722 und des Südreiches Juda 587 v.Chr. und anschließend der Belebung der Hoffnung auf die Befreiung und Heimkehr aus dem Exil diente und andererseits durch die Verlesung der Tora abgelöst wurde, in deren Gehorsamsforderung die Bedingung für die Erlösung aus der Exilssituation enthalten war. Parallel zu dem Abschluß der Prophetenbücher und des Prophetenkanons setzte das pseudepigraphe apokalyptische Schrifttum ein, in dem eschatologisch gesinnte Kreise ihre Geschichtsdeutung und ihre Endzeiterwartungen niederlegten. Von ihm hat

9. Vgl. dazu J.Wellhausen, Reste arabischen Heidentums, Berlin (1897^2) 1927 = 1961^3, S.131ff.

10. Vgl. dazu R.de Vaux, Les institutions de l'Ancien Testament II, Paris 1960, S.200ff. und O.Loretz, Leberschau, Sündenbock, Asasel in Ugarit und Israel, UBL 3, Altenberge 1985. Beispiele für die altorientalische und altarabische Mantik finden sich reichlich in TUAT II/1. Zu ihren Grundlagen und Techniken vgl. auch I.Starr, The Rituals of the Diviner, Bibliotheca Mesopotamica 12, Malibu 1983.

nur noch das Danielbuch und es auch nur noch unter den *kᵉtubîm* oder Schriften Aufnahme in die Hebräische Bibel gefunden.

Zusatz 1: *Die vorklassischen Propheten und Seher.* I Sam 9,9 weiß darum, daß man einst die Propheten Seher nannte. Als solche lernen wir in I Sam 9 Samuel und in I Sam 22,5 und II Sam 24,11ff. Gad kennen. Während es sich bei der Identifikation des Sehers in c.9 mit Samuel wie überhaupt bei dessen weiterer Ausdeutung als Prophet mit *Peter Mommer* um die Folge eines sekundären Traditionsprozesses handelt (I Sam 9 f.; 13,8ff.; 15; 19,18ff. und 28,3ff.),[11] dürfte es sich bei Gad, wie immer II Sam 24 zu bewerten ist, in der Tat um den Seher Davids gehandelt haben. Schwieriger ist der historische Nathan zu greifen, der in der Überlieferung als Hofprophet Davids ganz unterschiedliche Züge aufweist (II Sam 7,1ff.*; 12,7ff.). Dabei dürfte sein Bild in II Sam 12,7ff. dtr ausgestaltet sein. In I Reg 11,29ff. begegnet der Prophet Ahia von Silo und in I Reg 12,22ff. der Prophet Schemaja; doch sind beide als historische Gestalten kaum noch greifbar. Namenlose Propheten, Prophetenjünger und ein Gottesmann wurden vordtr und nachdtr in die eigentlich in die 2.Hälfte des 9.Jh.s gehörenden Aramäerkriegserzählungen in I Reg 20 eingefügt, die redaktionell in die Zeit Ahabs verlegt worden sind. Ähnlich ist in die Erzählung von König Josafats Teilnahme an einem Feldzug gegen die Aramäer zur Rückgewinnung von Ramot Gilead in I Reg 22 in den V.5-28 eine Erzählung von dem Propheten Micha Ben Jimla eingeschaltet worden. Die Episode von der visionären Teilnahme Michas an der himmlischen Ratsversammlung in V.19-23 stellt eine nachdtr Erweiterung dar. Sie erst identifiziert den namenlosen König von Israel der Grunderzählung mit Ahab. Vermutlich sind die Kriegserzählungen in c.20 und 22 überhaupt erst nachdtr in das Königsbuch aufgenommen worden.[12]

Zusatz 2: *Die Eliaerzählungen.* Die Gestalt Elias ist erst in einem längeren Traditionsprozeß zu dem exemplarischen Jahwepropheten und Gegenspieler König Ahabs geworden, dem sein Gott den Sieg über die Baalspropheten verlieh, um ihn schließlich in den Himmel zu entrücken und ihn vor dem Endgericht noch einmal als großen Umkehrprediger auf die Erde zu schicken. Traditionsgeschichtlich lassen sich in der Eliaüberlieferung der *Dürrezyklus* I Reg 17-18 nebst dem Anhang in 19,1-19 von seiner *Wallfahrt zum Horeb*, die *Erzählung von Naboths Weinberg* in I Reg 21 und schließlich die von *dem Einschreiten Elias gegen die Befragung eines fremden Gottes durch einen* (zunächst namenlosen) *König von Israel* in II Reg 1,2-17a voneinander unterscheiden. In der nach *H.-Chr. Schmitt* und

11. Vgl. dazu P.Mommer, Samuel. Geschichte und Überlieferung, WMANT 65, Neukirchen-Vluyn 1991.
12. Vgl. dazu die Analysen von E.Würthwein, Die Bücher der Könige. Das erste Buch der Könige Kapitel 1-16, ATD 11/1, Göttingen 1985² und Die Bücher der Könige. 1.Kön.17-2.Kön.25, ATD 11/2, Göttingen 1984 z.d.St.

Ernst Würthwein ältesten in dem *Dürrezyklus* I Reg 17-18* greifbaren Schicht erscheint Elia als ein König Ahab keineswegs feindlich gegenüberstehender Mantiker, den während einer Dürreperiode die Raben versorgten, bis er nach dem Austrocknen des Baches Kerit zu einer Witwe nach Sarepta ging, deren Gastfreundschaft er mit einer wunderbaren Mehl- und Ölvermehrung belohnte (vgl. auch II Reg 4,1ff.), um dann anläßlich einer Bußfeier dem König das Kommen des Regens anzukündigen, den er in einer eigentümlichen Versenkung auf dem Berg Karmel einem Regenmacher gleich herbeiführte (vgl. besonders I Reg 18,41-45). Die *Erzählung von der Erweckung des Knaben* in 17,17-24 dürfte erst nachdtr eingefügt worden sein (vgl. II Reg 4,8-37). Ähnlich könnte es sich mit der von der Begegnung mit dem Krongutverwalter des Königs Obadja in 18,2b-16 verhalten. Entscheidend für das Eliabild wurde seine dtr Ausgestaltung (DtrP) als eines Jahwepropheten, an den das Wort Jahwes erging und der nun all seine Wunder in Jahwes Auftrag vollführte. Die großartige Erzählung von der Opferprobe am Karmel 18,21-39* dürfte in dtn/dtr Kreisen entstanden sein und wurde dann ebenfalls unter Verstärkung der wunderhaften Züge in die Dürrerzählung eingefügt. An den Dürrezyklus ist spätdtr die primär selbständige Erzählung von Elias Wallfahrt zum Horeb angeschlossen und mit der Flucht vor der durch die Abschlachtung der Baalspriester erzürnten Königin Isebel begründet worden (I Reg 19,1-8*). Besondere Hervorhebung verdient die Einfügung der Theophanieschilderung in 19,10b-13, die gegen die herkömmlichen Darstellungen der Gotteserscheinung polemisiert. Bereits zur *Elisaüberlieferung* gehört die relativ junge *Erzählung von der Berufung Elisas* in 19,19-21. Die Einführung Elias in die *Erzählung von Naboths Weinberg* I Reg 21 ist nach Würthwein erst dtr erfolgt. So hat Elia seine königsfeindlichen und seine sozialkritischen Züge überhaupt erst durch die Deuteronomisten erhalten. Auf der dtr Interpretation des Wundertäters Elia als eines dem Fremdgötterkult entgegentretenden Propheten baut die nachdtr *Erzählung von dem Widerstand Elias gegen die Befragung eines fremden Gottes durch einen König von Israel* in II Reg 1,2-17 auf, die bei ihrer Aufnahme in das Königsbuch auf Ahasja bezogen worden ist. Ihre Apotheose erfuhr die Gestalt Elias in der Elisaerzählung II Reg 2,1-18, in der er auf einem feurigen Wagen gen Himmel entrückt wird. Sie bildete die Voraussetzung für die frühhellenistische Erwartung von seiner Wiederkehr zur Versöhnung der Generationen unter dem Vorzeichen des Gehorsams gegen das Gesetz Moses vor dem Endgericht, mit deren Prophezeiung der Prophetenkanon in frühhellenistischer Zeit in Mal 3,23-24 abgeschlossen wurde.[13] In der Verklärungsgeschichte Mk 9,2ff. erscheinen Jesus Elia und Mose, und in 9,11f. identifiziert Jesus Johannes den Täufer mit dem wiederkommenden Elia.

Bemerkung 1: Den Deuteronomisten standen die Mittel moderner kritischer Geschichtsschreibung nicht zur Verfügung. Statt dessen deuteten sie die Überlie-

13. Vgl. dazu auch das Oratorium Elias von Felix Mendelssohn-Bartholdy.

ferung von dem Wundertäter Elia im Schatten der Erfahrung der Katastrophe von 587 als Beispiel von der Macht des Wortes Jahwes und als Warnung vor dem Abfall zu den fremden Göttern. Dadurch wurde seine geschichtliche zu einer *symbolischen Gestalt*, so daß sie noch heute den Glauben an den einzigen Gott zu bezeugen (I Reg 18,39) wie vor dem Abfall von ihm und vor der Verletzung des Rechts zu warnen vermag.

Zusatz 3: a) *Die Elisaerzählungen* sind in I Reg 19,19-21; II Reg 2-8; 9,1-13 und 13,14ff. überliefert. Sie sind abgesehen von der möglicherweise schon vordtr durch die Einfügung Elisas erweiterten Erzählung von der Revolution Jehus in II Reg 9 erst nachdtr in das Königsbuch aufgenommen.[14] Sie zeichnen ein sehr unterschiedliches Bild von ihm: Auf der einen Seite tritt er in den *Wundererzählungen* II Reg 2,19-22 (Heilung der Quelle in Jericho); 2,23-25 (Tötung der spottenden Buben von Jericho); 4,1-7 (Rettung der Söhne der Witwe durch ein Ölwunder); 4,8-37 (Verheißung und Auferweckung des Sohnes der Sunamitin); 4,38-41 (Genießbarmachung eines Koloquintengerichts [*Tod im Topf!*]); 6,1-7 (Bergung einer in den Jordan gefallenen Axt) vor allem als Wundertäter und Haupt einer Prophetenzunft hervor.

Daneben lernen wir ihn in den *Aramäererzählungen* 5,1-27 (Heilung des Naeman); 6,8-23 (Irreführung der zu seiner Ergreifung ausgesandten Aramäer von Dothan nach Samaria; 8,7-15 (Genesungsorakel für den anschließend von Hasael ermordeten König Benhadad von Damaskus) und 13,14-19 (Anweisung des sterbenden Elisa zu einer symbolischen Handlung an den von Aramäern bedrohten König von Israel) als einen teilweise wiederum mit übernatürlichen Kräften ausgerüsteten Mann kennen, der den Königen von Israel in ihren Kämpfen mit den Aramäern helfend zur Seite trat.

Ähnlich ist Elisa in II Reg 3,4-27 (Feldzug gegen Mescha von Moab); 6,24-7,20 (Rettung des von Benhadad belagerten Samaria) und in 9,1-13 (Designation Jehus durch Jehus Prophetenjünger) gezeichnet.

Schließlich erscheint er in I Reg 19,19-21 als der von Elia zu seinem Diener und *Nachfolger* berufene und in II Reg 2,1-18 als der in seiner Nachfolge bestätigte Prophet. Relativ selbständig nimmt sich die Erzählung in 8,1-6* von der Frau aus, die auf seinen Rat vor einer siebenjährigen Hungersnot das Land verließ und es auf den Befehl des Königs zurückerhielt. In ihr begegnet wie in der von der Heilung Naemans auch Elias Diener Gehasi, der erst nachträglich in die Erzählungen eingefügt worden ist.

b) Nach *Hans-Christoph Schmitt* wurden zunächst 1. die *Wundererzählungen* und 2. die *Aramäererzählungen* um die Mitte des 8.Jh.s im Nordreich aufgezeichnet. Nach dem Untergang des Nordreiches wäre dann 3. die *Sukzessorsammlung* entstanden. Eine *Jahwebearbeitung* hätte weiterhin nach 587 1. und 2. verbunden. Anschließend hätte eine *Prophetenbearbeitung* 4. die aus dem 8.Jh. stam-

14. Vgl. dazu zuletzt Y.Minokami, Die Revolution des Jehu, GThA 38, Göttingen 1989.

menden *Kriegserzählungen* gesammelt. Dann erst hätte ein *Gottesmannbearbeiter* diese Sammlungen nachdtr in das Königsbuch eingefügt.

c) Als historisch zuverlässige Erinnerung darf man Elisa gemäß der Schilderung in den Wundererzählungen als Haupt einer Gemeinschaft von *Prophetenjüngern (b^enê hann^ebi'îm)* ansehen, die ihr Zentrum und Gemeinschaftshaus in Gilgal besaß. Man wird sie sich als eine Art Kultverein oder religiöser Bruderschaft nach Art der islamischen Derwischorden vorstellen dürfen.[15] Aus den Aramäererzählungen läßt sich entnehmen, daß Elisa in einem positiven Verhältnis zu den Königen der Jehudynastie gestanden und sie vermutlich durch seine mantisch-magischen Fähigkeiten unterstützt hat. So wird man den ursprünglichen Jungbauern Elisa, den Sohn des Schafat, aus Abel Mehola bei Beth Schean (I Reg 19,16.19) vor allem als Haupt einer Prophetengilde in Gilgal zu betrachten und in die 2. Hälfte des 9.Jh.s zu datieren haben. Doch ist es nicht ausgeschlossen, daß er auch noch zur Zeit König Joas von Israel (802-787 v.Chr.) wirkte, wie es II Reg 13,14ff. voraussetzt.

Zusatz 4: *Die Jesajaerzählungen II Reg 18-20 par Jes 36-39.* Die Jesajaerzählungen sind erst durch DtrP in das Königsbuch aufgenommen und anschließend spätdtr (DtrN) bearbeitet worden. Bei ihrer Übernahme in das Jesajabuch im 5. oder 4.Jh. wurde in die Erzählung von der Krankheit Hiskias der sog. Psalm Hiskias, ein Danklied des Einzelnen, in 38,9-20 eingefügt und der Versuch unternommen, durch Umstellung der Sonnenwunderlegende die logische Ordnung der Erzählung wiederherzustellen. Insgesamt lassen sich *drei Erzählungen* unterscheiden: 1. die von der *mit Jahwes und des Propheten Hilfe abgewendeten Bedrohung Jerusalems durch den Rabschake Sanheribs* im Jahre 701; 2. die von der *Krankheit und Heilung König Hiskias* und 3. die von *der Gesandtschaft des babylonischen Königs Merodach Baladan (Marduk aplum iddina) und der Weissagung des Exils durch Jesaja.*

Ad 1: Die Erzählung von der *Bedrohung Jerusalems im Jahre 701* läßt sich in eine *Erzählung* B_1 und eine *Erzählung* B_2 schichten: Die *Grunderzählung* B_1 II Reg 18,17-19,9a.36-37 läßt den Rabschake nach seiner erfolglosen Mission, König und Einwohner Jerusalems zur Kapitulation zu bewegen, zu dem assyrischen Großkönig Sanherib nach Lachisch zurückkehren, den er bei der Belagerung von Libna antrifft. Aber aufgrund der Nachricht vom Auszug des Pharao Thirhaka zieht Sanherib nach Ninive zurück, wo er von seinen Söhnen Adrammelek und Sarezer ermordet wird. In diese zunächst historische Erzählung ist, folgen wir der Analyse von *Ernst Würthwein*, durch DtrP die Szenenfolge mit dem Gebet Hiskias im Tempel und seiner Gesandtschaft an den Propheten Jesaja in 19,1-

15. Vgl. zu diesen J.Lindblom, Prophecy in Ancient Israel, Oxford 1962, S.8ff.; J.P.Brown, The Darvishes or Oriental Spiritualism, ed. H.A.Rose, London 1927 und F.de Jong, Die mystischen Bruderschaften und der Volksislam, in: W.Ende und U.Steinbach, hg., Der Islam in der Gegenwart, München 1984, S.487f.

7 eingefügt und anschließend in 18,22.25.30.31b-35 durch weitere dtr Hände theologisch akzentuiert worden. Die dtr Erweiterungen haben B_1 zu einer Erzählung vom bewährten Vertrauen auf Jahwe ausgestaltet. Die zugrundeliegende Geschichtserzählung muß bereits in größerem Abstand von den Ereignissen entstanden sein, da der nubische Pharao Tirhaka seinen Thron erst 690 v.Chr. bestiegen und erst 674/3 militärische Erfolge gegen Asarhaddon, den Nachfolger Sanheribs, errungen hat. – Bei der *Erzählung* B_2 von der zweiten Gesandtschaft Sanheribs und der Rettungsverheißung Jesajas in 19,9b-34(35) handelt es sich um eine literarische Fortschreibung von B_1, in die das Spottlied über Sanherib 19,21-28 und die Nachwuchs-Verheißung 19,29-31 sekundär eingeschaltet worden sind. Die Erzählung B_2 weitet die Erzählung B_1 zu der von dem Beweis der alleinigen Gottheit Jahwes aus.

Ad 2: Die *Legende von der Heilung Hiskias* durch den Propheten Jesaja in II Reg 20,1-2a.7 ist dtr ausgestaltet und anschließend hinter der Notiz von der Heilung unpassend durch die Erzählung von dem Sonnenwunder als Beglaubigungszeichen für die geweissagte Heilung erweitert. Der R^{Jes} hat versucht, die logische Ordnung herzustellen, aber dadurch ist II Reg 20,8 in Jes 38,22 verkürzt an den Schluß geraten, so daß auch hier eine Spannung verbleibt.

Ad 3: Die *Erzählung von der Weissagung des Exils* durch Jesaja II Reg 20,12-19 par Jes 39 setzt bereits den Hofdienst davidischer Prinzen am Perserhof voraus. Sie ist an einen knappen Bericht von dem Besuch einer Gesandtschaft des babylonischen Königs Merodach Baladan angehängt, der antiassyrischen Bündnisverhandlungen diente und in die Jahre 713/11 oder 703 gehört. Die Jesaja einführende Erweiterung deutet das Exilsgeschick als von langher geplante Tat Jahwes und gibt damit zu erkennen, daß der Gott Israels mit der Katastrophe von 587 nicht abgetreten ist.

Man wird diesen Erzählungen insgesamt nicht gerecht, wenn man sie kritisch an der Verkündigung des Propheten Jesaja des 8.Jh.s mißt oder II Reg 18-20 wie *Christof Hardmeier* 1989 aufgrund kommunikationstheoretischer Erwägungen in das Jahr 588 zu datieren und als Exempel der Juda in die Katastrophe führenden Heilsprophetie zu verstehen versucht. Sie setzen mit *Kaiser* und *Würthwein* vielmehr bereits die Katastrophe voraus und bezeugen den Überlebenden in exilischer und frühnachexilischer Zeit die Vertrauenswürdigkeit Jahwes.

Literatur: Smend, Entstehung[4], § 22; W.H.Schmidt, Einführung[4], § 13d; Kaiser, Einleitung[5], § 23 und 15c; ders., Artikel *Literaturgeschichte AT*, TRE 21, 1991, S.306ff.; ders., Der Gott des Alten Testaments I, UTB 1747, Göttingen 1993, § 13. – F.Heiler, Erscheinungsform und Wesen der Religion, RM 1, Stuttgart 1961, S. 266ff.; Parapsychologie. Entwicklung, Ergebnisse, Probleme, hg. H.Bender, WdF 4, Darmstadt 1966; R.Tischner, Ergebnisse okkulter Forschung. Eine Einführung in die Parapsychologie, Stuttgart 1950; G.Hölscher, Die Profeten, Leipzig 1914; B.Duhm, Israels Propheten, Tübingen 1922[2]; J. Lindblom, Prophecy in Ancient Israel, Oxford 1962 (1967); J. Blenkinsopp, A History of Prophecy in Israel, Philadelphia 1983; K.Koch, Die Profeten I. Assyrische Zeit, UB 280, Stuttgart u.a. 1987[2]; II. Babylonisch-persische Zeit, UB 281, Stuttgart 1988[2]; F.Haeussermann, Wortempfang und Symbol in der atl. Prophetie, BZAW 58, Giessen 1932; I.P.Seierstad, Die Offenbarungserlebnisse der Propheten Amos, Jesaja und Jeremia, SNVAO II,1946, Oslo 1946 (1965[2]); E.Hammershaimb, On the Ethics of the Prophets, SVT 7, Leiden 1960, S.75ff.; S.Herrmann, Prophetie in Israel und Ägypten. Recht und Grenzen eines Vergleichs, SVT 9, Leiden 1963, S.47ff.; J.Wellhausen, Reste arabischen Heidentums, Berlin (1897[2]) 1927=1961[3]; J.Pedersen, The Role Played by Inspired Persons Among the Israelites and the Arabs, in: Studies in Old Testament Prophecy. F.S. Th.H.Robinson, ed.H.H. Rowley, New York 1950, S.127ff.; M.Dietrich, K.Hecker, J.Hoftijzer, F.Kammerzell, O.Loretz, W.W.Müller, W.H.Ph.Römer und H.Sternberg, Deutungen der Zukunft in Briefen, Orakeln und Omina, TUAT II/1, Gütersloh 1986.

H.Seebaß, Artikel *Elia*, TRE 9, 1982, S.498ff.; ders., Artikel *Elisa*, TRE 9, S.506ff.; H.Gunkel, Elias, Jahwe und Baal, Tübingen 1906; A.Alt, Das Gottesurteil auf dem Karmel, Kl.Schr.II, München 1953, S.135ff.; G.Fohrer, Elia, AThANT 53, Zürich 1968[2]; O.H.Steck, Überlieferung und Zeitgeschichte in den Elia-Erzählungen, WMANT 26, Neukirchen-Vluyn 1968; H.-Chr.Schmitt, Elisa. Traditionsgeschichtliche Untersuchungen zur vorklassischen nordisraelitischen Prophetie, Gütersloh 1972; R.Smend, Das Wort Jahwes an Elia. Erwägungen zur Komposition von I Reg 17-19, VT 25, 1975, S. 523ff. = ders., Die Mitte des AT, BevTh 99, München 1986, S.138ff.; E.Würthwein, Die Bücher der Könige, ATD 11/1, Göttingen 1977, 1985[2]; 11/2, 1984; ders., Zur Opferprobe Elias I Reg 18,21-39, in: Prophet und Prophetenbuch, F.S. O.Kaiser, hg. V.Fritz, K.-F.Pohlmann und H.-Chr.Schmitt, BZAW 185, Berlin – New York 1989, S.277ff.; G. Hentschel, Die geschichtlichen Wurzeln der Eliatradition, in: Dein Wort beachten. Atl. Aufsätze, hg. J.Reindl, Leipzig 1981, S.33ff.; ders., Elija und der Kult des Baal, in: Gott, der einzige. Zur Entstehung des Monotheismus in Israel, hg. E.Haag, QD 104, Freiburg i.Br. u.a, 1985, S.54ff.; Y.Minokami, Die Revolution des Jehu, GThA 38, Göttingen 1989; Chr.Levin, Erkenntnis Gottes durch Elija, ThZ 48, 1992, S.329ff.

B.S.Childs, Isaiah and the Assyrian Crisis, SBT II/3, London 1967; O.Kaiser, Das Buch des Propheten Jesaja, ATD 18, Göttingen 1983[3]; ders., TRE 16, 1987, S. 653ff.; R.E.Clements, Isaiah and the Deliverance of Jerusalem. A Study of the Interpretation of Prophecy in the Old Testament, JSOT.S 13, Sheffield 1980 (1984); E.Vogt, Der Aufstand Hiskias und die Belagerung Jerusalems 701 v.Chr., AnBib 106, Rom 1986; F.J.Gonçalves, L'expédition de Sennachérib en Palestine dans la littérature hébraique ancienne, EtB. N.S. 7, Paris 1986; I.W.Provan, Hezekiah and the Books of Kings, BZAW 172, Berlin – New York 1988; Chr.Hardmeier, Prophetie im Streit vor dem Untergang Judas. Erzählkommunikative Studien zur Entstehungssituation der Jesaja- und Jeremiaerzählungen in II Reg 18-20 und Jer 37-40, BZAW 187, Berlin – New York 1990; E.Ruprecht, Die ursprüngliche Komposition der Hiskia-Jesaja-Erzählungen und ihre Umstrukturierung durch den Verfasser des deuteronomistischen Geschichtswerkes, ZThK 87, 1990, S.33ff.; L.Camp, Hiskija und Hiskijabild. Analyse und Interpretation von 2 Kön 18-20, Münsteraner Theol. Abhandlungen 7, Altenberge 1990; Chr.Seitz, Zion's Final Destiny. The Development of the Book of Isaiah. A Reassessment of Isaiah 36-39, Minneapolis 1991.

§ 20 Vom Prophetenspruch zum Prophetenbuch

Lehrsatz 1: Das Prophetenbuch ist das Ergebnis einer aktualisierenden Fortschreibung der Sammlung von Worten des Propheten, dessen Namen es trägt. Die Fortschreibungen sind bei den einzelnen Prophetenbüchern mit unterschiedlicher Intensivität vorgenommen und analog dazu während eines unterschiedlich langen Zeitraums erfolgt.

Lehrsatz 2: Die Propheten haben ihre Botschaft in der Regel zunächst mündlich ausgerichtet und sich dabei der überlieferten Formen prophetischer Rede bedient. Die Verschriftung ihrer Worte dürfte teils auf sie selbst, teils auf von ihnen beauftragte Schreiber, teils auf Tradentenkreise zurückgehen, die bei jedem Buch für sich zu bestimmen sind.

Zusatz 1: *Die Wirksamkeit der Propheten in ihrer Zeit.* Die Propheten Israels haben die ihnen von Jahwe aufgetragene Botschaft bei den unterschiedlichsten Anlässen und in den verschiedensten Situationen ausgerichtet. Sie konnten aufgrund ihres Auftrages oder ihrer institutionellen Bindung als Kultpropheten am Heiligtum wirken (vgl. z.B. Am 7,12f.). So dürften die spätvorexilischen Propheten Nahum und Habakuk und der nachexilische Prophet Joel als Kultpropheten[1] anzusprechen sein. Die dtjes Orakel weisen mit ihren Heilsorakeln (*Joachim Begrich)* oder Heilszusagen (*Claus Westermann)* auf die Herkunft Deuterojesajas aus dem Kreise der Jerusalemer Kultpropheten hin. Ihre Aufgabe dürfte darin bestanden haben, im Rahmen ritueller Feiern Bittgebete im Namen Gottes zu beantworten, als Fürbitter für König, Volk und Einzelne einzutreten (Am 7,1-6; Jer 15,1)[2] und Opferbescheide zu erteilen (Jes 1,10-17).[3] Von Königen aufgesucht (vgl. II Reg 13,14ff.), herbeigerufen (Jer 38,14) oder durch Dritte um Auskunft gebeten, beantworteten sie deren Anfragen wie z.B. die Prophetin Hulda (II Reg 22,12ff.). Sie konnten ihnen aber auch ungerufen in den Weg treten, wie es in Jes 7,3 berichtet wird.[4] Wenn sich die atl. Prophetenerzählungen und Pro-

1. Vgl. dazu A.R.Johnson, The Cultic Prophet in Ancient Israel, Cardiff 1962²; ders., The Cultic Prophet and Israel's Psalmody, Cardiff 1979.
2. Vgl.dazu E.Aurelius, Der Fürbitter Israels. Eine Studie zum Mosebild des A.T., ConBib.OT 27, Stockholm 1988, S.203.
3. Vgl.dazu E.Würthwein, Kultpolemik oder Kultbescheid?, in: Tradition und Situation. Studien zur atl. Prophetie. F.S. A.Weiser, hg. E.Würthwein und O.Kaiser, Göttingen 1963, S.75ff. = ders., Wort und Existenz, Göttingen 1970, S.144ff.
4. Selbst wenn es sich bei den zitierten Nachweisen weitgehend um legendäre Bildungen handelt, können wir sie grundsätzlich für die Rekonstruktion der prophetischen Wirksamkeit benutzen, weil man davon ausgehen darf, daß sie sich auch in den Legenden spiegelt.

phetensprüche fast ausschließlich mit dem Schicksal des Volkes und schon deutlich weniger mit dem der Könige beschäftigen, hängt das mit der Auswahl der Überlieferung angesichts der Absicht der Historiographen und Treuhänder des prophetischen Erbes zusammen, das Exilsgeschick Israels zu deuten.

Zusatz 2: *Bemerkungen zum Problem der Tradenten der Prophetenworte.* Man verweist bei der Frage nach den Tradenten der Prophetenworte gern im Anschluß an Jes 8,16 auf Prophetenschüler und denkt dabei an einen Kreis von Jüngern, die sich um den Propheten scharten und seine mündlich ausgerichteten oder bereits verschrifteten Worte bewahrten und herausgaben. Letztlich handelt es sich bei dieser Annahme um eine Hypothese, für die uns zureichende Angaben in der Überlieferung fehlen.[5] Sie stützt sich darauf, daß die Prophetenworte der staatstragenden, an den Reichsheiligtümern gepflegten Kultreligion widersprachen, so daß es schwer vorstellbar sei, daß die prophetischen Aufzeichnungen z.B. von der Priesterschaft verwahrt worden seien. Doch ist das angesichts der Aufbewahrung von Prophetenorakeln in den Tempel- und Palastbibliotheken in Mari und Ninive nicht ausgemacht. Es ist weiterhin denkbar, daß die an den Heiligtümern wirkenden Kultpropheten die Worte der Propheten aufzeichneten und tradierten. In exilischer Zeit müssen z.B. die Aufzeichnungen der Worte des Amos, Hosea und Micha wie die Jeremias den Deuteronomisten zugänglich gewesen sein, in denen wir oben in § 4 und 11 ehemalige Angehörige der höchsten Beamtenschicht des judäischen Reiches vermutet haben. Da einerseits die frühnachexilische Bearbeitung der Jesajaworte und der Prophezeiungen Haggais und Sacharjas einen nachdtr und protochr Sprachgebrauch aufweisen und wir andererseits die Chronisten in levitischen Kreisen des Zweiten Tempels suchen dürfen, vgl. § 15, liegt es nahe, sie als die Bewahrer und aktualisierenden Fortschreiber der vorexilischen und frühnachexilischen Prophetenbücher anzusehen.[6] Spätestens als die Haftarot- oder Schlußlesungen aus den Prophetenbüchern zwischen dem 4. und dem 2.Jh.v.Chr. im synagogalen Gottesdienst ihren Platz fanden,[7] müssen die Prophetenbücher auch die Anerkennung durch die Jerusalemer Priesterschaft gefunden haben und mit ihrer Autorisierung vervielfältigt worden sein.

Lehrsatz 3: *Von den Grundgattungen der prophetischen Überlieferung, den Prophetenerzählungen und den Prophetensprüchen und vom Charakter der Prophetenbücher.* Grundsätzlich ist zwischen *Prophetenerzählungen* und zwischen *Prophetensprüchen* zu differenzieren. In der Gattungsgeschichte der Unheils- und Heils-

5. Vgl. zu Jes 8,16 auch O.Kaiser, Das Buch des Propheten Jesaja. Kapitel 1-12, ATD 17, Göttingen 1981[5] z.St.
6. Vgl. dazu die Bemerkungen zu den einzelnen Prophetenbüchern.
7. Vgl. dazu I.Elbogen, Der jüdische Gottesdienst in seiner geschichtlichen Entwicklung, Frankfurt a.M. 1931[3] = Hildesheim 1967, S.174ff.

worte spiegelt sich zugleich die Geschichte der atl. Prophetie und Eschatologie: Die Auflösung der Grundformen der prophetischen Rede und der formgeschichtlich brüchige Charakter der Einheiten signalisiert den Übergang von der verschrifteten Prophetie zur literarischen Fortschreibung und von der Prophetie zur Paränese.

Zusatz 3: *Die prophetischen Gattungen.* a) Bei den *Prophetenerzählungen* unterscheidet man zwischen *Fremdbericht* in der 3. und *Selbst*- oder *Eigenbericht* in der 1. Person sing. Allerdings kann es sich bei einem Selbstbericht auch um ein literarisches Stilmittel handeln, so daß nicht jede Prophetenerzählung in der 1. sing. tatsächlich von dem Propheten stammt, dessen Autorität das Buch unterstellt ist.[8] Fremd- und Selbstberichte sind in der Regel nicht biographisch, sondern kerygmatisch und zu einem geringen Teil, wie z.B. im Fall der Wundergeschichten von Elisa,[9] im eigentlichen Sinne legendär zu verstehen. Selbst als *Visions*- oder *Auditionsberichte* geht es ihnen nicht um die paranormalen Erlebnisse als solche, sondern um die durch sie übermittelten Gottesworte. So dienen die Berichte vom Wirken der Propheten Amos, Jesaja und vor allem Jeremia dem Schuldaufweis angesichts des Unterganges des Nord- bzw. des Südreiches. Die Berufungs-[10] und Visionsberichte[11] dienten der Legitimation der Botschaft der Propheten (Am 7,1-9; 8,1-3; 9,1-5; Jer 1,11ff.; 24,1ff.; Ez 37,1ff. und Sach 1,7-6,8* bzw. Jes 6; Jer 1; Ez 1-2). Andererseits bezeugten die Berichte von den *symbolischen Handlungen* die unheimliche Kraft des von Gott bevollmächtigten Mannes, der mit seinen gelegentlich an ein *demonstratives Straßentheater*[12] erinnernden Handlungen die Zukunft nicht nur vorbildet, sondern auch heraufführt (vgl. z.B. Jes 8,1-4; 20; Jer 13,1ff.; 28; Ez 4,1-6,14* und Sach 6,9ff.*)[13] – Legendär ist dagegen eine Erzählung, welche die Absicht verfolgt, einem Propheten oder Gottesmann bzw. ihrer Institution oder Gruppe Ansehen als heiliger, über außergewöhnliche Fähigkeiten verfügender Männer zu verschaffen.[14]

8. So handelt es sich z.B. bei dem Selbstbericht Jer 24,1-10 um eine golaorientierte redaktionelle Bildung spätdtr Art.
9. Vgl. oben § 19.
10. Vgl. dazu W.Richter, Die sog. vorprophetischen Berufungsberichte, FRLANT 101, Göttingen 1970 und H.-Chr.Schmitt, Das sog. vorprophetische Berufungsschema. Zur »geistigen Heimat« des Berufungsformulars von Ex 3,9-12; Jdc 6,11-24 und I Sam 9,1-10,16, ZAW 104, 1992, S.202ff.
11. Vgl. dazu F.Horst, Die Visionsschilderungen der atl. Propheten, EvTh 20, 1960, S.193ff.
12. B.Lang, Ezechiel. Der Prophet und sein Buch, EdF 153, Darmstadt 1981, S.89.
13. Vgl. dazu G.Fohrer, Die symbolischen Handlungen des Propheten, AThANT 54, Zürich 1968².
14. Die Bezeichnung Legende geht auf die mittelalterliche Praxis der Verlesung von Heiligenviten an deren Gedenktagen zurück.

b) Bei den *Prophetensprüchen* unterscheidet man zuvor zwischen *Unheils*- und *Heilsworten*. Daß uns die vorexilische Prophetie überwiegend, wenn nicht ganz als Unheilsprophetie erscheint, hängt mit der Selektion der Tradition unter dem Gesichtspunkt der Deutung des Untergangs der beiden Reiche 722 bzw. 587 als Folge eigener Schuld und göttlichen Zornes zusammen. Daß die exilische und frühnachexilische Prophetie uns ebenso überwiegend als Heilsprophetie erscheint, ergibt sich aus der Aufgabe der Propheten und der Absicht der Tradenten, dem geschlagenen Volk Gottes Weg in eine heilvolle Zukunft zu zeigen. Die Gerichtsworte beschränken sich jetzt auf die Völker (Völkersprüche). Doch wird partiell auch der Zion in die sich zum Weltgericht ausweitende Erwartung einbezogen, aber auch diese Gerichtsbotschaft noch einmal durch eine selektive Heilsbotschaft ergänzt. Dadurch erhalten die Prophetenbücher teilweise ein sog. zweigliedriges *eschatologisches Schema*: durch Gericht an Israel, Juda und Jerusalem zum Heil, oder ein dreigliedriges: durch Gericht an Israel, Juda und Jerusalem über das Gericht an den Völkern (und am Zion) zum Heil. Daher spiegelt sich in der Redaktionsgeschichte der Prophetenbücher ebenso die Bewältigung des Exilsgeschicks wie die Entfaltung der eschatologischen Erwartungen des nachexilischen Judentums in ihrer Mannigfaltigkeit. Damit ist bereits gesagt, daß die überlieferten Prophetenbücher *eschatologisch* ausgerichtet sind.

α) *Gattungen der Unheilsprophetie*.[15] Die Grundform des Unheilswortes ist das sog. *Droh-* oder *Gerichtswort*. Es kündet ohne jede Begründung kommendes Unheil an (Am 7,11). Verbindet es sich mit einem *Scheltwort*[16], so handelt es sich um ein *begründetes Droh-* oder *Gerichtswort*. Statt vom Scheltwort sollte man dann nach *Westermann* von der *Anklage* und statt vom *Drohwort* von der *Ankündigung* reden (Am 4,1-3). Eine *Unheilsankündigung* kann auch die Form einer *Unheilsbeschreibung* annehmen (Am 5,16-17). Als eine verschärfte Form des Drohwortes läßt sich der *Weheruf* ansprechen, der vermutlich aus der Totenklage abzuleiten ist.[17] Er bedarf primär keiner Entfaltung und keiner besonderen Begründung, weil der heillose Ausgang im Wehe und die Begründung in der Bezeichnung der Adressaten enthalten ist (vgl. z.B. Am 5,1; Jes 5,8-24*; 10,1-4*; 28,1-31,3*). Die prophetische Unheilsbotschaft erhielt ihre rhetorische Lebendigkeit durch die Benutzung weiterer Gattungen oder Gattungselemente aus anderen Lebensbereichen wie z.B. der Streit- oder Prozeßrede (Hos 4,1-2; Jes 1,18-20 und 41, 21-24)[18], des Trinkliedes (Jes 22,13b) und selbst des Liebeslie-

15. Vgl. zum Folgenden H.Gunkel, SAT 2/2, S.XXIV-LXX und C.Westermann, Grundformen prophetischer Rede, BEvTh 31, 1978⁵.
16. Vgl. dazu L.Markert, Struktur und Bezeichnung des Scheltworts, BZAW 140, 1977.
17. W.Janzen, Mourning Cry and Woe Oracle, BZAW 125, 1972.
18. Vgl. dazu H.J. Boecker, Redeformen des Rechtslebens im AT, WMANT 14, 1970²; A.Schoors, I am God Your Saviour. A Form Critical Study of the Main Genres in Is. 40-55, SVT 24, 1973; ferner D.R.Daniels, Is There a ›Prophetic Lawsuit‹ Genre?, ZAW 99, 1987, S.339ff.

des (Jes 5,1ff.). Die Größe des bevorstehenden Unglücks konnte durch die Aufforderung zur Flucht (Jer 4,5f.) und zum Kampf (Hos 5,8f.; Jer 6,4-5),[19] die Schilderung des Anmarsches der Feinde, der Flucht, des Aufrufs zur oder Berichts von der Klage (Mi 1,8-16; Jes 10,28-32) hervorgehoben werden. In den Fremdvölkersprüchen finden sich Spottlied (Jes 23,15f. oder c.47) und Spottklage (Jes 14,4b-21; 15,1-16,11*; Ez 27; vgl. auch Jes 23,1-14). Dabei ist oft schwer zu ermitteln, ob die Lieder Niederlage und Tod der Feinde vorwegnehmen oder nach den entsprechenden Ereignissen gedichtet sind. An der Auflösung der Grundformen und Anreicherung der Orakel mit den unterschiedlichsten Formelementen ist mit Sicherheit der Übergang von der genuinen Prophetie zur prophetisierenden literarischen Fortschreibung ablesbar. Unter diese Rubrik gehört ein Großteil der ezechielischen Untergangspredigten mit ihrer ausufernden Metaphorik und ihren kompendiösen Schuldaufweisen (vgl. z.B. Ez 16 und 23 bzw. 20 und 22).

β) *Gattungen der Heilsprophetie.*[20] Man kann mit Sicherheit davon ausgehen, daß es auch in vorexilischer Zeit Heilsprophetien gegeben hat, auch wenn darüber nur spärliche Nachrichten erhalten sind (vgl. z.B. II Reg 14,25 und Jer 28). Bei den Kulthandlungen an den Heiligtümern gab es für sie mannigfache Gelegenheiten, die vom Inthronisationsorakel (Ps 2,7ff.) über die Erhörungsorakel als Antwort auf Bittklagen, sei es des Königs, sei es des Volkes oder eines Einzelnen, bis zum prophetischen Opferbescheid reichten. Die Gattungsgeschichte der Heilsworte gibt uns, wie *Claus Westermann* eindrücklich gezeigt hat, einen Einblick in die Geschichte der Prophetie und der exilisch-nachexilischen Fortschreibungen der Prophetenbücher. Dabei bleiben die Heilspropheten des exilisch-nachexilischen Zeitalters abgesehen von den beiden zur Zeit des Wiederaufbaus des Jerusalemer Tempels 520 tätigen Propheten Haggai und Sacharja hinter anonymen Einfügungen, Fortschreibungen und Anhängen der bereits vorliegenden Prophetenbücher verborgen.

Als *Grundgattungen* sind die aus dem Heilsorakel für den König erwachsene und nur bei Deuterojesaja[21] begegnende *Heilszusage* (Jes 41,8-13), die *Heilsankündigung* (Jes 41,17-20) und die bereits nachprophetische und literarische Gattung der *Heilsschilderung* (Jes 2,2-4(5) par Mi 4,1-5; Jes 32,15-20) anzusehen. Als Sonderform können die sog. *messianischen* oder *Königsverheißungen* gelten (Mi 5,1-3[5]; Sach 9,9f.). Die meisten von ihnen geben sich schon durch ihre Motive und ihren formgeschichtlich zusammengesetzten Charakter als nachprophetische Bildungen zu erkennen (Jes 9,1-6; 11,1-5[9]; 16,4-5; 32,1-5; Jer 33,14-

19. Vgl. dazu R.Bach, Die Aufforderung zur Flucht und zum Kampf im atl. Prophetenspruch, WMANT 9, Neukirchen-Vluyn 1962.
20. Vgl. zum Folgenden C.Westermann, Prophetische Heilsworte im Alten Testament, FRLANT 145, 1987.
21. So nennt man den Verfasser der anonymen Sammlung von Heilsprophetien in Jes 40-55 bzw. den seiner in den c.40-46* enthaltenen Grundschicht.

18; 23,5-6; 33,19-22.23-26). Ähnlich sind die Heilsworte, die von der *Befreiung, Sammlung* und Heimführung der Exilierten und Zerstreuten (Hos 11,10-11; Mi 2,12-13; Jer 31,10-14 und Sach 10,6b-7), von der *Wiederherstellung und Segnung des Volkes* oder von dem *Wiederaufbau Jerusalems und des Tempels* reden (Hos 2,1-3; Jes 45,24-28; Sach 2,10-17; 8,4-6 und Am 9,11-12) als literarische Fortschreibungen zu beurteilen. Man findet derartige Texte vor allem in der deutero- und tritojesajanischen Sammlung, im Ezechiel- und im Sacharjabuch. – Den *Übergang von der Prophetie zur literarischen Paränese* markiert das *bedingte Heilswort*, in dem die Erfüllung des Heilswortes unter die Bedingung der Erfüllung des ihm vor- oder nachgestellten *Mahnwortes*[22] tritt (Am 5,6f.; Jes 1,19f.; 55,6f.). – Als Ergebnis literarischer Fortschreibungen sind auch die *zweiseitigen Heilsworte* zu betrachten, die entweder den Völkern Unheil und Israel Heil (Jes 14,24-27; Joel 4,18-21) oder aber den Frommen Heil und den Gottlosen Unheil prophezeien und auf diese Weise Spannungen innerhalb des nachexilischen Judentums spiegeln (Jes 1,27f.; 3,10f.; 33,14f. und 63,1-16a). Dabei macht sich in der Gegenüberstellung des Gerechten/Frommen mit dem Schuldigen/Gottlosen der Einfluß der Weisheit bemerkbar (Prov 11,8; 12,7.12.26; 13,21). Das Ende der Prophetie und der Übergang zur nachprophetischen Literatur signalisieren in ähnlicher Weise die *als Disputations- oder Diskussionsworte* bezeichneten *Bestreitungen* (Jes 40,12ff.; Mal 1,2ff. oder 3, 13ff.).[23]

Bemerkung 1: *Eröffnungs- und Schlußformeln.* Im Idealfall ist ein Prophetenwort durch eine *Einleitungsformel* ein- und eine *Schlußformel* ausgeleitet und unter Umständen auch noch durch eine *Zwischenformel* strukturiert. Die geläufigste *Einleitungsformel* ist das *koh 'āmar JHWH. So spricht/sprach Jahwe*. Man nennt sie die *Botenspruchformel* (Gen 32,4-6; II Reg 18,29). Doch ist sie bei Stellung innerhalb des Spruches mit *Dirk U. Rottzoll*[24] als *Zitationsformel* zu betrachten (Am 7,11).- Als primär dtr Neubildung ist die sog. *Wortereignisformel wajj^ehî d^ebār JHWH 'æl Und es erging das Wort Jahwes an...* zu betrachten, die besonders im Jeremia- und Ezechielbuch begegnet (vgl. z.B. Jer 1,4; 19,1-2a.10f.; Ez 1,3; 6,1 und 38,1). An die Stelle dieser Formeln kann auch ein *Aufmerksamkeitsruf* treten (Hos 4,1; 5,1). An ihn kann sich die Zitationsformel anschließen (Am 5,1-3). – Als *Zwischen-* und *Abschlußformeln* können ein *n^e'um JHWH Raunung Jahwes*, ein schlichtes *'āmar JHWH; hat Jahwe gesprochen*, und gelegentlich selbst ein *dibber JHWH redete Jahwe*, erscheinen (Am 1,3-2,6; Ob 18).

Bemerkung 2: *Die Bedeutung der Kenntnis der Grundgattungen für das Verständnis der Prophetenbücher.* Jeder Leser der Prophetenbücher wird mit der Schwierigkeit

22. Vgl. zur Gattung K.A.Tångberg, Die prophetische Mahnrede, FRLANT 143, 1987.
23. Vgl. dazu A.Graffi, A Prophet Confronts His People. The Disputation Speech in the Prophets, AnBib 104, Rom 1984.
24. Die KH 'MR... – Legitimationsformel, VT 29, 1989, S.323ff.

konfrontiert, die einzelnen Prophetenworte von einander abzugrenzen und sich die sachlichen Spannungen innerhalb der Einzelworte wie innerhalb der Bücher verständlich zu machen, wenn er nicht lediglich nach Kernsprüchen Ausschau hält. Den Ausgangspunkt für die Prophetenexegese bietet daher die Bestimmung der kleinsten primär selbständigen Einheiten mittels formgeschichtlicher und formkritischer Beobachtungen. Erst auf ihrer Grundlage lassen sich einigermaßen sichere literar- und in der Überschau über größere Textbereiche auch redaktionskritische und redaktionsgeschichtliche Urteile fällen. Daher bildet die Kenntnis der Grundformen der prophetischen Rede die Voraussetzung für jedes geschichtliche Verständnis der Prophetenbücher.

Lehrsatz 4: *Das Prophetenbuch als eschatologische Schrift.* Nach dem bisher Gesagten ist es bereits deutlich, daß es sich bei den Prophetenbüchern nicht einfach um die primären oder sekundären Aufzeichnungen der Worte der Männer handelt, deren Namen sie tragen. Es gibt kein einziges Prophetenbuch im Alten Testament, welches nicht im Interesse wiederholter Aktualisierungen substanziell erweitert worden wäre. Es ist unmittelbar einsichtig, daß die Prophetien eines Amos und eines Hosea sowohl nach dem Untergang des Nordreiches 722 wie nach dem des Südreiches bearbeitet werden mußten: nach dem des Nordreiches, um Prophezeiung und Erfüllung aufeinander abzustimmen, nach dem des Südreiches, um die Bücher durch die Einbeziehung der Judäer für sie relevant zu erhalten. In ähnlicher Weise mußte nach 587 auch die Unheilsbotschaft eines Jesaja, Micha und Jeremia[25] im Schatten der vollständigen Katastrophe des judäischen Reiches nach und nach so gedeutet werden, daß die Überlebenden ihre Botschaft als Schuldaufweis und Bußruf angesichts ihrer eigenen Situation verstehen konnten. Um diesen Interpretations- und Fortschreibungsprozeß hat sich die Deuteronomistische Schule besonders verdient gemacht. Bußrufe, die keine Vergebung und Rettung in Aussicht stellen, sind sowohl bei denen, die sie formulieren, wie bei denen, die sie akzeptieren, ein psychopathisches Syndrom. Die Klagefeiern der Deportierten und Daheimgebliebenen erwarteten das Heilswort und die Heilswende. Angesichts des vollständigen Verlustes aller militärischen Macht und freier Staatlichkeit konnte diese Hilfe von Gott nur kommen, indem er sich wie bei der Zerstörung Jerusalems und Judas auch bei ihrer Befreiung irdischer Mächte bediente und d.h. zunächst: das babylonische Reich zerstörte. So erwartete Deuterojesaja die Befreiung der Gola und den Wiederaufbau Jerusalems und seines Tempels durch Kyros. Auch der Kern der glühenden Babelorakel z.B. in Jes 13 und Jer 50f. könnte noch in die Zeit vor der Eroberung Babylons durch den Perserkönig im Jahre 539 gehören, wie denn der Ausbau der Völkerorakel in Jes 13-23; Jer 46-51 und Ez 25-32+35 vermutlich im 6.Jh. einsetzte, um erst in der Alexanderzeit sein Ende zu finden. Dabei rückte die

25. Und möglicherweise auch die Unheilsbotschaft eines Zefanja und Habakuk, vgl. dazu *Einleitung*[5], § 24 e) und g) und unten, § 24 h und i.

Erwartung des Gerichts an den Völkern, und d.h. außer an den beiden Großreichen Babylon und Ägypten, von denen das erste alsbald zur Chiffre für die Weltmacht wurde, auch an den Nachbarvölkern Israels, im Laufe des 5. und 4.Jh.s in den Horizont der Weltgerichtserwartung ein, in das auch der Zion einbezogen werden sollte. Schließlich wurde der Gedanke der Rettung Jerusalems mit dem eines selektiven Gerichts zwischen den Gerechten/Frommen und den Schuldigen/Gottlosen verbunden. In diesem Zusammenhang diente die Unheilsprophetie der vorexilischen Propheten als erfüllte einerseits als Erweis für den Ernst des göttlichen Gerichtswillens, wie sie andererseits im Blick auf die jeweilige Gegenwart aktualisiert oder durch Rettungsaussagen überboten werden konnte. Als auch die letzten Prophetenbücher im 3.Jh.v.Chr. ihren Abschluß erhielten, waren sie dank der exilisch-nachexilischen Redaktionstätigkeit sämtlich zu eschatologischen Büchern geworden.

Bemerkung 3: *Zur Verwendung der Begriffe eschatologisch und apokalyptisch.* Als *eschatologisch* bezeichnet man im Alten Testament solche Erwartungen, die mit einer endgültigen Heilswende im Geschick Israels rechnen. *Kaiser* hat bereits 1973 vorgeschlagen, *zwischen a) eschatologischen, b) protoapokalyptischen und c) apokalyptischen Vorstellungen* zu unterscheiden und unter a) solche zu verstehen, in denen die Heilswende durch ein innergeschichtliches Ereignis bewirkt wird, von c) zu reden, wenn sie durch übernatürliche und kosmische Eingriffe herbeigeführt wird, und b) dem Übergangsstadium zwischen a) und c) vorzubehalten.[26]

Literatur: Smend, Entstehung[4] § 24; W.H.Schmidt, Einführung[4],§ 13; Kaiser, Einleitung[5], § 25 und 26; ders., Artikel *Literaturgeschichte, Biblische I.*4, TRE 21, 1991, S.318ff.; ders., Der Gott des Alten Testaments I, UTB 1747, Göttingen 1993, § 14; H.Gunkel, Die Propheten als Schriftsteller und Dichter, in: SAT 2/2, Göttingen 1921[2], S.XXXIVff.; C.Westermann, Grundformen prophetischer Rede, BEvTh 31, München 1978[5]; ders., Das Heilswort bei Deuterojesaja, EvTh 24, 1964, S.335ff.; ders., Sprache und Struktur der Prophetie Deuterojesajas, in: Forschung am Alten Testament, ThB 24, München 1964, S.92ff.; ders., Prophetische Heilsworte im Alten Testament, FRLANT 145, Göttingen 1987; H.J.Boecker, Redeformen des Rechtslebens im Alten Testament, WMANT 14, Neukirchen-Vluyn 1970[2]; W.Janzen, Mourning Cry and Woe Oracle, BZAW 125, Berlin 1972; L.Markert, Struktur und Bezeichnung des Scheltworts. Eine gattungsgeschichtliche Studie anhand des Amosbuches, BZAW 140, Berlin – New York 1977; K.A.Tångberg, Die prophetische Mahnrede, FRLANT 143, Göttingen 1987.

26. Vgl. dazu O.Kaiser, Das Buch des Propheten Jesaja. Kapitel 13-39, ATD 18, Göttingen 1973/83[1-3], S.2 und zur Sache auch unten, § 25.

§ 21 Jesaja oder das Buch von der Zukunft des Zion

Lehrsatz: Das Jesajabuch. Das durch seine Überschrift in Jes 1,1 der Autorität des im letzten Drittel des 8.Jh.s v.Chr. in Jerusalem wirkenden Propheten Jesaja, Sohn des Amoz, unterstellte Prophetenbuch enthält 66 Kapitel. Es ist damit das umfangreichste aller Prophetenbücher. Als das Buch von der Erlösung und Verherrlichung des Zion hat es für das unter seinem Exilsgeschick leidende Judentum und dank seiner messianischen Weissagungen oder Königsverheißungen für das Christentum besondere Bedeutung gewonnen. In der Nachfolge von *Johann Christian Döderlein* (1775) und *Johann Gottfried Eichhorn* (1783) hat sich zunächst die Erkenntnis des exilisch-nachexilischen Charakters der c.40ff., in der von *Bernhard Duhm* (1892) die der nach heutiger Einsicht relativen Selbständigkeit der c.56-66 in der Forschung durchgesetzt. Seither ist es üblich, die c.1-39 als *Protojesajanische*, die c.40-55 als *Deuterojesajanisch*e und die c.56-66 als *Tritojesajanische Sammlung* zu bezeichnen. Im Laufe zumal der letzten hundert Jahre hat es sich zunächst gezeigt, daß die c.1-39 eine komplizierte Vorgeschichte besitzen und ihre Weissagungen nur zu einem geringen Teil auf Jesaja zurückgehen. Weiterhin ist die von *Duhm* unterstellte wesentliche Einheit der c.56-66 und ihre Rückführung auf einen zur Zeit Esras wirkenden und als *Tritojesaja* bezeichneten Anonymus aufgegeben worden. Und schließlich ist auch die Einheit der c.40-55 in die Diskussion geraten, die man bisher einem als *Deuterojesaja* angesprochenen, namenlosen Exilspropheten zuzuschreiben pflegte. Dabei zeichnet sich insgesamt ab, daß das Jesajabuch als Ganzes seine überlieferte Gestalt in einem vom späten 8. bis mindestens zum frühen 3.Jh.v.Chr. währenden Redaktionsprozeß erhalten hat. Die gegenwärtige Forschung ist demgemäß immer noch mit der Abgrenzung und zeitlichen Einordnung der einzelnen redaktionellen Schichten und zunehmend auch mit den Problemen der Gesamtkomposition beschäftigt.[1] Beide Fragestellungen sollten aus sachlichen Gründen nicht gegeneinander ausgespielt, sondern in ihrem komplementären Charakter verstanden werden.

Bemerkung: Zur Bedeutung des Jesajabuches. Die Bedeutung des Jesajabuches für das Judentum in den letzten Jahrhunderten der Epoche des Zweiten Tempels erhellt schon daraus, daß es in den Textfunden aus den Höhlen von Qumran mit 18 Handschriften das mit Abstand am meisten bezeugte Prophetenbuch ist. Unter ihnen stehen die große, alle 66 Kapitel enthaltende Handschrift 1QJes[a] aus dem 2.Jh.v.Chr. und die kleine, die c.38-66 fragmentarisch enthaltende Handschrift

1. Zu den Grenzen, die den Versuchen gesetzt sind, das Jesajabuch als eine seine 66 Kapitel übergreifende Komposition zu verstehen, vgl. H.M.Barstad, No Prophets? Recent Developments in Biblical Prophecy Research and Near Eastern Prophecy, JSOT 57, 1993, S.39-60 und D. Carr, Reaching for Unity in Isaiah, JSOT 57, 1993, S.61-80.

1QJes[b] aus dem frühen 1.Jh.n.Chr. an erster Stelle. Dagegen ist das Jeremiabuch nur durch 4, das Ezechielbuch durch 6 und das Zwölfprophetenbuch oder Dodekapropheton durch 8 Handschriftenfragmente vertreten. – Die christliche Kirche hat seit dem neutestamentlichen Schriftbeweis in den Königsverheißungen Jes 9,1-6; 11,1-9 (vgl. auch 32,1-5; 16,4b-5 und 11,10) und nicht zuletzt in der Immanuelverheißung 7,14-16 (Mt 1,22f.) Weissagungen auf Jesus als den Messias oder Christus erblickt. Das damit gestellte christlich-theologische Problem ist komplexer Natur. Es sollte nicht gegen den historisch-kritisch ermittelten Wortsinn ausgespielt werden. Dabei ist es am ehesten möglich, das Problem der in ihrer Eigenständigkeit erkannten Botschaft beider Testamente und das ihres unterschiedlichen Messiasverständnisses unter dem Gesichtspunkt der Vorgeschichte des Heils und zugleich mittels einer existenzialen Strukturanalyse zu lösen.[2]

a) Die Protojesajanische Sammlung Jes 1 – 39

Lehrsatz 1: *Zum Aufbau.* Die Protojesajanische Sammlung Jes 1-39 besitzt infolge wiederholter redaktioneller Eingriffe und Ausgestaltungen einen überaus komplexen Aufbau. Daher sind alle übergreifenden Gliederungsversuche nicht mehr als grobe Orientierungshilfen, so auch, wenn man die c.1-12 als Gerichtsankündigungen gegen Jerusalem und Juda, die c.13-23 als Fremdvölkersprüche, die c.24-27 als Jesajaapokalypse, die c.28-31(32) als den Assyrischen Zirkel im Sinne einer durch das Gericht am Zion zum Heil führenden Prophetie und die c.33-35 als Heilsweissagungen für Jerusalem bezeichnet, denen sich in den c.36-39 die aus II Reg 18-20 übernommenen Jesajaerzählungen anschließen.[3]

Zusatz 1: *Zur Komposition von Jes 1-39.* Die Sammlung bietet mit ihren Überschriften in 1,1; 2,1 und 13,1 eine gewisse Gliederungshilfe: 1,1 muß zweifellos als Überschrift für das ganze Buch verstanden werden. Doch gibt die erneute Überschrift in 2,1 c.1 eine Sonderstellung, so daß man es als Zusammenfassung der Botschaft Jesajas unter dem Gesichtspunkt des Weges des Gottesvolkes durch Gericht zum Heil verstehen kann.[4] Die Überschrift in 2,1 nennt Juda und Jeru-

2. Vgl. dazu auch H.Strauß, Messianisch ohne Messias. Zur Überlieferungsgeschichte und Interpretation der sogenannten messianischen Texte im Alten Testament, EHS.T 232, Frankfurt am Main, Bern u.a. 1984, S.111ff., den Forschungsbericht bei R.Kilian, EdF 200, 1983, S.5ff. und nicht zuletzt C.Westermann, Prophetische Heilsworte im Alten Testament, FRLANT 145, Göttingen 1987, S.66ff.
3. Zum parallelen Aufbau von Jes 13-40ff. und Ez 25-40ff. hat B.Gosse, Oracles contre les nations et structures comparées des livres d'Isaïe et d'Ezéchiel, BN 34, 1990, S.19ff., hingewiesen.
4. Dabei handelt es sich in 1,27f. und 1,29-31 um Nachinterpretationen zu der Weissagung

salem als Inhalt des Prophetenwortes und bezieht sich demgemäß mindestens auf die c.2-4.[5] *Marvin A. Sweeney* hat den aus ganz unterschiedlichen Texten zusammengewachsenen Abschnitt als Ankündigung der Reinigung des Zion zur Vorbereitung seiner Rolle als Ort der Weltherrschaft Jahwes gedeutet.[6] Der Berufungsbericht in c.6 wird in der Regel als Einleitung einer sog. Denkschrift des Propheten Jesaja aus der Zeit des Syrisch-Ephraimitischen Krieges verstanden, die entsprechend auf 6,1-9,6 eingegrenzt wird. Unbeschadet der Frage nach ihrer Entstehung läßt sich auch hier ein gedanklicher Weg von der Ankündigung der zum Gericht führenden Verstockung durch das Prophetenwort in c.6, über das vergebliche Werben des Propheten um das Vertrauen des Königshauses und Volkes in 7,1ff., die Gerichtsankündigung und das Warten auf Jahwes Hilfe in c.8, von der dann in der Königsverheißung ausführlich die Rede ist, verfolgen. Aber es ist deutlich, daß wir mit dieser Charakterisierung nur die Oberfläche der Komposition erfassen, die eine sehr verwickelte historische Tiefenstruktur besitzt. Mit 9,7-11,16 wird der Leser noch einmal den Weg vom bevorstehenden Gericht zum Heil geführt, an dessen Ende die Vernichtung der Weltmacht »Assur« und die Wiederherstellung des vereinigten und wiederheimgekehrten Gottesvolkes stehen. Aber auch hier gibt sich bei genauerem Lesen eine komplizierte Entstehungsgeschichte zu erkennen. Das proleptische Danklied der Erlösten in c.12 setzt hinter die c.1-12 eine kräftige Fermate, ehe auf die mit der Überschrift 13,1 eingeleiteten Babelorakel 13,2-14,23 in 14,24-23,18 die Reihe der Fremdvölkersprüche gegen Assur, die Philister, Moab, Damaskus und Israel, Äthiopien, Ägypten, Babylon, die Araber, Jerusalem sowie Tyros folgt. Der Redaktor, dem wir die Einleitung der Völkersprüche durch 13,2-22 verdanken, hatte vermutlich bereits die sog. Jesajaapokalypse der c.24-27 mit im Auge, ja, es ist nicht ausgeschlossen, daß er selbst über die c.28-32 hinweg auf c.33 hinausblickte, welches die Vernichtung der Völker durch Jahwe, den Schrecken der Gottlosen in Zion angesichts der verzehrenden Majestät ihres Gottes und den Antritt seiner Königsherrschaft verheißt. Er entfaltete so ein großes apokalyptisches Drama, in dem Jahwe die Macht der Völker vernichtet und schließlich als Weltenkönig in Zion einzieht. Die Vernichtung der Völker und zumal des in den Fremdvölkersprüchen nicht erwähnten Edom prophezeit schließlich auch c.34, ehe das sprachlich und sachlich an die Großsammlung der c.40-66 erinnernde c.35 einen kräftigen Schlußakkord mit dem Heilswort von der Heimkehr der Erlösten zum Zion setzt. Demgegenüber nehmen sich die Jesajaerzählungen der c.36-39 zunächst wie ein bloßer Nachtrag der Sammlung aus. Wer diese Textfolgen genauer

von dem Läuterungsgericht Jahwes an Jerusalem, vermutlich aus den Händen der abschließenden, die c.1-39 und die c.40-66 zusammenfügenden Redaktoren. Zu den Beziehungen zwischen 1,1-2,4 und 63,7-66,24* vgl. zuletzt A.J.Tomasino, Isaiah 1.1-2.4 and 63-66, and the Composition of the Isaianic Corpus, JSOT 57, 1993, S.81-98.

5. Vgl. dazu zuletzt M.A.Sweeney, BZAW 171, 1988, S.135.
6. Ebd., S.163.

liest, dem bleibt nicht verborgen, daß sie auf Einzeltexten beruhen, die ihrerseits teilweise in unterschiedlicher Weise fortgeschrieben worden sind. Wer sich der Frage nach ihrer geschichtlichen Herkunft verschließt und nur noch auf die übergreifenden redaktionellen Zusammenhänge blickt, bezahlt das mit dem Verlust der Botschaft der einzelnen Texte.[7] Daher bleibt die Beschäftigung mit der Literarkritik der protojesajanischen Sammlung auch weiterhin unerläßlich.[8]

Lehrsatz 2: *Die Zeit Jesajas*. Nach den im Jesajabuch enthaltenen Nachrichten ist der Prophet Jesaja im Todesjahr des Königs Usija berufen worden und hat er weiterhin unter dessen Nachfolgern Jotham, Ahas und Hiskia gewirkt. Sein prophetisches Auftreten dürfte daher in die Jahre zwischen 736/5 und 701 v.Chr. fallen.[9]

Zusatz 2: *Zur Chronologie Jesajas*. Nach Jes 6,1 wurde der Prophet im Todesjahr des Königs Usija von Juda berufen. Nach 1,1 hat er zur Zeit der Könige Usija, Jotham, Ahas und Hiskia gewirkt. Angesichts der Schwierigkeiten der Chronologie der zweiten Hälfte des 8.Jh.s schwanken die Datierungen der Berufung Jesajas zwischen den Jahren 747/46 und 735/34. Dabei dürfte die untere Datierung wahrscheinlicher als die obere sein. Der Fremdbericht in c.7 und die jesajanischen Kernworte in c.8 zeigen zusammen mit 17,1-3, daß der Prophet während des sog. Syrischephraimitischen Krieges aufgetreten ist. Dessen Verlauf ist einigermaßen dunkel. Doch hat er mit der Eroberung von Damaskus durch den Assyrerkönig Tiglatpileser III. und der Unterwerfung des auf das Kernland Ephraim begrenzten Nordreiches unter seinem letzten König Hosea im Jahre 732 sein Ende gefunden. Nach den biblischen Quellen soll sich Ahas angesichts des beabsichtigten Sturzes der davidischen Dynastie durch Pekach von Israel und Rezin (Rasunu) von Damaskus freiwillig dem assyrischen König unterworfen haben, vgl. Jes 7,1ff. und II Reg 16,5ff.[10] Die Ankündigung der Eroberung Samarias in 28,1-4* setzt voraus, daß der Prophet auch zwischen 732 und 722, dem

7. Vgl. dazu auch H.-J.Hermisson, Die »Königsspruch«-Sammlung im Jeremiabuch – von der Anfangs- zur Endgestalt, in: Die Hebräische Bibel und ihre zweifache Nachgeschichte. FS R.Rendtorff, hg. E.Blum, Chr.Machholz und E.W.Stegemann, Neukirchen-Vluyn 1990, S.277.
8. Vgl. dazu grundsätzlich R.Kilian, EdF 200, 1983, S.5ff.; W.Werner, FzB 46, S.17ff. und O.Kaiser, TRE 16, 1987, S.638ff.
9. Das Martyrium Jesajas, dessen jüdischer Grundtext vermutlich aus dem letzten Drittel des 1.Jh.n.Chr. stammt (vgl. dazu E.Hammershaimb, JSHRZ II/1, Gütersloh 1973, S.17ff.), berichtet von dem Märtyrertod des Propheten in den Tagen des Nachfolgers Hiskias, Manasse. Doch handelt es sich bei dieser Erzählung um eine Legende ohne geschichtlichen Hintergrund im Leben des Propheten.
10. Vgl. dazu auch TUAT II/4, S.373ff. und M.E.W.Thompson, Situation and Theology. Old Testament Interpretations of the Syro-Ephraimite War, Prophets and Historian Series 1, Sheffield 1982.

Jahr der Eroberung der Stadt durch Salmanassar V., aufgetreten ist. Da der Philisterspruch in 14,28-32* vermutlich in die Zeit des Aufstandes Hanos von Gaza gegen den Assyrer Sargon II. 721/20 und 20,1ff.* in die der Erhebung von Asdod gegen denselben Großkönig 713/11 gehören, ist deutlich, daß Jesaja auch nach dem Fall Samarias aufgetreten ist. Schließlich bezeugen die Grundtexte des sog. Assyrischen Zirkels c.28-32* die Wirksamkeit Jesajas während des gegen Sanherib gerichteten syrisch-palästinischen Aufstandes der Jahre 703-701, zu dessen Anführern auch König Hiskia von Juda gehörte. Er rettete sein Reich nur noch durch die mit schweren Tributen verbundene Unterwerfung unter den assyrischen König.[11]

Lehrsatz 3: *Die herkömmliche zeitliche Einordnung der als jesajanisch betrachteten Texte.* In der Nachfolge zumal *Bernhard Duhms* pflegt man die als jesajanisch betrachteten Texte weithin bis heute den fünf Perioden seiner Verkündigung 1. während der Frühzeit, 2. während des Syrisch-ephraimitischen Krieges, 3. zwischen diesem und dem Untergang des Nordreiches, 4. während der philistäischen Aufstände und 5. während des judäischen Aufstandes zuzuordnen. Dabei hätte es sich in der 1. um eine durch Gegenwartskritik begründete und zumal an die Oberschicht in Jerusalem und Juda gerichtete Untergangsprophetie gehandelt, die unter Umständen mit einem Ausblick auf eine nachfolgende Heilszeit versehen gewesen wäre. In der 2. hätte der Prophet nach Ablehnung seiner an König und Volk adressierten Mahn- und indirekten Heilsworte erneut den Untergang Judas angesagt. In der 3. hätte sich seine Untergangsbotschaft gegen das Nordreich gerichtet. In der 4. hätte er den Jerusalemer Hof indirekt vor einer Beteiligung an den antiassyrischen Aufständen gewarnt, um dann in 5. nach älterer Meinung Jerusalem und Juda Gericht *und* Rettung, nach neuerer Meinung allein das Gericht anzusagen. In der Tat läßt sich das sparsame jesajanische Traditionsgut auf die Formel der Ansage der Vernichtung des Nordreiches, des Scheiterns der antiassyrischen Aufstände und einer damit verbundenen Katastrophe des Südreiches bringen.

Zusatz 3: *Zur Einordnung der Texte in die Wirkungsperioden.* Im Rahmen der sich weithin an *Duhms* Kommentar anschließenden *opinio communis* werden die als jesajanisch betrachteten Texte etwa wie folgt in die Wirkungsperioden des Propheten eingeordnet. – Inzwischen angefochtene Texte sind in Klammern gesetzt: Der *Frühzeit* werden außer dem neuerdings teilweise als nachträglichem Reflexionstext beurteilten Berufungsbericht (6,1-11)[12] auch noch (1,2-3); (1,10-17);

11. Vgl. TGI³, Nr.39, S.67ff. und TUAT I/4, S.388ff. mit II Reg 18,13-16. Die Jesajalegenden II Reg 18,17-19,37 par Jes 36-37 haben die Ereignisse unter späteren paradigmatischen Gesichtspunkten umgedeutet.
12. Die Authentizität ist bislang nur von Ch.H.Whitley, The Call and Mission of Isaiah, JNES 18, 1959, S.38fff. und O.Kaiser, ATD 17⁵ z.St. bestritten worden. – Zur Nachge-

(1,18-20); (1,21-26);[13] (2,6-22*)[14]; (3,1-9*)[15]; (3,12-15)[16]; (3,16-24*)[17]; (3,25-4,1*)[18]; (5,1-7)[19]; 5,8-24*[20] und (10,1-4*)[21] zugeordnet. In die Zeit des *Syrisch-ephraimitischen Krieges* werden dann außer der sog. Denkschrift 6,1-8,18 (9,1-6 ist jedenfalls als redaktionell zu betrachten)[22] auch noch 17,1-6*[23] und gelegentlich selbst (10,28-34)[24] datiert. Dem Jahrzehnt *bis zum Untergang des Nordreiches* werden dann (9,7-20*+5,25-30*)[25] und 28,1-4* zugewiesen. Der *Zeit der Phili-*

schichte vgl. auch C.A.Evans, To See and Not Perceive. Isaiah 6.9-10 in Early Jewish and Christian Interpretation, JSOT.S 64, Sheffield 1989.

13. Vgl. dazu außer O.Kaiser, ATD 17^5 und R. Kilian, NEB z.St. auch J. Vermeylen, I, S.57ff. zu 1,18-20 und S.71ff. zu 1,21-26; W.Werner, Israel in der Entscheidung. Überlegungen zur Datierung und zur theologischen Aussage von Jes 1,4-9; in: R.Kilian, K.Funk und P.Fassl, hg., Eschatologie. FS E.Neuhäusler, St.Ottilien 1981, S.59ff.; E.Kutsch, »Wir wollen miteinander rechten«. Zu Form und Aussage von Jes 1,18-20, in: L.Ruppert, P.Weimar und E.Zenger, hg., Künder des Wortes. FS J.Schreiner, Würzburg 1982, S.23ff.= ders., Kleine Schriften zum Alten Testament, hg. L.Schmidt und K.Eberlein, BZAW 168, Berlin – New York 1986, S.146ff.; O.Loretz, Der Prolog des Jesaja-Buches (1,1-2,5); UBL 1, Altenberge 1984; aber auch H.-J.Hermisson, Zukunftserwartung und Gegenwartskritik in der Verkündigung Jesajas, EvTh 33, 1973, S.54ff.
14. Einspruch gegen die Echtheit der V.12-17 bislang allein durch Kaiser, ATD 17^5. Sein Urteil steht daher hier wie bei den als jesajanisch beurteilten Texten in c.3,1-4,1 zur Überprüfung frei.
15. Während Kaiser den Text in ATD 17^5 als redaktionell beurteilte, finden Vermeylen, I, S.144ff. und Kilian, NEB, z.St. in ihm einen substanziellen jesajanischen Kern.
16. Vgl. aber gegen Kaiser, ATD 17^5 z.St. Vermeylen, I, S.147ff.
17. Vgl. aber gegen Kaiser, ATD 17^5 z.St. Vermeylen, I, S.150f.
18. Vgl. aber gegen Kaiser, ATD 17^5 auch Vermeylen, I, S.151f. und Kilian, NEB, z.St.
19. Gegen die Echtheit haben sich mit guten Gründen Vermeylen, I, S.159ff. und Kaiser ATD 17^5 z.St. ausgesprochen.
20. Zur Literarkritik vgl. außer Vermeylen, I, S.169ff.; Kaiser, ATD 17^5 und Kilian, NEB, z.St. auch W.Werner, BZAW 173, 1988, S.11ff.
21. Durch Kilian, NEB, z.St. als sekundär beurteilt.
22. Vgl. dazu C.Westermann, FRLANT 145, S.66.
23. Zur Analyse vgl. Kaiser, ATD 18 z.St.; Vermeylen, I, S.308ff.; anders auch hier H. Wildberger, BK X/2 z.St.
24. Für die Ansetzung im Syr.-ephr. Krieg hat H.Donner, Der Feind aus dem Norden, ZDPV 84, 1968, S.46ff. votiert; zum redaktionellen Charakter vgl. aber H.Barth, Die Jesaja-Worte in der Josiazeit, WMANT 48, 1977, S.65ff.; O.Kaiser, ATD 17^5 und Kilian, NEB z.St.
25. Das Gedicht bereitet der Auslegung zumal bei dem Versuch, seine geschichtlichen Etappen zu realisieren, anerkannte Schwierigkeiten. Gegen die fast allgemeine Auffassung, daß es sich in 5,25-30 um den Schluß von 9,7-20* handelt, hat Kilian, NEB, z.St. ernste Bedenken angemeldet. Kaiser hat ATD 17^5 mit ebenfalls nicht leichtfertigen Argumenten für das Verständnis der primären Zusammengehörigkeit argumentiert und zugleich die jesajanische Verfasserschaft bezweifelt.

steraufstände gehören vermutlich 14,28-32*[26] und sicher 18,1-6*[27] sowie der Fremdbericht c.20* an. Da die außenpolitische Konstellation Judas während der Philisteraufstände und der hiskianischen Erhebung grundsätzlich gleich blieb, werden die im Folgenden der vierten und letzten Periode der *Jahre 703-701* zugewiesenen Texte teilweise noch der vorausgehenden zugerechnet: (10,5-15*);[28] (14,24-27);[29] (17,12-14); 28,7-13;[30] 28,14-22*; (28,23-29); (29,1-4*); 29,13-14; 29,15(16); 30,1-5*; 30,6-7; 30,8-17; (30,27-33); 31,1-3*; 31,4(5-9); 1,4-9*; 22,1-14* und gegebenenfalls auch (32,9-14). Zeitlich unbestimmt bleibt 22,15-18* und, falls man die Texte für jesajanisch hält, auch (2,2-5); (9,1-6) und (11,1-5).[31]

Zusatz 4: *Zur Problematik des traditionellen Jesajabildes.* Das von *Duhm* begründete und von *Hans Wildberger* in seinem zwischen 1965 und 1982 veröffentlichten Kommentar noch einmal monumental ausgearbeitete Bild der Prophetie Jesajas auf dem Hintergrund einer maximalen Textzuweisung an den Propheten kann sich in der Tat auf ein theologisch eindrucksvolles Ergebnis berufen: Der zur Verstockung berufene Prophet wußte von Anfang an um den unabänderlichen Vernichtungsratschluß Jahwes, rang aber trotzdem mit seinem Volk und mit seinem König um ihre Rückkehr zum Gottvertrauen und versuchte, es durch seine Gerichtsbotschaft zur Umkehr zu bewegen. Daraus erklären sich die eigentümlichen Wendungen seiner Botschaft: Während er in seiner Frühzeit einem selbstsicheren und rechtsbrecherischen Volk eine bis zum Zusammenbruch jeder staatlichen Autorität reichende Katastrophe als notwendigen Durchgang zu einer neuen Heilszuwendung Jahwes angesagt hätte (1,21-26), hätte er König und Volk in der Zeit des Syrisch-ephraimitischen Krieges zur Furchtlosigkeit vor den Feinden im Vertrauen auf Jahwe als der Bedingung ihres Bleibens aufgerufen (7,9). Angesichts der Ablehnung seines Angebotes hätte er dann dem Volk und zumal den Davididen ein die sog. Reichsteilung 926 übertreffendes Unheil vor-

26. Kaiser findet in 14,28-32 jetzt einen fragmentarischen jesajanischen Kern in V.28.31 und 32a.
27. Kaiser sucht inzwischen den jesajanischen Kern in V.1-2*.
28. Gegen einen jesajanischen Kern haben sich Kaiser, ATD 17^5 und Kilian, NEB z.St. ausgesprochen; vgl. aber auch S.Mittmann, »Wehe! Assur, Stab meines Zorns« (Jes 10,5-9.13aβ-15), in: V.Fritz, K.-F.Pohlmann und H.-Chr. Schmitt, hg., Prophet und Prophetenbuch. FS O. Kaiser, BZAW 185, Berlin – New York 1989, S.111ff.
29. Zu den Assur-Texten vgl. schon H.Hackmann, Die Zukunftserwartung des Jesaja, Göttingen 1893; K.Marti, KHC X, Tübingen 1900 und dann O.Kaiser, ATD 18^{1-3} z.St.; H.Barth, Jesaja-Worte, WMANT 48, 1977; Vermeylen, I, 1977; R.E.Clements, Isaiah and the Deliverance of Jerusalem, JSOT.S 13, Sheffield 1980 (1984); W.Werner, FzB 46, 1982 (1986^2), S.171ff.; zu 14, 24-27 vgl. auch ders., BZAW 173, 1988, S.33ff.
30. Zu Jes 28-31 vgl. unten, *Zusatz* 10.
31. Zu ihrer Athetierung vgl. z.B. K.Marti, KHC; G.Fohrer, ZBK; O.Kaiser, ATD 17^5 und R.Kilian, NEB z.St. bzw. W.Werner, FzB 46, und C. Westermann, Heilsworte, FRLANT 145 z.St.

ausgesagt (7,17a), um seinerseits vertrauensvoll auf die künftige Heilszuwendung des Zionsgottes zu warten (8,17f.). Hielt der Prophet kompromißlos an seiner Untergangsbotschaft für das Nordreich fest, so suchte er doch den Jerusalemer Hof in den Tagen der philistäischen Aufstände vor seiner Beteiligung an der konspirativen antiassyrischen, auf ägyptische Hilfe verlassenden Politik zu warnen. Als Hiskia sich dann aber 703 im Vertrauen auf die Hilfe Ägyptens zum Abfall von Sanherib hinreißen ließ, rief der Prophet sein Wehe über diesen heillosen Weg aus, der nur in einer Katastrophe enden konnte. Doch als er sah, wie selbstherrlich sich Sanherib benahm, hätte er dem bedrohten Jerusalem die Rettung im letzten Augenblick und den Assyrern den Untergang verkündet (29,1-8; 31,4-9). Als Sanherib dann tatsächlich nach der Kapitulation Hiskias abzog und sich die noch einmal davon gekommenen Jerusalemer dem Jubel hingaben, hätte er ihnen erneut den Tod vorausgesagt, weil sie den Bußruf Jahwes überhört hatten, (22,1-14*). Es sind diese *Wandlungen des Propheten Jesaja* (*Georg Fohrer*)[32] und zugleich die Beobachtung, daß die Grunderwartung, daß der Weg des Gottesvolkes durch Gericht zum Heil führt, der Exilstheologie entspricht, die in den letzten beiden Jahrzehnten zu einer erneuten literar- und redaktionskritischen Überprüfung der vermeintlichen Jesajaworte herausgefordert haben.

Zusatz 5: *Die Texte von der Rettung des Zion und der Vernichtung Assurs.*[33] *Hermann Barth* hat (1974 bzw. 1977) alle die Assurtexte als sekundär beurteilt, die ausschließlich Heil verheißen, aber die Gericht und Heil zugleich ankündigenden Worte dem Propheten belassen. Weiter sind dagegen *Otto Kaiser* (1973), *Jacques Vermeylen* (1977), *Ronald E. Clements* (1980), *Wolfgang Werner* (1982) und *Rudolf Kilian* (1986) gegangen. Sie haben auch die zweite, aus 29,5-7 und 31,5-9 bestehende Textgruppe für sekundär erklärt. In der Konsequenz sind dann freilich auch 10,5-15; 10,28-34; 28,23-29 als redaktionell zu beurteilen. Mithin fehlt der Verheißung von der Völkerwallfahrt in 2,2-4 der jesajanische Bezugsrahmen. Der Assurbearbeitung gehören jedenfalls 10,5-15*; 10,28-34; 14,24-27; 17,12-14; 29,5bβ-7;[34] 30,27-33 und 31,4f.8f. an. Vielleicht sind auch 7,17b. 18aβ.bβ. 20aβ und 8,7aβ sowie 8,9-10 zu ihr zu rechnen. Umstritten ist freilich ihre zeitliche Ansetzung. *Barth* hat die von ihm auf die reinen Heilsworte beschränkte Schicht in die Josiazeit datiert und damit zunächst die ungeteilte Zustimmung von *Clements* (1980) gefunden.[35] *Vermeylen* hat wenigstens einen Teil der Worte ähnlich eingeordnet. Dagegen haben *Kaiser*, *Werner* und *Kilian* die Texte aus redaktionsgeschichtlichen Gründen als nachexilische Fortschreibun-

32. BZAW 155, 1981, S.11ff.
33. Vgl. dazu ausführlich R.Kilian, EdF 200, S.40ff., ferner O.Kaiser, TRE 16, S.644ff. und zuletzt R.E.Clements, Isaiah 14,22-27: A Central Passage Reconsidered, in: J.Vermeylen, ed., BEThL 81, 1989, S.253ff.
34. Vielleicht stellt das ganze Orakel 29,1-7(8) eine redaktionelle Bildung dar.
35. 14,22-27 wird von ihm, ebenda S.262, inzwischen nach 587 datiert.

gen beurteilt, weil sie bereits die frühnachexilische Bearbeitung des jesajanischen Erbes voraussetzen. Damit stellt sich das Problem, wie diese nachträgliche Historisierung zu deuten ist. Am einfachsten fiele die Antwort, wenn die Bearbeitung nach der Aufnahme von Jes 36-39 erfolgt wäre; denn dann würde die dort berichtete legendäre Rettung Jerusalems eine weitere Erfüllung der Worte Jesajas sein. Aber es ist nicht auszuschließen, daß der perserzeitliche Leser Assur gleichzeitig als Decknamen für die Weltmacht verstehen wollte, die beim erwarteten Völkersturm gegen Jerusalem so ihr Ende finden sollte wie nach der legendären Überlieferung einst das assyrische Heer (II Reg 19,35 par Jes 37,36).

Zusatz 6: *Zur sog. Denkschrift Jes 6,1-9,6.* Im Anschluß an *Karl Budde*[36] pflegt man Jes 6,1-9,6 als Denkschrift des Propheten Jesaja aus der Zeit des Syrisch-ephraimitischen Krieges zu bezeichnen und als ein autobiographisches Zeugnis erster Ordnung zu bewerten. Sie hebt sich von ihrem Kontext deutlich durch ihre eigentümliche verschränkte Rahmung mittels der Weherufe in 5,8-24 bzw. 10,1-4 und dem Kehrversgedicht von der ausgestreckten Hand Jahwes in 5,25-30 und 9,7-20 ab. Mit der Zeitangabe in 6,1 und dem Bericht von der Versiegelung des Zeugnisses in Gegenwart der Schüler in 8,16-18 erhält die Sammlung deutlich einen Zusammenhalt. Es ist allerdings nicht zu übersehen, daß es sich in 7,1-17 um einen Fremdbericht handelt, dessen eigentliche Adressaten bereits die Katastrophe von 587 im Rücken haben. Weiterhin ist zu bedenken, daß c.8 nach den Analysen von *Wolfgang Werner* und *Rudolf Kilian* außer in V.1-3.6-7 und 12a-15* kein jesajanisches Gut enthält.[37] Nach dem Hinweis von *Odil Hannes Steck* (1972)[38] auf die sachliche Zusammengehörigkeit der c.6 und 7 bzw. 8 hat *Kaiser* (1981) nicht nur 7,1-17 als einen tatsächlichen und jüngeren Fremdbericht beurteilt, sondern darüber hinaus auch c.6 in seinem Grundbestand aus tendenzkritischen Gründen als einen prophetentheologischen Text bewertet: seine Verstockungstheologie setzt das Scheitern der exilisch-frühnachexilischen Umkehrbotschaft bereits voraus und lebt von der Vorstellung vom Geschichtsplan Jahwes, deren exilischen Ursprung *Wolfgang Werner* inzwischen nachgewiesen hat. Seine Beurteilung der Berufungserzählung hat sich allerdings bisher in der Forschung nicht durchgesetzt und ist im Zusammenhang mit der Frage nach der jesajanischen Verfasserschaft von 29,9-10.13-14 und 15-16 erneut zu überprüfen. Deutlich ist jedenfalls, daß es sich bei der sog. Denkschrift in 6,1-8,18 um eine *redaktionelle* und keine prophetische Komposition handelt.[39]

36. Geschichte der althebräischen Litteratur, Leipzig 1906, S.76; vgl. auch ders., Jesaja's Erleben. Eine gemeinverständliche Auslegung der Denkschrift des Propheten, Gotha 1927.
37. Vgl. dazu W.Werner, Vom Prophetenwort zur Prophetentheologie. Ein redaktionskritischer Versuch zu Jes 6,1-8,18, BZ NF 29, 1985, S.1ff. und R. Kilian z.St.
38. Bemerkungen zu Jesaja 6, BZ NF 16, 1972, S.188ff. = ders., Wahrnehmungen Gottes im AT, ThB 70, München 1982, S.149ff.
39. Vgl. dazu auch H.Graf Reventlow, Das Ende der sog. »Denkschrift« Jesajas, BN 38/39, 1987, S.62f.

Zusatz 7: *Kannte Jesaja eine Resterwartung?*[40] Nachdem schon *Duhm* die eine positive Resterwartung kennenden Texte 4,2-6; 6,13bβ; 7,22; 10,20-23; 11,11-16; 28,5 und 37,30-32 als redaktionell erkannt hatte, verbleiben als potientielle Zeugen für jene allenfalls 1,21-26 und der Name des Jesajasohnes Schear-Jaschub: »Nur ein Rest ist es, der zurückkehrt/umkehrt«. Gewiß kennt 1,21ff. die Vorstellung von einem Läuterungsgericht, jedoch nicht die von einem Rest. Die Vorstellung von jenem aber ist erst nachexilisch und die mehrschichtige Perikope redaktionellen Ursprungs.[41] Die Frage, ob der Name des Prophetensohnes als Heils- oder als Unheilszeichen zu verstehen ist, hängt vom Gesamtverständnis des Kontextes ab. Deutet man ihn von 8,1-4 und seinem unmittelbaren Kontext her, bezieht er sich auf den Untergang von Israel und Damaskus. Liest man ihn von 7,9b her, gewinnt er seine Bedeutung durch die von Ahas getroffene Entscheidung. Sind wir mit *Christof Hardmeier*[42] darin einig, daß der Textzusammenhang seine Rezipienten im Auge hat, und stellen wir das oben über die Denkschrift Gesagte in Rechnung, ist 7,1-17 nicht an die Anhänger Jesajas, sondern an die Überlebenden der Katastrophe von 587 gerichtet. Mithin verweist der Name angesichts des versäumten Glaubens der erzählten Zeit auf den Rest der Erzählzeit, dem nun 7,9b gilt (vgl. auch 10,21). Eine *positive Restvorstellung* ist mithin für Jesaja *nicht nachweisbar.* Sollte 7,1-9 eine historische Erinnerung an einen Jesajasohn Schear-Jaschub enthalten, bliebe doch offen, angesichts welcher Situation der Prophet dem Sohn den Zeichennamen gegeben hat, da die vorliegende Erzählung schwerlich geschichtlich ist.[43] So könnte er sich auf das Scheitern der Pläne der antijudäischen Koalition 733 wie auf das antiassyrischer Konspirationen Hiskias beziehen. Angesichts dieser Dunkelheiten eben empfiehlt es sich, der tendenzkritischen bzw. kommunikationstheoretischen Deutung den Vorzug zu geben.

Zusatz 8: *Zur Immanuel-Weissagung* 7,14.[44] Die Immanuel-Weissagung Jes 7,14 wird in der Kirche seit Mt 1,18ff. auf die jungfräuliche Geburt Jesu bezogen.

40. Vgl. dazu R.Kilian, EdF 200, S.27ff.; W.Werner, FzB 46, S.89ff.; O.Kaiser, TRE 16, S.647f. und J.Hausmann, Israels Rest. Studien zum Selbstverständnis der nachexilischen Gemeinde, BWANT 124, Stuttgart u.a. 1987, S.139ff.
41. Vgl. dazu ausführlich J.Vermeylen, I, S.71ff.; ferner O.Kaiser, ATD 17^5, S. 52ff.; O.Loretz, Prolog, S.38f. und S.55f. und R.Kilian z.St. Zur Sache vgl. auch J.Hausmann, BWANT 124, 1987, S.162ff, die bei partiell anderen literarkritischen Urteilen zu dem Ergebnis kommt, daß Jesaja nur negativ vom Rest spricht.
42. Gesichtspunkte pragmatischer Erzähltextanalyse. »Glaubt ihr nicht, so bleibt ihr nicht« – ein Glaubensappell an schwankende Anhänger Jesajas, WuD 15, 1979, S.33ff.
43. Vgl. zu ihr R.Bickert, König Ahas und der Prophet Jesaja. Ein Beitrag zum Problem des syrisch-ephraimitischen Krieges, ZAW 99, 1987, S.361ff.
44. Vgl. dazu R.Kilian, EdF 200, S.12ff. und Kaiser, TRE 16, S.647f. – A.Laato, Who is Immanuel? The Rise and the Foundering of Isaiah's Messianic Expectations, Åbo 1988 versucht noch einmal, die traditionelle Ansicht neu zu begründen, vermag damit jedoch aus literar- und formkritischen Gründen nicht zu überzeugen.

Sowohl das hebräische 'almāh wie das griechische παρθένος setzen mehr voraus, als daß das heranwachsende Mädchen noch nicht geboren hat. Der Form nach liegt in 7,14-16 ein Geburtsorakel vor. Sein Bezug zum Kontext und seine Deutung als Heils- oder Unheilsorakel bleiben in der Forschung vermutlich dauerhaft umstritten. Erkennt man die zwischen 7,14 und Mi 5,2 bestehende Beziehung und versteht man das Orakel demgemäß als knappeste Ankündigung der Heilszeit nach einer vorausgehenden Notzeit, so ist die messianische Deutung weiterhin vertretbar. Doch muß man es dann mit *Kaiser* als eine sekundäre Fortschreibung von 7,10-17* beurteilen.[45]

Zusatz 9: *Die messianischen Texte.*[46] Wie oben bereits ausgeführt, enthält die protojesajanische Sammlung vier und bei Einbeziehung von 7,14-16 fünf Königsverheißungen, 9,1-6; 11,1-5(9); 16,4b.5; 32,1-8 und m.E. auch 7,14-16. Trotz immer neuer Versuche, ihnen einen Sitz im Leben der jesajanischen Verkündigung zuzuschreiben, scheiden diese Texte aus redaktions- und formgeschichtlichen wie sachlichen Gründen als Bestandteile der Verkündigung des Propheten aus. Sie entstammen unterschiedlichen Händen und Zeiten, setzen aber sämtlich das Ende der davidischen Monarchie 587 v.Chr. voraus und verheißen einen neuen König auf Davids Thron, in dem sich das im judäischen Königsritual verankerte Königsideal (*Gerhard von Rad*)[47] des vollkommen gerechten und mächtigen Herrschers verwirklichen wird.[48]

Zusatz 10: *Die jesajanische Grundschicht und ihre frühnachexilische Aktualisierung.*[49] Der sog. Assyrische Zirkel c.28-31 (32) empfiehlt sich in doppelter Hinsicht als Ausgangspunkt für das Verständnis der protojesajanischen Sammlung. Zum einen bestätigt sich hier unsere Vermutung, daß das heilsgeschichtliche Konzept

45. Anders zuletzt R.E.Clements, The Immanuel Prophecy of Isa 7:10-17, in: E.Blum, Chr.Macholz und E.W.Stegemann, hg. Die Hebräische Bibel und ihre zweifache Nachgeschichte, FS R.Rendtorff, Neukirchen-Vluyn 1990, S.225ff.
46. Vgl. dazu R.Kilian, EdF 200, S.5ff. und O.Kaiser, TRE 16, S.649f.
47. Vgl. dazu G.von Rad, Das judäische Königsritual, ThLZ 72, 1947, Sp.211ff. = ders., Ges. Studien zum Alten Testament (I), ThB 8, München 1958 (1971^4), S.205ff.
48. Vgl. dazu O.Kaiser, ATD 17^5 und 18^{1-3} z.St.; W.Werner, FzB 46, S.75ff.; H.Strauß, Messianisch ohne Messias, EHS.T 232, S.33ff. und C.Westermann, Heilsworte, FRLANT 145, S.66ff. Als Gesamtüberblicke seien H.Greßmann, Der Messias, FRLANT 43, Göttingen 1929; S.Mowinckel, He that Cometh, trl. G.W.Anderson, Oxford 1956; J.Coppens, Le messianisme et sa relève prophétique, BEThL 38, Leuven 1989^2; ders. La relève apocalyptique du messiansme royal. I. La royauté, le règne , le royaume de Dieu, cadre de la relève apocalyptique, BEThL 50, Leuven 1979; ders.,La relève apocalyptique du messianisme royal. II. Le fils d' homme vétéro- et intertestamentaire, Leuven 1983 sowie J.Becker, Messiaserwartung im Alten Testament, SBS 83, Stuttgart 1977 = Messianic Expectation in the Old Testament, trl. D.E.Green, Philadelphia 1980 genannt.
49. Vgl. dazu auch O.Kaiser, TRE 16, S.649ff.

des Weges des Gottesvolkes und zumal von Jerusalem und Juda durch Gericht zum Heil das Ergebnis exilisch-nachexilischer Theologie ist. Zum anderen läßt sich hier mit relativer Sicherheit der jesajanische Grundbestand ausscheiden, auch wenn die Texte noch weiterer redaktionskritischer Untersuchungen bedürfen. Sie beziehen abgesehen von 28,1-4* sämtlich gegen die auf ägyptische Hilfe setzende Aufstandspolitik Hiskias Stellung. Vergegenwärtigen wir uns also zunächst den Aufbau der c. 28-31: Auf den Weheruf gegen die Krone Ephraims in 28,1-4*[50] folgen in 28,5-6 ein Heilswort für den Rest des Volkes Jahwe Zebaoths, in 28,7-13* ein reflektiert erweitertes begründetes Drohwort gegen Priester und Propheten,[51] in 28,14-22* ein begründetes, möglicherweise auf den Molekkult anspielendes[52] und auf das künftige Weltgericht hin erweitertes Drohwort gegen die Herrschenden in Jerusalem und schließlich in 28,23-29* eine weisheitliche Lehrrede. Sie besitzt die Form eines Doppelgleichnisses, welches das planvolle Tun des Bauern beim Säen und Dreschen auf Gottes Belehrung zurückführt und damit im Kontext offensichtlich auf Gottes planvolles und umsichtiges Gerichtshandeln hinweist, jenseits dessen seine erneute Heilszuwendung erwartet werden darf.[53] In 29,1-8* folgt ein Weheruf gegen das kryptisch als Ariel, »Opferherd«, bezeichnete Jerusalem, der in V.5b in ein Heilswort umschlägt. Ihm schließen sich in 29,9-12* und 29,13-14 ein Scheltwort gegen die von Jahwe selbst verblendete Führungsschicht und ein begründetes Drohwort gegen das nur mit seinen Lippen Gott ehrende Volk an. Beide bereiten jetzt offenbar den gegen die von Jahwe nicht gebilligte Außenpolitik des Jerusalemer Hofes gerichteten Weheruf in 29,15-16* vor. Schon aber folgt in 29,17-24 wieder ein aus ganz unterschiedlichen Gattungselementen komponiertes Heilswort, das auf die Zeit hinausblickt, in der alle Bedrückung der Armen vorüber ist und alle Irrenden Belehrung annehmen werden.[54] Kapitel 30 setzt in 30,1-5* erneut mit einem Weheruf gegen die beim Pharao Zuflucht Suchenden ein, der nachträglich antiideolatrisch erweitert worden ist.[55] Gegen die nach Ägypten abgegangene Gesandtschaft richtet sich 30,6-8. In 30,9-17 folgt ein Reflexionstext,[56] der denen, die

50. Zum jesajanischen Grundbestand vgl. O.Loretz, Das Prophetenwort über das Ende der Königsstadt Samaria (Jes 28, 1-4), UF 9, 1977, S.361ff.

51. Zu seinen Fortschreibungen vgl. O.Kaiser, Literarkritik und Tendenzkritik. Überlegungen zur Methode der Jesajaexegese, in: J.Vermeylen, ed., The Book of Isaiah/ Le Livre d'Isaïe, BEThL 81, 1989, S.65ff.

52. Vgl. dazu J.Day, Molech. A God of Human Sacrifice in the Old Testament, UCOP 41, Cambridge 1989, S.58ff.

53. Vgl. dazu auch C.Westermann, Vergleiche und Gleichnisse im Alten und Neuen Testament, CThM A 14, Stuttgart 1984, S.40f.

54. O.H.Steck, SBS 121, 1985, S.73 und ders., Tritojesaja im Jesajabuch, BEThL 81, 1989, S.392 = ders., BZAW 203, S.32f. sieht hier den 1. Ergänzer der tritojesajanischen Prophetien 60-62* aus der Diadochenzeit am Werk. Vgl. dazu unten, S. 63-65.

55. Vgl. dazu O.Loretz und I.Kottsieper, Colometry in Ugaritic and Biblical Poetry, UBL 5, 1987, S.57ff.

das Prophetenwort verachten, die Schuld an der kommenden Katastrophe zuweist. Er enthält in V.13f. und V.16f. je ein Drohwort. Auch diese Textfolge wird durch 30,18-26[57] und 30,27-33 mit zwei Heilsworten abgeschlossen. Von ihnen kündigt das erste Jahwes Wiederzuwendung zu seinem Volk, das Ende allen Götzendienstes und reichen Ackersegen nach dem Weltgericht an, und das zweite prophezeit die Vernichtung Assurs in der längst dafür bereiteten Feuerstätte des Tophet.[58] C.31 setzt erneut mit einem Weheruf gegen die nach Ägypten um Hilfe Ziehenden ein, der in V.2 weisheitlich erweitert ist.[59] Ob das den Zyklus abschließende Heilswort 31,4-9* von der Beschützung des Zion durch Jahwe und der Vernichtung Assurs in V.4 ein jesajanisches Drohwort aufnimmt oder nicht, ist umstritten; daß der Vers in seinem jetzigen Kontext als Heilswort verstanden werden soll, erscheint dagegen als sicher.[60] Nach dem oben im *Zusatz* 5 über die Assurtexte Gesagten können wir 29,5-8; 30,27-33 und 31,4-9 a priori als redaktionell ausscheiden. Aber auch die restlichen Heilsworte in 28,5f.; 28,17-24 und 30,18-26 und die weisheitliche Lehrrede in 28,23-29 können nach den in § 20 mitgeteilten gattungsgeschichtlichen Beobachtungen nur als literarische Fortschreibungen beurteilt werden.[61] Selbst die verbleibenden jesajanischen Grundtexte 28,1-4; 28,7-13; 28,14-22; 29,1-4; 29,9-12; 29,13-14; 29,15-16; 30,1-5; 30,6-7; 30,8-17 und 31,1-3 zeigen Spuren teils mehrfacher Bearbeitung. So läßt sich in 28,2 und 28,17b.20-22 eine Redaktionsschicht feststellen, die das Gericht Jahwes über die ganze Erde ankündigt. Sie könnte ebenso mit der Grundschicht von c.24-27[62] wie mit 32,9-14 zusammenhängen. Verdeutlichende Zusätze finden sich in 28,1*.4b.13.19; 29,8.11-12.15b.; 30,2aβ.3. 5a; 31,1bα. 3b. In 30,1aβ und 5b liegt eine götzenpolemische Bearbeitung vor. Als weisheitlich beeinflußte Glossen sind 29,16 und 30,3 zu betrachten. Und schließlich fassen wir in 28,12 und 28,16aβb.17a und vor allem in 30,9-17[63] eine frühnachexilische Bearbeitungsschicht, der es darum ging, der neukonstituierten Bürger-Tempelgemeinde das Exilsgeschick als Folge der Ablehnung des Prophetenwortes zu deuten und sie zugleich zu gelassenem Vertrauen auf Jahwe aufzurufen. Ihr galten demgemäß das Eckstein- und das Ruhewort in 28,16 und 30,15. Auf die Überlebenden der Katastrophe zielt aber sicher auch 1,4-9 mit seinen Fortschreibungen ab, wenn man schon 1,2-3 für den Propheten reservieren wollte. Zusam-

56. Zu seiner Analyse vgl. O.Kaiser, BEThL 81, S.62ff.
57. O.H.Steck, SBS 121, S.62, vgl. S.80, erwägt die Zugehörigkeit zu der Bearbeitung, die c.1-39 und 40-55+60-62* miteinander verbunden hat.
58. Zur Assurbearbeitung vgl. oben, *Zusatz* 5.
59. Zur seiner Analyse vgl. O.Kaiser, BEThL 81, S.58ff.
60. Vgl. dazu ausführlicher O.Kaiser, ATD 18^{1-3} und H.Wildberger, BK X/3, der freilich an der Jesajanizität festhält.
61. Auf ihre redaktionelle Abfolge kann hier nicht eingegangen werden.
62. Vgl. dazu *Zusatz* 12.
63. Der Abschnitt bedarf über Kaiser, BEThL 81, S.62ff. hinaus zusammen mit dem ganzen Assyrischen Zyklus noch einer detaillierten Untersuchung.

men mit ihrer sprachlichen, bereits nachdtr Eigenart zeigen diese Einfügungen und Neubildungen, daß das jesajanische Erbe in frühnachexilischer Zeit eine Neuausgabe erfahren hat.[64] Darüber hinaus ist deutlich, daß die Jesajaworte weiterhin sowohl gerichts- wie mehrfach heilseschatologisch fortgeschrieben, mit verdeutlichenden Zusätzen versehen[65] und schließlich weisheitlich ergänzt worden sind.[66]

Blicken wir zurück, so schält sich als beherrschende jesajanische Redeform der Weheruf heraus, wie er in 5,8-24*;(10,1-4*); 17,1-3*; 18,1-2; 28,1.3-4a; (29,1-4);[67] 29,15; 30,1-3* und 31,1-3* begegnet. Daß sich der Prophet auch anderer Redeformen bedienen konnte, zeigen 14,29.31-32a; 28,7-11*; 28,14-18* und – der Überprüfung wert- auch 29,9-10 und 29,13-14. Mithin bleibt auch innerhalb der 3,1-4,1 und 8 noch einmal erneut nach jesajanischem Gut Ausschau zu halten, wobei daran zu erinnern ist, daß *Wolfgang Werner* und *Rudolf Kilian* 8,1-3.6-7 und 12a-15* als jesajanisch beurteilt haben.[68] Damit ist bereits gesagt, daß wir mit genuinen Jesajaworten nur in 5,8-24*; 8,1-4. 6-7(?).12a-15*(?); 14,29.31-32a; 17,1-3*; 18,1-2; 28,1.3-4a; 28,7-11*; 28,14-18*; 29,1-4(?); 29,9-10(?); 29,13-14(?); 29,15-16*(?); 30,1-3a*; 30,6-8 und 31,1-3* rechnen. Als Zeuge für die jesajanische Verkündigung ist auch der Fremdbericht von einer Zeichenhandlung des Propheten in c.20* bei der Rekonstruktion seiner Wirksamkeit mitzuberücksichtigen.

Zusatz 11: *Die Fremdvölkersprüche Jes 13-23.* In ihrer vorliegenden Form lassen die Fremdvölkersprüche in Jes 13-23 den Leser an dem großen endzeitlichen Drama des Weltgerichtes am Tage Jahwes teilnehmen (13,9-13). Sie exemplifizieren in dieser Beziehung die Weltgerichtsbotschaft der sog. Jesajaapokalypse c.24-27. Dabei sind ihnen in 14,28-32*; 17,1-3.4-6?; 18,1-2 und c.22 Jesajaworte gegen die Philister, Damaskus und Israel, die Äthiopier, Jerusalem und einen hohen judäischen Hofbeamten integriert. Außerdem enthält c.20 einen Fremdbericht über eine von Jesaja zur Zeit des Philisteraufstandes der Jahre 713/11 ausgeführten Zeichenhandlung. Der Assurbearbeitung gehören 14,24-27 und

64. Vgl. dagegen aber L.Perlitt, Jesaja und die Deuteronomisten, in: V.Fritz, K.-F.Pohlmann und H.-Chr.Schmitt, hg., Prophet und Prophetenbuch. FS O.Kaiser, BZAW 185, Berlin – New York 1989, S.133ff.; K. Zobel, BZAW 199, 1992, S.216ff. – Zur Sache vgl. auch C.Brekelmans, Deuteronomistic Influence in Isaiah 1-12, in: J.Vermeylen, ed., BEThL 81, Leuven 1989, S.167ff.; aber auch O.Kaiser, ebenda, S.55ff.

65. Inwieweit sie zu der frühnachexilischen Bearbeitungsschicht gehören, bleibt zu überprüfen. Bei 31,1bα liegt diese Annahme nahe.

66. Zu den Schichten des Buches vgl. auch O.Kaiser, ATD 17^5 zu 1,1 und komplexer und ausführlicher Vermeylen, II, S.655ff.

67. Daß 29,1-5abα nicht einheitlich ist, zeigen die vier mit *w^{e}hāj^{e}tāh* bzw. *w^{e}hājāh* eingeleiteten Neueinsätze. Zur Analyse und Athetierung vgl. jetzt J.Werlitz, BZAW 204, 1992, S.253ff. und besonders S.316ff.

68. Vgl. dazu oben, *Zusatz* 6.

17,12-14 an. Die in das Moaborakel integrierte Königsweissagung in 16,4b-6 und der durch V.30 messianisch interpretierte Philisterspruch verweisen wie die Ankündigungen von den Jahwe durch die Äthiopier und Tyrener dargebrachten Tributen in 18,7 und 23,18 auf die weltweite Anerkennung Jahwes und die damit verbundene Zentralstellung Jerusalems in der Völkerwelt (2,2-5). Besondere Beachtung verdient die universalistische Heilsprophetie in 19,16-25, die in V.24f. auch Ägypten und Assur als Völker Jahwes neben das Israel der Heilszeit stellt.[69] Als poetisches Kunstwerk sei die durch den Kontext auf den babylonischen König bezogene Spottklage über den Tod des Weltherrschers in 14,4b-21 besonders hervorgehoben, die auf eine kanaanäische Mythe vom Sturz des Morgensterns zurückzugreifen scheint.[70]

Die zeitliche Ansetzung der Fremdvölkersprüche ist weithin schwierig. Die dramatische Ankündigung vom Fall Babels 21,1-10 wird in der Regel in die Zeit vor der Eroberung der Stadt durch Kyros 539 datiert. *Bernard Gosse* beurteilt das Babelorakel in 13,2-22 als von 21,1ff. abhängig und sieht in der ganzen Babelperikope 13,1-14,23 die Antwort auf die damals nicht erfolgte Zerstörung der Stadt. So sei Babylon zum Symbol der gottfeindlichen Weltmacht überhaupt geworden.[71] Das Moaborakel c.15-16 könnte in 15,1-8 einen Beduineneinfall im Süden des Landes aus dem 8.Jh. widerspiegeln.[72] Angesichts der lückenhaften Kenntnis der moabitischen Geschichte bleibt das jedoch eine bloße Vermutung.[73] Auch die Araberorakel in 21,11-12.13-15 lassen sich nur schwer datieren. Sie dürften eher in das 5. als in das 6.Jh. gehören. Wie das Moaborakel in 16,11.13f. sind sie in 21,16f. nachträglich um einen den Gerichtstermin berechnenden Zusatz erweitert. Das Ägyptenorakel in 19,1-15 dürfte überhaupt erst aus dem 4.Jh. stammen. Am lebhaftesten umstritten ist gegenwärtig das Alter des Tyrosorakels in 23,1-14. Während es *Michael Koch* noch einmal in das letzte Viertel des 8.Jh.s datiert hat, haben es *Thomas Fischer* und *Udo Rüterswörden* m.E plausibel als ein Echo sowohl auf den Wiederaufstieg von Sidon nach der Zerstörung von Tyros durch Artaxerxes III. Ochus 343 wie auf die Eroberung von Tyros durch Alexander den Großen 332 v.Chr. bezogen.[74] 23,15-18 bietet zwei den Wiederaufstieg

69. Vgl. dazu W.Vogels,»Egypte mon peuple«: L'universalisme d'Isa 19, 16-25, Bib 57, 1976, S.494ff.
70. Vgl. dazu P.C.Craigie, Helel, Athar, and Phaeton (Isa 14:12-15), ZAW 85, 1973, S.223ff. und W.S.Prinsloo, Isaiah 14,12-15 – Humiliation, Hubris, Humiliation, ZAW 93, 1981, S.432ff.
71. Vgl. B.Gosse, OBO 78, 1988.
72. Vgl. A.H.van Zyl, The Moabites, POS 3, Leiden 1960, S.20ff.
73. Zur Geschichte Moabs vgl. jetzt St. Timm, Moab zwischen den Mächten. Studien zu historischen Denkmälern und Texten, ÄAT 17, Wiesbaden 1989.
74. Vgl. dazu M.Koch, Tarschisch und Hispanien, Madrider Forschungen 14, Berlin 1984, S.35ff. und Thomas Fischer und U.Rüterswörden, Aufruf zur Volksklage in Kanaan (Jes 23), WO 13, 1982, S.36ff. Zu meinem Bedauern habe ich die Abkürzung des Vornamens von Herrn Kollegen Fischer TRE 16, S.656 fälschlich mit Theodor aufgelöst.

von Tyros berechnende Zusätze, wobei V.16 ein Spottlied auf eine alternde Hure zitiert. Schließlich sei angemerkt, daß 17,10-11 Israel in einer an 1,29f., 65,3 und 66,17 erinnernden Weise den Untergang wegen paganer Kultpraktiken ankündigt. Sachlich handelt es sich in 17,10f. um eine späte antisamarische Polemik.[75]

Zusatz 12: *Zur sog. Jesaja-Apokalypse Jes 24-27.*[76] Die c.24-27 bezeichnet man aufgrund ihrer partiell bereits apokalyptischen Vorstellungen herkömmlich als *Jesaja-Apokalypse.* Sie kündigt in ihrer Endgestalt das Kommen des Weltgerichts an, in dessen Verlauf Jahwe alle himmlischen und irdischen gottfeindlichen Mächte entmachtet, um anschließend seine Königsherrschaft auf dem Zion anzutreten, alle Trauer auf Erden zu beenden, den Tod zu vernichten und selbst die Toten zu neuem Leben zu erwecken. Die Einsicht, daß es sich bei diesen Texten bestenfalls um exilische, wahrscheinlich aber erst perserzeitliche und partiell selbst frühhellenistische Texte handelt, hat sich im Laufe der Forschung des 19.Jh.s durchgesetzt, wobei die zeitlichen Ansätze bis heute schwanken. Das Grundproblem für die Datierung bildet das Verständnis der Stadtlieder 25,1-5 und 26,1-6 (vgl. auch 24,10-12), die teils als Ausdruck der Erwartung der Eroberung Babels durch Kyros aus der Zeit vor 539, teils als Echo auf die Eroberung der Stadt durch Xerxes I. 485 v.Chr. und schließlich unter Verzicht einer historisierenden Identifikation der Stadt als Ausdruck der Erwartung der Vernichtung der gottfeindlichen Weltstadt und Weltmacht gedeutet werden, für die inzwischen Babel zum Symbol geworden war. Während *Kaiser* die durch die kosmischen Dimensionen des erwarteten Weltgerichts gekennzeichnete *Grundschicht* in 24,1-6.(7-9).(10-12).(13).(14-16aα)?16aβ-20; 26,(7)8-9.(10-11).12-13.(15).16-18.(19).20-21 schon in das 5.Jh. datierte, hat *Steck* vorgeschlagen, sie erst in die frühe Diadochenzeit zu plazieren.[77] *Kaiser* ordnet die für ihren Kontext verfaßten eschatologischen Danklieder 25,1-5[78] und 26,1-6 erst einer 1. *Ergänzungsschicht* innerhalb von c.24-27 zu. Das erste nimmt die durch die Vernichtung der Weltstadt bewirkte Anerkennung Jahwes durch die Völker vorweg, das zweite den festlichen Einzug des gerechten Volkes in Jerusalem. Einer *2. Ergänzungsschicht* schreibt er den apokalyptischen Verheißungen vom Antritt von Jahwes Königtum auf

75. Vgl. dazu J.Vermeylen, I, S.312.
76. Vgl. dazu auch O.Kaiser, TRE 16, S.652f. sowie W.Rudolph, Jesaja 24-27, BWANT IV, 10, Stuttgart 1933; J.Lindblom, Die Jesaja-Apokalypse: Jesaja 24-27, LUA NF 1, 34,3, Lund 1938; O.Plöger, Theokratie und Eschatologie, WMANT 2, Neukirchen-Vluyn 1959 (1962²); O.Ludwig, Die Stadt in der Jesaja-Apokalypse, Diss. Ev.theol. Bonn 1961; M.L.Henry, Glaubenskrise und Glaubensbewährung in den Dichtungen der Jesajaapokalypse, BWANT 86, Stuttgart 1967; J.Vermeylen, I, S.349ff. und D.G.Johnson, From Chaos to Restoration. An Integrative Reading of Isaiah 24-27, JSOT.S 61, Sheffield 1988.
77. Vgl. dazu O.H.Steck, SBS 121, 1985, S.80 und ders., Der Abschluß der Prophetie im Alten Testament, BThSt 17, Neukirchen-Vluyn 1991, S.27f.
78. Vgl. zu diesem Lied auch W.Werner, BZAW 173, 1988, S.135ff.

dem Berge Zion nach seinem Gericht über das himmlische Heer und die Könige der Erde in 24,21-23 und von seinem dort für alle Völker veranstalteten Thronbesteigungsmahl in 25,6-8* zu, das ihnen seine Herrlichkeit offenbaren und dem die Beendigung aller Leiden, zumal der seines eigenen Volkes folgen soll.[79] In die so entstandene Komposition ist dann in 25,8aα die Verheißung der Verschlingung des personifizierten Todes (vgl. Hi 18,14) und in 26,19 die der Auferstehung der Toten eingefügt worden. In c.27 liegen vier *Nachträge* vor. Von ihnen verheißt 27,1 für den Tag des Weltgerichts die Vernichtung des aus den ugaritischen Texten bekannten Meeresdrachens Leviathan.[80] Die V.2-5(6) bieten im Rückblick auf 5,1ff. ein *neues Weinberglied*, das dem treuen Israel Jahwes beständige Fürsorge verspricht. Besonders schwierig ist der vermutlich zweistufige Abschnitt der V.7-11 zu deuten, der Jakob die kultische Reinigung und in V.10-11 im Rückgriff auf 17,1-11 entweder die künftige Zerstörung Samarias ankündigt oder auf eine solche durch Alexander den Großen zurückblickt.[81] Schließlich verheißt der letzte Zusatz in 27,12-13 parallel zu 11,11-16 und 62,10-12 die Sammlung und Rückkehr der Diaspora zum Zion.[82]

Zusatz 13: *In der Erwartung des Weltgerichts Jes 33.* Der Verfasser von c.33 hat auf ganz unterschiedliche Gattungen zurückgegriffen und sie in den Dienst seiner eschatologischen Botschaft gestellt: Auf den Weheruf über den Verwüster in V.1, in dem man den zum Symbol des gottfeindlichen Weltherrschers gewordenen König von Babel erkennen kann, folgen in V.2-6 eine prophetische Volksklage, die der Gewißheit der Vernichtung der Feinde durch Jahwe Ausdruck gibt, in V.7-9 eine weitere Klage angesichts der Gewalttätigkeit des Weltherrschers, in V.10-13 die Ankündigung Jahwes, daß er die Feinde vernichten werde, in V.14-16 eine an die Schilderung des Schreckens der Gottlosen angehängte abgewandelte Einzugstora[83] und schließlich in den V.17-24 die Verheißung der künftigen Gottesschau und des Heils. Ihren inneren Zusammenhalt besitzt die Kompositi-

79. Man wird diese Bearbeitungsschicht vermutlich mit den apokalyptischen Zusätzen in Jes 56-66 zu verbinden haben, die die letzte Fortschreibung der großjesajanischen Sammlung darstellen. Zum Verständnis von 25,7 vgl. J.F.Sawyer, Isaiah I, The Daily Study Bible, Edinburgh und Philadelphia 1984, S.213f.

80. Vgl. KTU 1.5.I,1-2.

81. Vgl. dazu M.Hengel, in: W.D.Davies und L.Finkelstein, ed., The Cambridge History of Judaism, II. The Hellenistic Age, Cambridge 1989, S.40f.

82. O.H.Steck, SBS 121, S.62ff. und ders., BEThL 81, S.382ff. (BZAW 203, 1991, S.22ff.) sieht in diesen Texten denselben Redaktor am Werk wie in c. 35 und 61,10-12, der für den Zusammenschluß der Protojesajanischen und der durch 60-62* fortgeschriebenen Deuterojesajanischen Sammlung verantwortlich ist. Vgl. auch J.Vermeylen, II, S. 749.

83. Vgl. dazu S.Ö.Steingrimsson, Tor der Gerechtigkeit, ATS 22, St.Ottilien 1984, S.94ff.; O.H.Steck, SBS 121, S.55f., vgl. S.80, und BEThL 81, S.392 = ders., BZAW 203, 1991, S.32 schreibt die Verse dem Bearbeiter zu, der für die Erweiterung um die c.56-59* verantwortlich ist.

on nicht nur durch ihren gedanklichen Fortgang, sondern auch durch ihren kultisch-liturgischen Hintergrund, der von der Klage über die Theophanie Jahwes auf dem Zion und die Tempeleinlaßliturgie zur Frieden und Heil gewährenden Gottesschau führt.[84]

Zusatz 14: *Kapitel 34 und 35.* C.34 enthält eine Ankündigung der Vernichtung der Völker und zumal Edoms, c.35 eine Prophetie von der Heimkehr zum Zion. *Odil Hannes Steck* erkennt in dem Kern von c.34 den ursprünglichen Abschluß der frühnachexilischen protojesajanischen Sammlung.[85] Erst nachträglich wäre das Edomorakel in die Weltgerichtsprophetie einbezogen worden. Von entscheidender redaktionsgeschichtlicher Bedeutung ist *Stecks* Nachweis, daß der Verfasser von c.35 mit dem Redaktor identisch ist, der die proto- und die um 60-62* vermehrte deuterojesajanische Sammlung miteinander verbunden hat. Jes 35 stellt mithin die *literarische Brücke* zwischen c.1-39* und 40-55+60-62* dar. *Steck* datiert den Bearbeiter hypothetisch in das letzte Drittel des 4.Jh.s v.Chr. Ob sich diese in mancher Beziehung plausible Ansetzung weiterhin bewährt, bleibt abzuwarten.[86]

Lehrsatz 4: *Die Protojesajanische Sammlung als Zeugnis der Glaubensgeschichte.* Die redaktionskritisch erhellte protojesajanische Sammlung ist in besonderer Weise ein Buch, in dessen Schichten sich die Geschichte der Transformation der Botschaft Jesajas bis zur apokalyptisch ausgestalteten Weltgerichts- und Heilserwartung für den Zion zu erkennen gibt.

Zusatz 15: *Die Transformation der Botschaft Jesajas in der protojesajanischen Sammlung.* Als man in exilisch-frühnachexilischer Zeit die Weherufe und Gerichtsworte des Propheten in der Katastrophe des davidischen Reiches auf schreckliche Weise erfüllt erkannte, gewann sein Erbe für die Zionsgemeinde eine überragende Bedeutung, weil es Jahwes Gerichtshandeln als schon lange geplant auswies. Angesichts der Machtlosigkeit des Volkes prägten die Tradenten ihr ein, daß ihre Zukunft allein im Vertrauen, Glauben und Warten auf Jahwes Hilfe liege. Dabei wurden die sozialkritischen Weherufe Jesajas schließlich zur Mahnung zur Gerechtigkeit im Gehorsam gegenüber der Tora (5,24), während der Prophet selbst zum Urbild des Wartens auf Jahwes Hilfe wurde (8,16). Gleichzeitig betonten die Bearbeiter, daß nicht das Opfer (1,10-17), sondern der Gehorsam gegen Jahwes Willen über die Zukunft des Volkes entscheidet (1,18-20). Wenn die Ver-

84. Vgl. dazu H.Gunkel, Jesaja 33, eine prophetische Liturgie, ZAW 42, 1924, S.177ff.; M.Gerlach, Die prophetischen Liturgien des Alten Testaments, Diss. Ev.theol. Bonn 1967; ferner W.A.M.Beuken, Jesaja 33 als Spiegeltext im Jesajabuch, EThL 67, 1991, S.5ff.
85. Vgl. zu ihm auch J.Lust, Isaiah 34 and the *herem*, in: J. Vermeylen, ed., BEThL 81, S.275ff.
86. Vgl. dazu O.H.Steck, SBS 121, 1985 und jetzt zumal ders., BThSt 17, 1991.

stockungsbotschaft in c.6 tatsächlich auf den Propheten zurückgehen sollte, so wäre sie jetzt angesichts der ausgebliebenen Umkehr des Volkes über die Katastrophe von 587 auf die Zeit bis zu einem erneuten Dezimationsgericht in V.13abα ausgeweitet worden (5,25-30). Von ihm erwartete man die Läuterung Zions und seine Erlösung durch Gerechtigkeit (1,21-28).

Aus der Erwartung des göttlichen Gerichts an den Feinden Zions ist erst die eines Völkersturms gegen den Zion samt eines vor seinen Toren stattfindenden Völkergerichts und schließlich das alle Völker umfassende Weltgericht geworden. Dabei sind der Völkersturm und das Völkergericht dem Weltgericht untergeordnet worden. Durch ihre Einklammerung mit c.13; 24-27 und 33 sind die Völkersprüche in den c.14-23* und die Worte von der Gefährdung und Rettung des Zions 14,24-27; 14,32b; 17,12-14; 29,1-8; 30,27-33 und 31,4-9 der Erwartung des Weltgerichts untergeordnet worden. Gleichzeitig gewannen die Erzählungen von der Rettung des Zion vor Sanherib im Jahre 701 v.Chr. in den c.36-37 paradigmatische Bedeutung für die zukünftige Rettung des auf seinen Gott vertrauenden Zion. Auch der gottfeindliche Weltherrscher wird sein Ziel nicht erreichen, Gott selbst wird auf dem Zion Wohnung nehmen, den bußfertigen Sündern ihre Schuld vergeben und seinem Volk umfassendes, die Verwandlung der Natur einschließendes Heil bringen (c.33 ; vgl. auch 29,17-24). Dann sollten die Völker zu dem zum Mittelpunkt der Erde gewordenen Zion wallfahren, von dem die Weisung Jahwes ergeht, und ewiger Friede währen (2,2-5). Die Erwartungen anderer Kreise richteten sich auf die Erneuerung des Königtums, einen neuen König auf Davids Thron, der das Volk in der bevorstehenden Not mit seines Gottes Hilfe retten, das Reich durch die ihm von Gott verliehene Gerechtigkeit für immer festigen und über die Völker herrschen werde (7,14-16; 9,1-6; 11,1-5(9); 16,4b-5; 32,1-4(8) und 11,10). Die Rückkehr der Versprengten Israels und der Zerstreuten Judas werde das Heilshandeln Jahwes an seinem ganzen, nun wieder vereinigten und sich machtvoll die Nachbarn unterwerfenden Volk krönen (11,11-14; vgl. auch 27,12-13 und nicht zuletzt das den Brückentext zu den c.40-55+56-66* bildende c.35). Daß es auch großherzigere Ansichten in Jerusalem über das künftige Verhältnis Israels und der Völker gab, zeigt das Heilswort von dem *einen*, Israel, Ägypten und Assur umfassenden Volk Jahwes in 19,24-26. Schließlich fanden auch die im apokalyptischen Schrifttum bezeugten Erwartungen des endzeitlichen Gerichts des Königs Jahwe über alle gottfeindlichen Engelmächte und Könige der Erde, ja selbst die der Entmachtung des Todes und der Auferstehung der Toten ihren Niederschlag in unserer Sammlung (24,21-23; 25,6-8 und 26,19). Aber damit die Mahnung zur Alleinverehrung Jahwes nicht vergessen werde, prägt ein später Bearbeiter den Lesern das sichere Ende der Götzendiener ein, die nicht nur in Jerusalem (1,29-31), sondern auch in Samarien (17,10-11, vgl. 27,7-9) anzutreffen sind. An den Ernst des bevorstehenden Gerichts aber erinnert schließlich die Ankündigung in 10,20-23, daß nur ein Rest zu Jahwe umkehren und nur ein Rest dem Gericht entgehen wird. So wird aus dem Sohn des Propheten Schear-Jaschub, »Nur ein Rest ist es, der zurückkehrt«, mit dem er nach der Erzählung in 7,1ff. König Ahas angesichts der Bedrohung Jerusalems und der davidischen Dynastie mahnend entgegentrat, der Mahner zu dem aus dem Vertrauen geborenen Gehorsam vor dem Ende. Aus der schmalen Rolle mit den Worten des Jesaja, Sohn des Amoz, ist so im Verlauf von fünf Jahrhunderten durch immer neue Fortschreibungen, redaktionelle Einfügungen und Zusammenführungen das Buch von den Gottesgerichten an Israel, Juda, den Völkern der Welt und der Zukunft des Zion geworden.

Literatur: Smend, Entstehung[4], § 25; W.H.Schmidt, Einführung[4], § 16; Kaiser, Einleitung[5], § 24c; ders., Art. *Jesaja/Jesajabuch*, TRE 16, 1987, S.636ff.; Chr.Hardmeier, Jesajaforschung im Umbruch, VuF 31,1986, S.3ff. – F.Giesebrecht, Beiträge zur Jesajakritik, Göttingen 1890; H.Hackmann, Die Zukunftserwartung des Jesaja, Göttingen 1893; Th.K.Cheyne, Introduction to the Book of Isaiah, London 1895 = Einleitung in das Buch Jesaja, übs. J.Böhmer, Gießen 1897; S.Mowinckel, Die Komposition des Jesajabuches Kap.1-39, AcOr(L) 11, 1933, S.267ff.; A.Bruno, Jesaja. Eine rhythmische und textkritische Untersuchung, Stockholm 1958; G.Fohrer, Entstehung, Komposition und Überlieferung von Jesaja 1-39, ALOS 3, 1961/62, S.3ff. = ders., Studien zur alttestamentlichen Prophetie, BZAW 99, Berlin 1967, S.113ff.; R.Fey, Amos und Jesaja, WMANT 12, Neukirchen-Vluyn 1963; H.Donner, Israel unter den Völkern, SVT 11, Leiden 1964; B.S.Childs, Isaiah and the Assyrian Crisis, StBTh 11,3, London 1967; J.Becker, Isaias der Prophet und sein Buch, SBS 30, Stuttgart 1968; S.Erlandsson, The Burden of Babylon, ConBib. OT 4, Lund 1970; J.Vollmer, Geschichtliche Rückblicke und Motive in der Prophetie des Amos, Hosea und Jesaja, BZAW 119, Berlin 197O; H.W.Hoffmann, Die Intention der Verkündigung Jesajas, BZAW 136, Berlin – New York 1974; W.Dietrich, Jesaja und die Politik, BEvTh 74, München 1976; F.Huber, Jahwe, Juda und die anderen Völker beim Propheten Jesaja, BZAW 137, Berlin – New York 1976; W.H.Irwin, Isaiah 28-33. Translation with Philological Notes, BibOr 30, Rom 1977; J.Vermeylen, Du prophète Isaïe à l'apocalyptique. Isaïe 1-35, miroir d'un demi-millénaire d'experience religieuse en Israel, EtB, I-II, Paris 1977 und 1978; ders., ed., The Book of Isaiah/Le Livre d'Isaïe. Les oracles et leurs relectures. Unité et complexité de l'ouvrage, BEThL 81, Leuven 1989; P.R.Ackroyd, Isaiah 1-12: Presentation of a Prophet, SVT 29, Leiden 1978, S. 16ff.= ders., Studies in the Religious Tradition of the Old Testament, London 1987, S.79ff.; H.Barth, Die Jesaja-Worte in der Josiazeit. Israel und Assur als Thema einer produktiven Neuinterpretation der Jesajaüberlieferung, WMANT 48, Neukirchen-Vluyn 1977; R.E.Clements, Isaiah and the Deliverance of Jerusalem. A Study of Interpretation of Prophecy in the Old Testament, JSOT.S 13, Sheffield 1980 (1984[2]); W.Werner, Eschatologische Texte in Jesaja 1-39. Messias, Heiliger Rest, Völker, FzB 46, Würzburg (1982) 1986[2]; ders., Studien zur atl. Vorstellung vom Plan Jahwes, BZAW 173, Berlin – New York 1988; R.Rendtorff, Zur Komposition des Buches Jesaja, VT 34, 1984, S.295ff. = ders., Kanon und Theologie, Neukirchen-Vluyn 1991, S.141ff.; B.Wiklander, Prophecy as Literature. A Text-Linguistic and Rhetorical Approach to Isaiah 2-4, ConBib. OT 22, Stockholm 1984; A.J.Bjørndalen, Untersuchungen zur allegorischen Rede der Propheten Amos und Jesaja, BZAW 165, Berlin – New York 1986; O.H.Steck, Bereitete Heimkehr. Jesaja 35 als redaktionelle Brücke zwischen dem Ersten und dem Zweiten Jesaja, SBS 121, Stuttgart 1985; ders., Der Abschluß der Prophetie im Alten Testament. Ein Versuch zur Frage der Vorgeschichte des Kanons, BThSt 17, Neukirchen-Vluyn 1991; B.Gosse, Isaïe 13,1-14,23 dans la tradition littéraire du livre d'Isaie et dans la tradition des oracles contre les nations, OBO 78, Freiburg/Schw. und Göttingen 1988; J.Høgenhaven, Gott und Volk bei Jesaja. Eine Untersuchung zur biblischen Theologie, AThD 24, Leiden u.a. 1988; M.A.Sweeney, Isaiah 1-4 and the Post-Exilic Understanding of the Isaianic Tradition, BZAW 171, Berlin – New York 1988; K.Nielsen, There is Hope for a Tree. The Tree as Metaphor in Isaiah, JSOT.S 65, Sheffield 1989; E. Ben Zvi, Isaiah 1,4-9, Isaiah and the Events of 701 BCE in Judah, Scand. Journ. of OT 5, 1991, S.95ff.; K.Zobel, Prophetie und Deuteronomium, BZAW 199, Berlin – New York 1992; J.Werlitz, Studien zur literarkritischen Methode. Gericht und Heil in Jesaja 7,1-17 und 29,1-8, BZAW 204, Berlin – New York 1992.

Kommentare: BC Delitzsch 1889^{4} (1879^{3} ND 1983) – HK Duhm 1892; 1922^{4} (1968^{5}) – KeH Dillmann-Kittel 1898^{6} – KHC Marti 1900 – ICC Gray 1912 (ND) – EH Feldmann 1925 – KAT Procksch 1930 – HS Fischer 1937 – ATD Herntrich I 1950 (1954) – ZBK Fohrer I 1960 (1991^{3}); II 1962 (1991^{3}) – ATD Kaiser I (1960) 1981^{5}; II (1973) 1983^{3} – BAT Eichrodt I 1960 (1988); II 1967 (1988) – c.24-27 Kessler 1960 (1985) – BK Wildberger I 1972 (1980^{2}) ; II 1978 (1989^{2}); III 1982 – NCeB Clements 1980 – POT Snijders 1985 – WBK Watts I 1985; II 1987 – NIC Oswalt 1986 – NEB Kilian I 1986 – CAT Jacob I 1987.

b) Die Deuterojesajanische Sammlung Jes 40 – 55

Lehrsatz 1: *Die Deuterojesajanische Sammlung.* Die Deuterojesajanische Sammlung Jes 40-55* gibt sich durch den Prolog in 40,1-11 und den Epilog in c.55 wie durch ihre Sprache, literarischen Formen und ihren Themenkreis als eine primär selbständige Sammlung zu erkennen. Als das Buch von der Heimkehr Jahwes an der Spitze der Befreiten zum Zion ist es das klassische Zeugnis der Heilserwartung des unter seinem Exilsgeschick leidenden Gottesvolkes. Dank der poetischen Kraft seiner Sprache, dem Reichtum seiner Formen, Traditionen und Metaphern und den zu immer neuen Deutungen herausfordernden Gottesknechtsliedern ist es das Kleinod unter den Prophetenbüchern. Mit seiner dtjes Grundschicht vermutlich in die Jahre zwischen 546 und 538 gehörend, ist es mehrfach bearbeitet, durch die Grundtexte der sog. Tritojesajanischen Sammlung in c.60-62 fortgeschrieben, vermutlich erst relativ spät mit der Protojesajanischen vereinigt und auch dann noch geringfügig bearbeitet worden.

Zusatz 1: *Sprache und literarische Formen.* Sprachlich und formgeschichtlich erweisen sich die Texte der dtjes Sammlung weithin den Traditionen der Jerusalemer Tempelsänger verpflichtet. Im Rückgriff auf die Sprache der Psalmen und der kultischen Heilsorakel, aber auch auf Redeformen des Rechts und der Weisheit hat der in der Fachsprache als Deutero- oder der Zweite Jesaja bezeichnete Prophet der Grundschicht der Sammlung ein Neues gebildet, das von seinen Fortschreibern in den c.40-66 und schließlich von dem Redaktor des Großjesajabuches in c.35 aufgenommen und ausgedeutet worden ist.

Bemerkung 1: *Zu den Gattungen:* Um die Erforschung der in der dtjes Sammlung begegnenden Gattungen haben sich zumal *Joachim Begrich* (1934 und

1938), *Hans Jochen Boecker* (1964), *Claus Westermann* (1964) und *Anton Schoors* (1973) verdient gemacht. Dank ihrer Untersuchungen können wir heute die Heilszusage, die Heilsankündigung, das Diskussionswort oder die Bestreitung, die Gerichtsrede wie Selbstvorstellungsformel und Hymnus als die für die dtjes Prophetie charakteristischen Grundgattungen und Gattungselemente bezeichnen.

Das *prophetische Heilsorakel* oder die prophetische *Heilszusage*, »verkündet die Wende zum Heil als Faktum« (*Westermann*). Sie geht auf ein kultisches Orakel zurück, welches die Klage eines Einzelnen[87] beantwortet. In ihr spricht Jahwe in der 1. Person den Hilfesuchenden in der 2. Person sing. mit der *Beruhigungsformel Fürchte dich nicht* an und versichert ihn mit der als Begründung angeführten *Heilszusage* oder *Beistandsformel* seiner Hilfe (41,10; 41,14-16; 43,1-4; 44,1-2 und 54,4-6; vgl. auch 43,5-7). Von der Heilszusage ist die *Heilsankündigung* zu unterscheiden, die künftiges Heil verheißt und teils in Verbindung mit dem Heilszuspruch (41,8-13; 44,1-5 und 54,1-10), teils ohne denselben begegnet. Ihr fehlen in der Regel Anrede und Heilszuspruch, statt dessen setzt sie mit einem Rückgriff auf eine Volksklage ein, um dann Gottes Zuwendung und heilschaffendes Eingreifen zu versichern und abschließend deren Ziel zu benennen (41,17-20; 43,16-21 und 49,8-12). Elemente der Heilsankündigung können auch innerhalb anderer Gattungen begegnen, die so in den Dienst der Heilsverkündigung gestellt werden. Das *Diskussions- bzw. Disputationswort* oder die *Bestreitung* sucht die Einwände gegen die Heilsbotschaft im Rückgriff auf selbstverständliche Denkvoraussetzungen ihrer Adressaten zu entkräften. Sie besteht demgemäß aus der Diskussions- oder Disputationsbasis zur Herstellung des Einvernehmens mit den Adressaten und der Folgerung zur Entkräftung des Einwandes. Die Absicht der Bestreitungen in der Sammlung ist paränetisch (40,12-31* und 49,14-23, vgl. auch 45,11-13; 48,12-16 und 48,1-11), gelegentlich aber auch polemisch (46,5-7). Funktional ist ihnen die besonders häufig auftretende *Gerichtsrede* verwandt, die vermutlich nicht aus dem Kult (*Hans Eberhard von Waldow* 1963), sondern aus der bürgerlichen Rechtsverhandlung (*Hans Jochen Boecker* 1964) abzuleiten ist. Ihr Sprecher ist durchgehend Jahwe, ihre Adressaten sind teils die Völker bzw. deren Götter (41,1-4; 41,21-29*; 43,8-13; 44,6-8; 45,18-23), teils Israel (42,18-25; 43,22-28* und 50,1-2). In den an die Völker bzw. ihre Götter gerichteten Reden geht es um die Entscheidung des Anspruchs Jahwes auf die wahre und einzige Gottheit. Als Beweismittel dient der Weissagungserweis. In den an Israel gerichteten Reden geht es um die Zurückweisung der Schuld Jahwes an Israels gegenwärtigem Schicksal. Dabei tritt der Rückgriff auf die Volksklage erneut deutlich hervor. Neben Elementen des *partizipialen Hymnus,* wie sie zumal in den *Selbstprädikationen Jahwes* als des Ersten und Letzten, des Schöpfers des Himmels und der Erde wie des Erlösers Israels erscheinen, begegnen in der Sammlung auch kleine selbständige *imperativische Hymnen,* die

87. Vgl. dazu Bd. 3, § 27.

in Vorwegnahme des Heils zum Gotteslob auffordern (42,10-13; 44,23; 45,8; 48,20-21 und 52, 9-10).[88]

Lehrsatz 2: Die Entstehung der dtjes Sammlung. Auch die Deuterojesajanische Sammlung verdankt ihren gegenwärtigen Bestand einem längeren Redaktionsprozeß, in dem sich außer der primär aus mehreren Einzelsammlungen bestehenden *dtjes Grundschicht* jedenfalls eine *Naherwartungsschicht*, eine *götzenpolemische Ergänzungsschicht* und schließlich weitere, vermutlich bereits den abschließenden Redaktionen des Großjesajabuches angehörende Zusätze unterscheiden lassen. Ob von der Grundschicht ein oder zwei *zionstheologische Redaktionen* und außerdem eine *prophetentheologische* abzuheben sind, ist ebenso *kontrovers* wie die literarkritische Beurteilung der *Gottesknechtslieder*.

Zusatz 2: Das literarische Problem und seine Lösungen. Seit *Bernhard Duhm* (1892) die deuterojesajanischen Prophetien gegenüber den tritojesajanischen als primär selbständig erkannte, hat sich die literarkritische Diskussion weithin auf das Problem beschränkt, ob die *Ebed-Jahwe-* oder Gottesknechtslieder (42,1-4; 49,1-6; 50,4-9 und 52,13-53,12) als deuterojesajanisch oder als redaktionelle Bildungen zu verstehen seien. Den Unterschied zwischen den c.40-48, in denen der Siegeslauf des Kyros seit seiner Eroberung von Sardes 546 bereits im Gange ist und der Fall Babels erwartet wird, und c.49-55, in denen von beidem nicht mehr die Rede ist, sondern statt dessen das Schicksal Zions im Mittelpunkt steht, suchte man in der Regel wie z.B. *Paul Volz*[89] damit zu erklären, daß die c.40-48 vor und die c.49-55 zwischen dem Fall Babels und dem Erlaß des Kyrosediktes verfaßt worden seien. *Joachim Begrich* argumentierte bei seinem Erklärungsversuch dieses auffallenden Befundes gerade umgekehrt: Zunächst habe der Prophet die Heilswende von einem unmittelbaren Eingreifen Jahwes, später aber von dem Perserkönig erwartet.[90] Es ist angesichts der Befunde in den anderen Prophetenbüchern nur natürlich, daß man schließlich nach einer literarkritischen Lösung des Befundes Ausschau hielt. *Karl Elligers* Hypothese, daß die Ebed-Jahwe-Lieder erst redaktionell in die Sammlung eingefügt worden sind und sich hinter 53,12 kein dtjes Gut mehr findet (1933), hat wegen ihrer Verquickung mit der Tritojesajahypothese lange Zeit kaum Beachtung gefunden. Erst *Hans-Christoph Schmitt* hat seine Bedenken gegen die Einheit der Sammlung (1979) aufgenommen und gleichzeitig darauf hingewiesen, daß jedenfalls zwischen einem deuterojesajanischen Grundbestand und einer weiteren schultheologischen Bearbeitung zu unterscheiden ist. Gleichzeitig hat *Klaus Kiesow* zwischen einer deuterojesajanischen Grund- und zwei jüngeren Bearbeitungsschichten innerhalb der c.40-48 unterschieden. Die damit eröffnete Diskussion ist zumal durch *Rosario*

88. Zu den Gattungen vgl. Bd. 3, § 27.
89. KAT IX, Leipzig 1932, S.XXXIV.
90. Studien zu Deuterojesaja, BWANT 77, S.63ff. = ThB 20, S.68ff.

P.Merendino (1981), *Jacques Vermeylen* (1987), *Hans-Jürgen Hermisson* (1987 und 1989), *Reinhard G.Kratz* (1991) und *Jürgen van Oorschot* (1993) weitergeführt worden. Trotz der divergierenden Ergebnisse der vorgelegten Analysen kann kein Zweifel mehr daran bestehen, daß in den c.40-55 zwischen einem *deuterojesajanischen Grundbestand* und *mehreren Bearbeitungsschichten* zu unterscheiden ist.

Bemerkung 2: *Zur Genese der dtjes Sammlung. Karl Elliger* meinte 1933 den von ihm als Verfasser der c.56-66* und Schüler Deuterojesajas betrachteten Tritojesaja als Veranstalter und Ergänzer der dtjes Sammlung ansprechen zu können, dem dafür das in den c.40,1-52,12* enthaltene dtjes Überlieferungsgut einschließlich der drei ersten Gottesknechtslieder zur Verfügung gestanden hätte. Aber *Elligers* damals bereits umstrittene und in der Folge gänzlich aufgegebene Hypothese von der Einheit der tritojesajanischen Sammlung hatte zur Folge, daß seinen Beobachtungen keine Beachtung geschenkt, sondern weiterhin mit der wesentlichen Einheit der Texte der dtjes Sammlung gerechnet wurde. Erst 1979 kam die Debatte wieder neu in Fluß, als *Hans-Christoph Schmitt* auf den von *Elliger* richtig erkannten Einschnitt hinter 52,12 und das damit gegebene Problem der Rahmung und der Einheit der Sammlumg hinwies und für die Existenz einer dtjes *Schultheologie* plädierte, der wir im wesentlichen die vorliegende Gestalt der Sammlung verdankten. – Gleichzeitig plädierte *Klaus Kiesow* dafür, zwischen der in den c.40-48* enthaltenen *dtjes Grundsammlung* und *zwei* weiteren *Bearbeitungsschichten* zu unterscheiden. Von ihnen hätte die erste 49,1-52,12 und die zweite 52,13-55,13 angefügt. Die *golaorientierte Grundsammlung* wäre wesentlich durch eine *Wegtheologie*, die *erste Bearbeitung* durch eine *Rückkehr (zum Zion)-Theologie* und die *zweite* durch eine reflektierte *Worttheologie* gekennzeichnet. Anschließend hat *Rosario P. Merendino* (1981) eine komplizierte Analyse der c.40-48 vorgelegt, die ebenso anregend wie abschreckend gewirkt hat. Forschungsgeschichtlich ist ihm zumal die Wiederaufnahme der Frage nach den dtjes Einzelsammlungen zu verdanken. – Unter dem Eindruck der genannten Untersuchungen hat *Jacques Vermeylen* in einer Studie über das *Schöpfungsmotiv* bei Deuterojesaja (1987) nur noch solche Texte berücksichtigt, die sich eindeutig auf den Siegeslauf des Perserkönigs Kyros II. beziehen.[91]

Hans-Jürgen Hermisson hat nach vorausgehenden Einzeluntersuchungen ein vorläufiges Gesamtkonzept vorgestellt (1989), das sich als Ausgangspunkt für die weitere Diskussion anbietet. Er lehnt darin die Aufteilung in eine weg-, eine rückkehr- und eine worttheologische Schicht als unsachgemäß ab, da die Wegtheologie ihr Ziel nicht aus dem Auge verlieren konnte[92] und die Worttheologie

91. Vgl. LD 127, 1987, S.188f.
92. Vgl. BEThL 81, S.303: »Hätte Deuterojesaja seine Hörer nur in die Wüste geschickt und ihnen die Ankunft verweigert, hätte er ihren Unmut verdient.« Daß 41,17-20 und 42,14-16 die Erwartung eines zweiten Exodus ausdrücken, bestreitet H.M.Barstad, JSSt.M 12, 1989. Die Aussagen wären nach ihm metaphorisch zu verstehen und vermeldeten, daß

dem Weissagungsbeweis Deuterojesajas entspräche. Teilweise über *Elliger* hinausgehend rechnet er damit, daß das dtjes Gut primär in sechs *Teilsammlungen* enthalten war (I 40,1-31*?;[93] II 41,1-42,9*; III 42,10-44,23*; IV 44,24-46,11*; (48,20-21?); V 47*; (48,20-21); 49,14-55,13* und VI 42,1-4; 49,1-6; 50,4-9 nebst ihrer nachträglichen Ergänzung durch 52,13-53,12).[94] Grundsätzlich rechnet er damit, daß sich Deuterojesaja der Teilsammlungen zur schriftlichen Verbreitung seiner Botschaft unter den Exilierten bediente. Weiterhin wären 1. die Teilsammlungen unter vermutlicher Einfügung von 49,13; 51,3+11 und 44,21f. mit den Gottesknechtsliedern kombiniert und 2. die so entstandene Sammlung durch eine *Naherwartungsschicht* in 42,18-25; 46,8.12-13; 48,12-16?; 48,17-19; 49,7.8-12.24-26?; 50,3?, 51,1-2+4-8*; 51,12-14(15-16); 54,11-17; 55,6f. nebst 47,3.6f. und vielleicht auch 44,6-8; 43,14-15? erweitert worden. Dann wurde 3. eine *götzenpolemische Bearbeitung* vorgenommen, die zumal in 40,(18?).19-20; 41,5-7; 42,17; 44,9-20; 46,5-7 sowie 45,9f.11b.13b vorliegt. 4. geben sich 44,5.28b; 48,1-11; 50,10 und 52,3-6 als *weitere Zusätze* zu erkennen. Und schließlich lassen sich auch noch 48,22 und 50,11 als *letzte Eintragungen* ansprechen. Dabei verdient es festgehalten zu werden, daß die Götzenbilderpolemiken seit den Tagen *Bernhard Duhms* in der Regel und zu Recht als redaktionell betrachtet worden sind.[95] Das oben angesprochene Grundproblem des Wechsels von der Kyroserwartung zur Zionshoffnung löst sich für *Hermisson* also offenbar dadurch, daß der Prophet nicht nur den Fall Babels voraussagte, sondern auch nach der Zukunft des Zion fragte. – Die erste umfassende Auseinandersetzung mit seinem Entwurf hat *Jürgen van Oorschot* vorgelegt (1991=1993).[96/97] In seiner Begrenzung des dtjes Gutes auf 40,12-46,11* zeichnet sich bereits seine Nähe zu *Kiesow* ab. Dabei löst er den von *Hermisson* gegen die Isolierung einer allein durch die Wegtheologie charakterisierten *Grundschicht* bei *Kiesow*, indem er ihr auch solche Texte zuschreibt, die den Wiederaufbau Jerusalems voraussagen.

Jahwe dabei sei, zugunsten seines Volkes zu handeln, seine Feinde zu vernichten und das Elend der jüdischen Nation zu beenden, vgl. S.53.

93. Ein Fragezeichen verweist auf eine Unsicherheit der Zuweisung.
94. Vgl. seine Tabelle BEThL 81, S.311.
95. Für die Herkunft von Deuterojesaja hat sich z.B. H.D.Preuß, Verspottung fremder Religionen im Alten Testament, BWANT 92, Stuttgart 1971, S.192ff. und ders., Deuterojesaja, 1976, S.61ff. eingesetzt. Doch dürfte die weitere Forschung darüber zur Tagesordnung übergehen.
96. BZAW 206, 1993.
97. R.G.Kratz, FAT 1, 1991 unterscheidet zwischen einer innerhalb von 40,12-48,21* zu suchenden dtjes Grundschicht, einer Zion- und einer Kyros-Ergänzungsschicht, die zugleich mit der primär selbständigen Sammlung der Ebed-Jahwe-Lieder in das Buch aufgenommen sei, einer um 500 oder später aufgenommenen Götzen-Schicht und einer Ebed-Israel-Schicht, welche die primär prophetisch-königlichen Lieder auf Israel umgedeutet habe. Da das vorliegende Kapitel vor der Veröffentlichung seiner Studie abgeschlossen worden ist, muß es hier bei dem Hinweis auf seine Ergebnisse bleiben.

Weiterhin unterscheidet er 1. eine bereits im Horizont der sich ausbreitenden Diaspora stehende *erste zionstheologische Redaktion*, die sich von 40,1-52,10* nachweisen läßt. Anschließend wären 2. das erste und zweite *Gottesknechtslied* 42,1-4 und 49,1-6 eingefügt worden. Beide hätten dann später zur Aufnahme des vierten Liedes 52,13-53,12 geführt. Als 3. Redaktionsschicht ließe sich dann eine *Naherwartungsbearbeitung* nachweisen. Ihr wäre 4. eine *teils zionstheologisch, teils worttheologisch* orientierte Redaktion gefolgt. Ihr hätte auch das dritte Gottesknechtslied 50,4-9 angehört. Eine weitere Redaktion hätte dann 5. *Gehorsam und Heil* miteinander verbunden. Dann erst wären 6. *die Götzenpolemiken* und schließlich auch noch 7. *Einzelzusätze* erfolgt. Das Modell stellt mithin eine Weiterentwicklung und Synthese der Ansätze von *Kiesow* und *Hermisson* dar. Es teilt mit *Kiesow* grundsätzlich den Dreischritt von Grundschicht, Heimkehr- und Worttheologie, differenziert aber die Zionstexte noch einmal, indem es deren zweite Folge mit den prophetentheologischen Texten verbindet. Dagegen geht es mit der Rekonstruktion der Naherwartungs- und der Götzenpolemiktextschicht sowie bei der Aussonderung weiterer Texte, die auf ihr Verhältnis zur abschließenden Redaktion der großjesajanischen Sammlung zu überprüfen bleiben, vom Ansatz her, wenn auch nicht in allen Einzelheiten, mit *Hermisson* zusammen. Während *Hermisson* die wesentlichen theologischen Motive in die Verkündigung Deuterojesajas integriert, deutet sie *van Oorschot* teilweise erst als Folge einer Reihe von Bearbeitungen, die auf Fragen antworten, die sich den Adressaten des Buches angesichts der sich ausbreitenden Diaspora und der Heilsverzögerung stellten. Die weitere Diskussion wird zeigen, inwieweit sich die beiden derzeit zur Wahl stehenden Gesamtanalysen der dtjes Sammlung durchsetzen und welche Modifikationen vermutlich schon ihre Urheber an ihnen vornehmen werden.[98]

Zusatz 3: *Die Verkündigung Deuterojesajas.*[99] Die folgende Skizze der Verkündigung des Zweiten Jesaja und seiner Nachfolger erhebt keinen Anspruch auf Endgültigkeit. Es liegt ihr auch fern, noch in der Diskussion befindliche Analysen festzuschreiben. Sie läßt daher auch die in ihrer Verfasserschaft und Deutung umstrittenen Gottesknechtslieder außer Betracht, die *Kaiser* heute als nachdeuterojesajanisch ansprechen und das 1., 2.* und 4. Lied weiterhin auf Israel, das 3. aber auf den idealen Propheten beziehen möchte.[100] Die Skizze geht bei ihrer Rekonstruktion der Botschaft Deuterojesajas von einem minimalen, aber gesi-

98. Vgl. dazu auch O.H.Steck, Israel und Zion. Zum Problem konzeptioneller Einheit und literarischer Scheidung in Deuterojesaja, in: ders., Gottesknecht und Zion, FAT 4, Tübingen 1992, S.173ff.
99. Vgl. dazu auch O.Kaiser, Der Gott des Alten Testaments I, UTB 1747, Göttingen 1993, S.251ff.
100. Vgl. dazu O.Kaiser, Der Königliche Knecht, FRLANT 70, Göttingen 1962[2] mit ders., Einleitung[5], S.279.

cherten Grundbestand der ihm in der Diskussion belassenen Texte aus, um dann behutsam und ohne Anspruch auf Vollständigkeit die redaktionelle Entfaltung und Verteidigung seiner Frohbotschaft zu skizzieren.

Die Heilsbotschaft Deuterojesajas setzt deutlich die Situation nach dem Fall Jerusalems und ebenso den Siegeslauf des Perserkönigs Kyros II. voraus, der in der Eroberung des Lyderreiches mit seiner Hauptstadt Sardes 546 seinen ersten Höhepunkt erreicht hatte, wie die sich damit abzeichnende Gefährdung des babylonischen Reiches unter seinem kraftlosen König Nabonid (555-538 v.Chr.) (41,1ff.; 41,25ff.). In Kyros erkannte er das Werkzeug Jahwes zur Befreiung der Exilierten, zur Neubesiedlung Jerusalems und zum Wiederaufbau Jerusalems und der Städte Judas (45,1-5a; 45,11a.12-13; 44,24-28a).[101] Ja, der Prophet erwartete, daß der Perserkönig selbst erkennen würde, daß ihn Jahwe um Israels willen erwählt und seinen Siegeszug ermöglicht hat (45,1ff.).[102] Die Glaubwürdigkeit seiner Heilsbotschaft stützte er zum einen mittels des Schöpfungsglaubens,[103] weil der Schöpfer von Himmel und Erde und der Herr über die Sterne zugleich der Herr über das Schicksal der Völker (40,12ff.*; 40,21ff.) und der Schutzgott Israels ist (40,27ff.); zum anderen sicherte er sie mittels des Weissagungsbeweises (41,21ff.; 41,25ff.; 42,8ff.),[104] der Jahwe als Lenker des Siegeszuges des Perserkönigs und angesichts des Schweigens der Götter zugleich deren Nichtigkeit erweist (41,23f.29). Israel kommt dabei die Rolle des Zeugen zu, der den in ihm manifesten Anspruch Jahwes, der einzige Gott zu sein, bestätigen kann (43,8-13; 46,9-11, ferner 44,6-8?). Er, der Israel in Jakob zu seinem Knecht erwählt hat (43,2), der Schöpfer (44,2) und König Israels (44,6), wird das befreite Volk sicher durch die Wüste in die Heimat geleiten (41,17ff. und 43,16ff.), so daß das befreite Volk seinen Ruhm verkündigt (43,21). Daher dient das bereits im Gang befindliche Befreiungshandeln Jahwes an Israel zugleich der Anerkennung seiner ausschließlichen Gottheit durch die Völker (45,20-23*). Der Appell an den Erwählungs- und Schöpfungsglauben und der monotheistische Weissagungsbeweis dienen gemeinsam der Fundamentierung der frohen Botschaft, die vermutlich erst ein Schüler Deuterojesajas auf die Formel des *Tröstet, tröstet mein Volk* (40,1-2) gebracht und mit der Ankün-

101. Vgl. dazu E.Jenni, Die Rolle des Kyros bei Deuterojesaja, ThZ 10,1954, S.241ff. und K.Koch, Die Stellung des Kyros im Geschichtsbild Deuterojesajas und ihre überlieferungsgeschichtliche Verankerung, ZAW 84, 1972, S.352ff.

102. Diese herkömmliche Sicht ist jetzt durch die Analysen von R.G. Kratz, Kyros im Deuterojesaja-Buch, FAT 1, Tübingen 1991, in Frage gestellt, der u.a. 44,28; 45,3b (init.).5.11a.12-13bα erst einer auf die Folgen der Eroberung Babels durch Kyros zurückblickenden Ergänzungsschicht zuschreibt, die er in den beiden letzten Jahrzehnten des 6.Jh.s v.Chr. ortet, vgl. S.175ff. und S.183ff.

103. Vgl. dazu R.Rendtorff, Die theologische Stellung des Schöpfungsglaubens bei Deuterojesaja, ZThK 51, 1954, S.3ff. = ders., Ges. Studien zm AT, ThB 57, München 1975, S.209ff.; R.Albertz, CThM.A 9, 1978; K.Eberlein, Gott der Schöpfer – Israels Gott, BEATAJ 5, Frankfurt am Main, Bern u.a. 1989[2] und Chr.Streibert, BEATAJ 8, 1989.

104. 41,25ff. gibt allerdings Anlaß zu der Frage, ob die Textreihe nicht erst nachdtjes. ist.

digung der Heimkehr Jahwes an der Spitze des befreiten Volkes zur Tochter Zion verbunden hat (40,3-5.9-11), der die Boten vermelden: *König ward dein Gott*! (52,7). Auf die sich weiterhin stellende Frage, warum der Anbruch der Heilszeit auf sich warten ließ, gaben Spätere eine doppelte Antwort: zum einen erinnerten sie an die Unverbrüchlichkeit des Jahwewortes (40,6-8*; 55,10-11) und die Verborgenheit der Gedanken Gottes (55,8f.); zum anderen an den Ungehorsam Israels gegenüber der Tora (42,18-25; 43,26-28; 48,1-11*; 48,17-19), der doch Gottes Heilswillen nicht auslöscht, weil es in der vollständigen Erlösung Israels um seine Ehre vor den Völkern geht (48,9-11). Zu den letzten Zusätzen freilich gehört der in 57,21 wiederkehrende Wahrspruch 48,22: *Es gibt keinen Frieden, spricht Jahwe, für die Übeltäter/Gottlosen*. Andererseits zeugen die Spottworte über die Götzenfabrikation für die Selbstgewißheit des Glaubens des Judentums in einer Welt des Niedergangs der alten Religionen.

Zusatz 4: *Der Ort der Wirksamkeit Deuterojesajas*. In der Regel nimmt man an, daß der Zweite Jesaja zu den Exulanten gehörte und unter ihnen wirkte. Viele der dafür vorgebrachten Argumente wie z.B. das einer bei ihm nachweisbaren und nur unter der Annahme seines Aufenthaltes in Babylonien verständlichen Kenntnis der babylonischen Götter (46,1-4 ?), sind letztlich nicht stichhaltig. Andererseits ist es nicht sicher, ob die Aufforderung zum Auszug aus Babel in 48,20f. bereits zum deuterojesajanischen Grundbestand gehört, so daß diese Stelle gegen *Arvid S. Kapelrud*[105] die Last seiner Ortung in Jerusalem oder Juda nicht tragen kann. Noch weniger triftig ist die Ansetzung im Libanon, wie sie *Bernhard Duhm* unter Verweis auf 41,19 , oder in Ägypten, wie sie *Gustav Hölscher* aufgrund von 45,14 und 49,12, oder gar in der Militärkolonie in Elephantine, wie sie kürzlich *Eva Hessler* aufgrund einer angeblichen Verbindung zwischen ägyptischen und kanaanäisch-palästinischen Traditionen vorgeschlagen hat.[106] Will man sich nicht mit einem *nescimus* begnügen oder aufgrund der dem Propheten vertrauten Traditionen der Jerusalemer Tempelsänger und Kultpropheten denn doch für eine Entstehung in Jerusalem votieren, läßt sich zugunsten der babylonischen Ansetzung immerhin auf die Möglichkeit verweisen, daß der Prophet seine Worte, ehe er sie schriftlich verbreitete, in exilischen Klagefeiern vorgetragen hat, wofür z.B. *Eberhard von Waldow*, *Claus Westermann*, *Karl Elliger* und *Anton Schoors* plädiert haben.

Lehrsatz 3: *Zu den Ebed-Jahwe- oder Gottesknechtsliedern*. Zu den in ihrer literarischen Bewertung und Auslegung umstrittensten Texten und zugleich großartigsten Dichtungen des Alten Testaments gehören die *Lieder vom Knecht Jahwes* in 42,1-4; 49,1-6; 50,4-9 und 52,13-53,12. Während sie in der Kirche auf Christi Sendung, Leiden, Tod und Auferstehung bezogen werden, stehen sich in der

105. Levde Deuterojesaja i Judaea ?, NTT 61, 1960, S.23ff.
106. Vgl. Heilsdrama, 1988, S.425ff.

Auslegung der letzten hundert Jahre vor allem ihre Deutung gemäß dem Kontext auf Israel, die auf den Propheten oder die auf einen zukünftigen messianischen oder prophetischen Heilsbringer gegenüber.

Zusatz 5: *Zum Problem der Gottesknechtslieder.*[107] Seit *Bernhard Duhm* (1892) die Ebed-Jahwelieder als eine zusammengehörige Textgruppe aus dem dtjes Grundbestand ausgegliedert und den Knecht mit einem aussätzigen Toralehrer aus dem 5.Jh.v.Chr. identifiziert hat, ist es den Alttestamentlern nicht gelungen, in dieser Frage zu einem neuen Konsens zu gelangen. Einerseits hat sich die von den Kommentatoren des 19.Jh.s angesichts des kontextuellen Gebrauchs des Ehrentitels des Knechts für Israel in 41,8f.; 44,1f.21 und 45,4 bevorzugte Identifikation mit Israel und ihre Zuweisung an Deuterojesaja bis heute durchgehalten. Wie weit die Ansichten auseinandergehen, zeigt ein Blick auf *Tryggve N.D. Mettinger* (1983), der die Sonderstellung der Lieder überhaupt bestritten hat,[108] und *Reinhard G. Kratz* (1991), der die Israel als Knecht Jahwes ansprechenden Texte erst einer Bearbeitungsschicht zuweist.[109] Andererseits erfreut sich die von *Sigmund Mowinckel* (1921)[110] in die Diskussion eingeführte, später aber von ihm zugunsten eines prophetischen Heilsbringers wieder aufgegebene[111] Identifikation mit Deuterojesaja selbst noch immer großer Beliebtheit.[112] Von den mannigfachen, in

107. Zur Auslegungsgeschichte vgl. C.R.North, The Suffering Servant in Deutero-Isaiah, Oxford 1956²; H.H.Rowley, The Servant of the Lord in the Light of Three Decades of Criticism, in: ders., The Servant of the Lord and other Essays on the Old Testament, Oxford 1965², S.1ff.; E.Ruprecht, Die Auslegungsgeschichte zu den sog. Gottesknechtsliedern im Buch Deuterojesaja unter methodischen Gesichtspunkten bis zu Bernhard Duhm, Diss. Heidelberg 1972; D.Michel, TRE 8, 1981, S.521ff. und H.Haag, Der Gottesknecht bei Deuterojesaja, EdF 233, Darmstadt 1985.
108. A Farewell to the Servant Songs. A Critical Examination of an Exegeticel Axiom, Lund 1983; vgl. dazu H.-J.Hermisson, Voreiliger Abschied von den Gottesknechtsliedern, ThR 49, 1984, S.309ff.
109. Vgl. R.G.Kratz, FAT 1, 1991, S.206ff.
110. Der Knecht Jahwäs, Giessen 1921.
111. Vgl. S.Mowinckel, He that Cometh, trl. G.W.Anderson, Oxford 1956, S.253ff.
112. Vgl. zu dieser Deutung aus der jüngsten Zeit besonders H.-J. Hermissons Beiträge. Er gliedert das 4. als eine Weiterentwicklung der Konzeption der ersten drei Lieder aus und beurteilt sie als einen besonderen Traditionskomplex. Siehe dazu seine Aufsätze: Der Lohn des Knechts, in: J.Jeremias und L.Perlitt, hg., Die Botschaft und die Boten. FS H.W.Wolff, Neukirchen-Vluyn 1981, S.269ff.; Israel und der Gottesknecht bei Deuterojesaja, ZThK 79, 1982, S.1ff. Zu seiner Verhältnisbestimmung zwischen dem Knecht Israel und dem Propheten vgl. auch den Aufsatz: Einheit und Komplexität Deuterojesajas, in: J.Vermeylen, ed., BEThL 81, Leuven 1989, S.307. Vgl. weiterhin auch O.H.Steck, Aspekte des Gottesknechts in Deuterojesajas »Ebed-Jahwe-Liedern«, ZAW 96, 1984, S.372ff. = ders., Gottesknecht und Zion, FAT 4, Tübingen 1992, S.3ff.; ders., Aspekte des Gottesknechts in Jes 52,13-53,12, ZAW 97, 1985, S.36ff. = ders., FAT 4, S.22ff. und E. von Waldow, Der Gottesknecht bei Deuterojesaja, ThZ 41, 1985, S.201ff.

der jüngsten Zeit vertretenen Spielarten[113] der Bestimmung des Ebed seien hier die erwähnt, die in ihm eine messianische[114] oder eine unbestimmte, das prophetische Amt fortsetzende Mittlergestalt sehen.[115] Die Vielfalt der Meinungen beruht nicht auf der Willkür der Exegeten, sondern auf der Schwierigkeit und Mehrdeutigkeit der Texte. In dem 1.Lied stellt sich der Gottesknecht als der von Jahwe berufene, sein Amt ohne Gewalt ausübende Rechts- und Heilsmittler für die Völker vor. Im 2. ruft er die Völker dazu auf, ihn als das Werkzeug der Verherrlichung Jahwes anzuerkennen. Im 3. lernen wir ihn als den gehorsamen und leidenden Propheten kennen. Das 4. deutet sein Leiden im Lichte seiner kommenden Verherrlichung als Heilsbringer für die Völker.

Zunächst liegt die Identifikation des Knechts mit Israel angesichts des kontextuellen Gebrauches des Ehrentitels in der Tat am nächsten, zumal sie durch 49,3 bestätigt wird.[116] Andererseits wird dem Ebed im selben Lied in 49,6 eine Aufgabe an Israel zugewiesen. Das 3. Lied zeichnet von ihm das Idealbild eines Propheten, der selbst Jeremia und Ezechiel überbietet (vgl. 50,7 mit Jer 1,18 und Ez 3,8f.). Zudem zeigt das redaktionelle Mahnwort in 50,10, daß er hier nicht mit Israel identifiziert werden soll. Dem entspricht, daß das Targum das Lied auf die Propheten überhaupt bezogen hat.[117] Ebenso ist in der Forschung der letzten Jahrzehnte wiederholt und zu Recht darauf hingewiesen worden, daß das 4.Lied eine konzeptionelle Weiterentwicklung dtjes Gedanken (m.E. vor allem der des 1. und 2.Liedes) darstellt. Im 2.Lied beheben sich die gegen die von V.3 geforderte Identifikation des Knechts mit Israel bestehenden Schwierigkeiten, wenn

113. Vgl. dazu H.Haag, EdF 233, S.138ff. Besonders erwähnt sei hier die Deutung von K.Koch, Die Profeten II, UB 281, Stuttgart u.a. 1988², der auf S.150 in dem Ebed eine Kontrastgestalt zu Kyros sieht: Während Deuterojesaja von Kyros die Befreiung des Volkes und den Wiederaufbau Jerusalems erwartete, sah er in jenem, einer von uns nicht identifizierbaren Gestalt aus seiner Umgebung, den Mann, der das befreite Volk heimführen, das neue Staats- und Kultzentrum errichten und die weltweite Verbreitung der Jahweverehrung ins Werk setzen würde.

114. Vgl. z.B. H.Groß, Art. *Gottesknecht*, in: H.Haag, hg., Bibel-Lexikon, Einsiedeln 1968², S.633 und A.Feuillet, Les poèmes du Serviteur, in: ders., Études d'exégèse et de théologie biblique. Ancien Testament, Paris 1975, S.119ff. und hier S.155ff.

115. Vgl. z.B. S.Mowinckel, a.a.O.; G.von Rad, Theologie II, München (1960) 1968⁵, S.269f. und C.Westermann, ATD 19, Göttingen (1966) 1986⁵, S.10f.; ders., Theologie des Alten Testaments in Grundzügen, ATD.E 6, Göttingen 1978, S.70f.; ähnlich W.Zimmerli, Grundriß der atl. Theologie, ThW 3,1, Stuttgart u.a. 1982⁴=1989⁶, S.196ff. und W.H.Schmidt, Einführung⁴, S.267.

116. So haben denn z.B. um die Jahrhundertwende J.Wellhausen, K.Budde, F.Giesebrecht und K Marti und weiterhin z.B. Th.H.Robinson, O.Eißfeldt, P.A.H.de Boer, L.G.Rignell, O.Kaiser, N.Snaith, J.Becker, K.Baltzer, A.S.Herbert, R.F.Melugin und D.Michel den Knecht mit Israel identifiziert.

117. Vgl. J.F.Stenning, ed., The Targum of Isaiah. Ed. with a Translation, Oxford 1949 (1953) z.St.

man erkennt, daß in V.5b und 6a* eine messianische Nachinterpretation vorliegt. So votiert *Kaiser* jetzt dafür, in dem 1. und dem Grundbestand des 2.Liedes eine bereits über Deuterojesaja hinausgehende Deutung der Rolle des Ebed Israel als des Heilsmittlers Jahwes zu sehen, die in dem 4. ihre Nachinterpretation gefunden hat. Das 3. ist s.E. das jüngste und im oben genannten Sinne zu deuten.[118] Aber wohl jeder, der sich gründlicher mit den Problemen der Lieder beschäftigt hat, wird am Ende bescheiden auf die Seite treten und mit *Rudolf Smend* hinzufügen: *Das Rätsel wird sich kaum je ganz lösen lassen.*[119]

Literatur: Smend, Entstehung[4], S.151ff.; W.H.Schmidt, Einführung[4], S.257ff.; Kaiser, Einleitung[5], S.271ff.; D.Michel, Art. *Deuterojesaja*, TRE 8, 1981, S.510ff.; H.-J.Hermisson, Deuterojesaja-Probleme, VuF 31, 1986, S.53ff. – L.Köhler, Deuterojesaja (Jesaja 40-55) stilkritisch untersucht, BZAW 37, Giessen 1923; K.Elliger, Deuterojesaja in seinem Verhältnis zu Tritojesaja, BWANT 63, Stuttgart 1933; W.Caspari, Lieder und Gottessprüche der Rückwanderer (Jes 40-55), BZAW 65, Giessen 1934; J.Begrich, Studien zu Deuterojesaja, BWANT 77, Stuttgart 1938 = ders., hg. W.Zimmerli, ThB 20, 1969[2]; S.Smith, Isaiah Chapters XL-LV. Literary Criticism and History, SchL 1940, London 1944; H.E.von Waldow, Anlaß und Hintergrund der Verkündigung des Deuterojesaja, Diss. ev. theol. Bonn 1953; ders., Der traditionsgeschichtliche Hintergrund der prophetischen Gerichtsreden, BZAW 85, Berlin 1963; P.A.H.de Boer, Second-Isaiah's Message, OTS 11, Leiden 1956; L.G.Rignell, A Study of Isaiah Ch. 40-55, LUA NF 1, 52/5, Lund 1956; M.Haran, The Literary Structure and Chronological Framework of the Prophecies in Is. XL-XLVIII, SVT 9, Leiden 1963, S.127ff.; C.Westermann, Das Heilswort bei Deuterojesaja, EvTh 24, 1964, S.355ff.; ders., Sprache und Struktur der Prophetie Deuterojesajas, in: ders., Forschung am Alten Testament, ThB 24, München 1964, S.92ff.; H.J.Boecker, Redeformen des Rechtslebens im Alten Testament, WMANT 14, Neukirchen-Vluyn 1964 (1970[2]); H.M.Orlinski und N.H.Snaith, Studies on the Second Part of the Book of Isaiah, SVT 14, Leiden (1967) 1977[2]; J.Becker, Isaias – der Prophet und sein Buch, SBS 30, Stuttgart 1968, S.33ff.; C.Stuhlmueller, Creative Redemption in Deutero-Isaiah, AnBib 43, Rom 1970; D.Baltzer, Ezechiel und Deuterojesaja. Berührungen in der Heilserwartung der beiden Exilspropheten, BZAW 121, Berlin 1971; H.-J.Hermisson, Diskussionsworte bei Deuterojesaja, EvTh 31, 1971, S.665ff.; ders., Einheit und Komplexität Deuterojesajas. Probleme der Redaktionsgeschichte von Jes 40-55, in: J.Vermeylen, ed., The Book of Isaiah/Le livre d'Isaïe. Les oracles et leurs relectures. Unité et complexité de l'ouvrage, BEThL 81, Leuven 1989, S.287ff.; A.Schoors, I am God Your Saviour. A Form Critical Study of the Main Genres in Is 40-55, SVT 24, Leiden 1973; R.Albertz, Weltschöpfung und Menschenschöpfung. Untersucht bei Deuterojesaja, Hiob und in den Psalmen, CThM.A 3, Stuttgart 1974; R.F.Melugin, The Formation of Isaiah 40-55, BZAW 141, Berlin – New York 1976; H.D.Preuß, Deuterojesaja. Eine Einführung in seine Botschaft, Neukirchen-Vluyn 1976; F.V.Reiterer, Gerechtigkeit als Heil. צדק bei Deuterojesaja. Aussage und Vergleich mit der atl. Tradition, Graz 1976; J.M.Vincent, Studien zur literarischen Eigenart und geistigen Heimat von Jesaja, Kap. 40-55, BET 5, Bern und Frankfurt am Main 1977; H.-Chr.Schmitt, Prophetie und Schultheologie im Deuterojesajabuch. Betrachtungen zur Redaktionsgeschichte von

118. Vgl. dazu inzwischen die abweichenden Analysen von R.G.Kratz, FAT 1, 1991, S.128ff. und S.206ff.
119. Entstehung[4], S.154.

Jes 40-55, ZAW 91, 1979, S.43ff.; K.Kiesow, Exodustexte im Jesajabuch. Literarkritische und motivgeschichtliche Analysen, OBO 24, Freiburg/Schweiz und Göttingen 1979; R.P.Merendino, Der Erste und der Letzte. Eine Untersuchung von Jes 40-48, SVT 31, Leiden 1981; H.Haag, Der Gottesknecht bei Deuterojesaja, EdF 233, Darmstadt 1985; J.Vermeylen, Le motif de la création dans le Deutéro-Isaïe, in: La création dans l'Orient Ancien, LD 127, Paris 1987, S.183ff.; E.Heßler, Das Heilsdrama: Der Weg zur Weltherrschaft Jahwes (Jes 40-55), RTSt 2, Hildesheim, Zürich, New York 1988; J.Koenig, Oracles et liturgies de l'exil babylonien, EHPhR 69, Paris 1988; W.Werner, Studien zur alttestamentlichen Vorstellung vom Plan Jahwes, BZAW 173, Berlin – New York 1988; H.M. Barstad, A Way in the Wilderness. The »Second Exodus« in the Message of Second Isaiah, JSSt.M 12, Manchester 1989; Chr.Streibert, Schöpfung bei Deuterojesaja und in der Priesterschrift. Eine vergleichende Untersuchung zu Inhalt und Funktion schöpfungstheologischer Aussagen in exilisch-nachexilischer Zeit, BEATAJ 8, Frankfurt am Main, Bern u.a. 1989; A.Laato, The Composition of Isaiah 40-55, JBL 109, 1990, S.207ff.; ders., The Servant of YHWH and Cyrus. A Reinterpretation of the Exilic Messianic Programme in Isaiah 40-55, ConBib. OT 35, Stockholm 1992; F.Matheus, Singt dem Herrn ein neues Lied. Die Hymnen Deuterojesajas, SBS 141, Stuttgart 1990; R.G.Kratz, Kyros im Deuterojesaja-Buch. Redaktionsgeschichtliche Untersuchungen zu Entstehung und Theologie von Jes 40-55, FAT 1, Tübingen 1991; O.H.Steck, Gottesknecht und Zion. Ges. Aufsätze zu Deuterojesaja, FAT 4, Tübingen 1992; J.van Oorschot, Vom Babel zum Zion. Eine literarkritische und redaktionsgeschichtliche Studie zu Jesaja 40-55, BZAW 206, Berlin – New York 1993.

Kommentare: Vgl. oben zu § 21a) und weiterhin EH Feldmann 1926 – HS Fischer 1939 – KAT Volz 1932 – IB Muilenburg 1956 – ATD Westermann (1966) 1986^5 – Fohrer ZBK (1964) 1986^2 – AB McKenzie 1968 – CBC Herbert 1975 – NCeB Whybray 1975 (1981) – BK Elliger I 1978 – POT Beuken I 1979 II 1983 – BK Hermisson II 1987ff. – EK Kissane 1943 – Bentzen 1948 – North 1964 – Smart 1965 (1967) – Bonnard 1972.

c) Die Tritojesajanischen Fortschreibungen Jes 56 – 66 oder von der Entstehung des Großjesajabuches

Lehrsatz 1: *Die sog. Tritojesajanische Sammlung.* Die sog. Tritojesajanische Sammlung Jes 56-66 ist in ihrer Endgestalt eine planmäßige, wenn auch redaktionelle Komposition. Sie beantwortet in ihrem ersten, die c.56-59 umfassenden Teil vornehmlich die Frage nach dem Grund für die Heilsverzögerung mit dem Verweis auf die mangelnde Gerechtigkeit in Jerusalem und im Lande und rechnet dabei mit der Möglichkeit der Umkehr der Gottlosen. In ihrem zweiten, die c.60-62 umspannenden Teil verheißt sie universales Heil für den Zion und seine mit der freiwilligen Unterwerfung und Dienstbarkeit der Völker verbundene Zentralstellung in der Welt. In ihrem dritten und letzten mit den c.63-66 setzt sie die Endgültigkeit der Aufspaltung des Volkes in Gerechte und Gottlose voraus und schränkt daher die Heilszugehörigkeit auf die Frommen ein, um sie gleichzeitig auch für Proselyten zu öffnen.

Lehrsatz 2: *Die tritojesajanischen Texte als Fortschreibungen der deuterojesajanischen Sammlung.* Erst *Bernhard Duhm* (1892) erkannte, daß die c.56-66 gegenüber den c.40-55 eine eigenständige literarische Größe darstellen. Angesichts der zumal in den c.60-62 hervortretenden Verwandtschaft zur Sprache und Vorstellungswelt der deuterojesajanischen Prophetien bezeichnete *Bernhard Duhm* ihren von ihm kurz vor der Wirksamkeit Nehemias in Jerusalem plazierten Verfasser *der Kürze halber* als *Tritojesaja*. Diese Tritojesajahypothese hat seither manche Abwandlungen erfahren. Während *Karl Elliger* (1928 und 1933) noch einmal die Einheit der elf Kapitel verteidigte und ihren Verfasser als Schüler und Vollender der deuterojesajanischen Sammlung betrachtete, wird Tritojesaja in der jüngsten Forschung entweder nur noch der Kern der c.60-62 zugewiesen oder die Sammlung überhaupt als Ergebnis eines sich vom späten 6. oder frühen 5. bis ins 3.Jh.v.Chr. erstreckenden redaktionellen Fortschreibungsprozesses beurteilt, der paradigmatisch die Geschichte der jüdischen Eschatologie bis zu ihrer Einmündung in die Apokalyptik spiegelt.

Zusatz 1: *Zur Forschungsgeschichte.* Die Erforschung der tritojesajanischen Sammlung in den letzten hundert Jahren steht im Schatten *Bernhard Duhms*, der 1892 die Selbständigkeit der c.56-66 gegenüber den c.40-55 feststellte. In der Folge haben sich drei Erklärungsmodelle entwickelt, die man als *Einheitshypothese*, *Fragmentenhypothese* und *Ergänzungs-* oder *Fortschreibungshypothese* bezeichnen kann. Die heute in der Regel aufgegebene Einheitshypothese sieht in den c.56-66* das Werk *eines* als *Tritojesaja* bezeichneten Propheten, den man seit *Karl Elliger* als Schüler Deuterojesajas betrachtet. Die *Fragmentenhypothese* rechnet mit einer redaktionellen Zusammenstellung von Texten aus spätvorexilischer bis hellenistischer Zeit. Die *Fortschreibungshypothese* sieht teilweise schon in dem harten tritojesajanischen Kern der c.60-62* eine *redaktionelle Erweiterung* der deuterojesajanischen Sammlung und mündet in die Redaktionsgeschichte des ganzen Jesjabuches ein.[120]

Bemerkung 1: *Zur Einheitshypothese.* Die *Einheitshypothese* geht auf *Duhm* selbst zurück, der als den Verfasser der Sammlung einen kurz vor der Wirksamkeit Nehemias in Jerusalem lebenden namenlosen Propheten betrachtete, den er in Analogie zu Deuterojesaja *Tritojesaja* nannte. Diese Hypothese wurde 1933 durch *Karl Elliger* aufgrund von Verwandtschaft und Differenz der deutero- und der tritojesajanischen Texte dahingehend modifiziert, daß es sich bei Tritojesaja um einen *Schüler Deuterojesajas* handelt. Ihm schrieb er auch die Ausgabe und Erweiterung der deuterojesajanischen Sammlung c.40-53[121] und ihre Ergänzung durch die c.54 und 55 zu. Erst der um 500 v.Chr. wirkende Redaktor, der die

120. Zur Forschungsgeschichte vgl. auch die Referate bei S.Sekine, BZAW 175, 1989, S.3ff. und K.Koenen, Ethik und Eschatologie im Tritojesajabuch, WMANT 62, 1990, S.1ff.
121. Samt der Verfasserschaft des 4. Gottesknechtsliedes 52,13-53,12.

nachexilischen Reden Tritojesajas in c.56-66 sammelte,[122] hätte weiterhin c.40-55 und 56-66 miteinander verbunden.

Bemerkung 2: *Die Fragmentenhypothese.* Die von *Bernhard Duhm* aufgestellte Hypothese, daß die tritojesajanische Sammlung von *einem* Verfasser stammt, ist von Anfang an nicht ohne Widerspruch geblieben. So hat z.B. *Rudolf Kittel* (1898) die Kapitel als Nachträge zur deuterojesajanischen Sammlung von einer ganzen Schule von Männern beurteilt, die nach 538 und vermutlich über die Zeit Nehemias hinaus am Werke gewesen seien.[123] Noch weiter spannte *Paul Volz* (1932) den zeitlichen Rahmen, indem er hier Texte aus spätvorexilischer bis hellenistischer Zeit versammelt sah, wobei er allerdings ihre Mehrzahl ebenfalls zwischen dem Ende des Exils und dem des 5. Jh.s datierte.[124] Daß sich dieses und das mit ihm sich teilweise überschneidende Fortschreibungsmodell über *Elliger* hinweg behauptet hat, besitzt seine Ursache nicht zuletzt darin, daß der von ihm versuchte Nachweis der sprachlichen Einheit der Sammlung der Nachprüfung nicht standgehalten hat. So haben denn in jüngster Zeit *Karl Pauritsch* (1971), *Roger N. Whybray* (1975) und *Seizo Sekine* (1989) und in gewisser Weise auch *Jacques Vermeylen* (1978) und *Klaus Koenen* (1990) zur Erklärung des Buches auf die Fragmentenhypothese zurückgegriffen. Dabei rechnet *Sekine* damit, daß ein Redaktor das Buch aus sieben ihm vorliegenden Textgruppen zusammengestellt hat.

Bemerkung 3: *Zur Ergänzungs- oder Fortschreibungshypothese.* Gemäß der allgemeinen redaktionsgeschichtlichen Tendenz der Prophetenforschung erfreut sich jedoch in den letzten Jahrzehnten die *Ergänzungs-* oder *Fortschreibungshypothese* besonderer Beliebtheit. Den ersten ausgeführten redaktionsgeschichtlichen Entwurf hat *Claus Westermann* 1966 vorgelegt. Er unterschied zwischen 1. der tritojesajanischen Grundschicht in c.60-62, die er dem im Sinne Elligers als Schüler Deuterojesajas angesprochenen Tritojesaja zuschrieb, 2. vorexilischen Gerichtsworten in 56,9-12; 57,3-6.7-13a, 3. den exilischen Volksklagen 59*; 63,7-64,11[125] und 4.-6. drei Redaktionen, von denen die erste das Gericht zwischen Frommen und Frevlern ansagte, die zweite besonders am Halten des Sabbats und dem Schicksal der Proselyten interessiert war und die dritte die fremdenfreundliche Haltung Tritojesajas durch die Ankündigung des Völkergerichts korrigierte; schließlich

122. Vgl. BWANT 63, 1933, S.267ff.
123. Vgl. A.Dillmann, Der Prophet Jesaja, hg. und vielfach umgearbeitet R.Kittel, KeH 5, Leipzig 1898⁶, S.473.
124. Vgl. KAT IX, 1932, S.198ff. mit der Tabelle S.200.
125. Vgl. zu ihr zuletzt I.Fischer, Wo ist Jahwe? Das Volksklagelied Jes 63,7-64,11 als Ausdruck des Ringens um eine gebrochene Beziehung, SBB 19, Stuttgart 1989 und H.G.M.Williamson, Isaiah 63,7-64,11. Exilic Lament or Post-Exilic Protest?, ZAW 101, 1990, S.48ff.

wäre die so entstandene Sammlung 7. auch noch durch apokalyptische Zusätze abgerundet worden.[126] In einem konsequent redaktionsgeschichtlichen Entwurf hat *Jacques Vermeylen* in einer prinzipiell an *Westermanns* Analyse erinnernden Weise mit sechs Entstehungsstufen der Kapitel gerechnet. Auf der dritten Zeit- und ersten Redaktionsstufe wären die aus dem letzten Drittel des 6.Jh.s. stammenden tritojesajanischen Fragmente sowie als vorexilische Texte das Bußgebet in 63,7-14 und die Volksklage 63,15-64,11* kurz vor der Zeit Nehemias zu der Grundsammlung 56,9-65,22* zusammengeschlossen worden. Die zweite Redaktion hätte den inneren und äußeren Feinden die Teilhabe am Heil bestritten, die dritte gegen Ende der Perserzeit den Proselyten dieselbe zugesprochen; die vierte, frühhellenistische wäre gegen den Götzendienst und für die Sabbatheiligung eingetreten, während die folgende die baldige Heimkehr der Diaspora zum Zion angekündigt hätte. Schließlich wäre die so mehrfach erweiterte Sammlung apokalyptisch redigiert worden.[127]

In ihrem Ergebnis erinnert die von *Klaus Koenen* (1990) vorgelegte Analyse insofern an das von *Vermeylen* erzielte Resultat, als die Grundsammlung auch nach ihm erst in der zweiten Häfte des 5. Jh.s v.Chr. redaktionell im Rückgriff auf das ältere Gerichtswort 56,1-8, die Volksklage 63,7-64,11 und die von dem als Schüler Deuterojesajas betrachteten Tritojesaja stammenden Texte gebildet wäre.[128] *Koenen* nimmt allerdings an, daß dieser Redaktor ein Zeitgenosse Nehemias und Esras gewesen und die jetzige wohlüberlegte Gesamtkomposition geschaffen hätte: In 56,2-57,21 hätte er Gerechte und Frevler und in 58,1-63,6 die bußfertigen Israeliten und die Edomiter miteinander kontrastiert, um dann in 63,7-66,17 seine Gegner unmittelbar anzusprechen.[129] Er hätte sich angesichts der von Nehemia und Esra betriebenen Ausländeraustreibung zum Sprecher der ausländerfreundlichen Gruppe gemacht.[130]

Einen dritten, radikal redaktionsgeschichtlichen Entwurf hat *Odil Hannes Steck* (1985; 1989 und 1991) vorgelegt. Ähnlich wie *Jacques Vermeylen* verbindet er die redaktionsgeschichtliche Untersuchung der tritojesajanischen und der großjesajanischen Sammlung miteinander. Mittels einer minutiösen Untersuchung, welche der tritojesajanischen Textblöcke in den übrigen Teilen des Jesajabuches ihre Entsprechung besitzen, kommt er bei gleichzeitiger Annahme des schriftgelehrten Charakters der c.56-66 zu dem Resultat, daß es sich in 60,1-11.13-16; 61 und 62,1-7 bereits um *primäre Fortschreibungen der deuterojesajanischen Samm-*

126. Zu seiner Zusammenfassung, ATD 19, S.245 vgl. auch K.Koenen, WMANT 62, S.5.
127. Vgl. dazu das Referat bei Kaiser, Einleitung^5, S.282.
128. Bei ihnen hätte es sich um 57,14-19*; 58,3-12; 59,1-15a*; 60,1-18*; 61,1-4.5-6(7-9); 62,1-7.8-9*.10-12; 65,16b-24 und 66,7-9.10-14a gehandelt.
129. Auf diesen Redaktor gingen 56,1.2.3-8.11*; 57,1-2.3-13a*.13b.17-18a*.20-21; 58,1-2.13-14; 59,13a.15b-20*; 60,6b*.7b.9b.10b.13b.21; 61,10-11; 62,9*; 63,1-6; 65,1-7*.8-15.16a*; 66,3-4.5-6.14b-17*.18-22* zurück.
130. Vgl. dazu K.Koenen, WMANT 62, 1990, S.239ff.

lung handelt. Da diese Grundschicht bereits stillschweigend die Existenz des Zweiten Tempels, aber noch nicht den Mauerbau unter Nehemia voraussetzt, datiert er sie zwischen 515 und 445 v.Chr. Entscheidend für das Verständnis der Genese des Großjesajabuches ist nun die Beobachtung von *Steck,* daß die *Verbindung* zwischen der um c.60-62* erweiterten *deutero-* und der *protojesajanischen Sammlung* erst durch c.35 erfolgt ist. Er rechnet also damit, daß die proto- und die deutero-tritojesajanische Sammlung zunächst getrennt erfolgte. Zur Bestimmung des Zeitpunktes der Schaffung des c.1-62* umfassenden Großjesajabuches in der Zeit nach dem Zusammenbruch des Perserreiches und während der Diadochenkämpfe stützt er sich auf die von ihm derselben Redaktionsstufe zugewiesene Weissagung von der Heimkehr der Diaspora aus Ägypten und Assur in 11,15-16, in der die beiden Länder bereits das Ptolemäer- und das Seleukidenreich bezeichnen. *Steck* rechnet damit, daß dieser in die Zeit nach dem Tode Alexanders des Großen fallenden Redaktionsstufe auch die Einführung des Konzepts des künftigen Weltgerichts und mithin die Einfügung von 13,5-16; 23(?), der sog. Jesajaapokalypse 24,1-27,13* und weiterhin die von 30,18-26(?) und 34,2-4 zuzuschreiben sei.[131] Grundsätzlich entspricht aber seine Spätdatierung der Diasporaprophezeiungen der durch *Vermeylen.-* Erst angesichts der ausgebliebenen Erfüllung dieser Weissagungen hätte nun eine weitere Bearbeitungsschicht die *Frage nach dem Grund der Heilsverzögerung* gestellt und mittels des Hinweises auf *innere Mißstände in Jerusalem und im Lande* beantwortet und damit *Gerechtigkeit als Bedingung für die Teilhabe am Heil* geltend gemacht. Diese Fortschreibung sei in der frühen Diadochenzeit erfolgt. Ihr gehörten 56,9-59,21;[132] 60,17-22; 62,8f.; 63,1-6 und z.B. auch 4,2-6 und 33,14f an. So entsprächen sich Anfang und Ende des so erweiterten Großjesajabuches: Am Anfang und am Ende des Buches wird nun die Beseitigung der Sünde und Ungerechtigkeit zur Voraussetzung für die Teilhabe am Heil. Darüber hinaus spiegelt sich in den vielfältigen sprachlichen und sachlichen Beziehungen von 56,9-59,21 zu den Anfangskapiteln des Jesajabuches und weiteren prophetischen und außerprophetischen Texten die sich herausbildende Sammlung heiliger Schriften.[133]

Aber die Geschichte der tritojesajanischen Sammlung und damit des Großjesajabuches wäre damit noch nicht an ihr Ende gelangt: Als der weitere Verlauf der Geschichte erwiesen hatte, daß mit einer tätigen Reue und Umkehr des *ganzen* Volkes nicht zu rechnen ist, wurde die *Teilhabe am Heil* einerseits *allein auf die Gerechten* im Volk begrenzt und andererseits die Heilsgemeinde für *Proselyten* geöffnet. Demgemäß seien nun 56,1-8; 57,20f.; 58,13f.; 60,12 und vor allem

131. Vgl. dazu seine Übersicht SBS 121, 1985, S.80 und jetzt BThSt 17, 1991, S.27f. und S.80ff.

132. Als mögliche spätere Erweiterungen sieht Steck, SBS 121, S.72f. nur 58,13-14 und 57,20f. an.

133. Vgl. dazu W.A.M.Beuken, Isa. 56:9-57:13 – an Example of the Isaianic Legacy of Trito-Isaiah, in: FS J.Lebram, Leiden 1986, S.48ff. vgl. bes. S.52ff. und J.Vermeylen, II, S.505ff.

der letzte Textblock 63,7-66,24 eingefügt, dessen breite literarische, das ganze Jesajabuch einschließenden Verbindungen und Abhängigkeiten seit *T.K.Cheyne* (1895) wiederholt beobachtet worden sind.[134] Der aufmerksame Leser erkennt sogleich, daß damit bislang zur Grundschicht des tritojesajanischen Bestandes gezählte Texte um gute zweihundert Jahre herabdatiert werden. Die in der Regel exilisch plazierte Volksklage 63,7-64,11,[135] die schon wegen der hier erstmals begegnenden Anrede Gottes als unseres Vaters in 63,16 und 64,7 besondere Aufmerksamkeit verdient, wird von *Steck* mit allem nötigen Vorbehalt auf die Einnahme Jerusalems durch Ptolemaeus I. 302/1 v.Chr. bezogen,[136] deren Unbill mit traditionellen Motiven beschrieben wäre. 66,1ff. sei nicht durch die Frage bewegt, wer den Tempel bauen, sondern wer ihn nicht bauen soll und auch nicht zu bauen braucht. Diese Antwort sei durch die Klage über die Tempelzerstörung in 64,10 provoziert. Daß uns keine Nachrichten darüber erhalten sind, daß der Jerusalemer Tempel 302/1 in Mitleidenschaft gezogen worden ist, weiß *Steck* natürlich selbst. Und so handelt es sich bei seinen Datierungsvorschlägen »um konstruktive Vermutungen«.[137] Und diese Bezeichnung wird man auch auf seine Annahme beziehen dürfen, daß von der gleichen Bearbeitung auch 12,1-6; 14,1-3(?) und die apokalyptisierenden Zusätze in der Jesajaapokalypse 24-27 stammten, was zu der Frage veranlaßt, ob er hier nicht doch zu unterschiedlich motivierte Texte zur selben Redaktionsstufe rechnet. Schließlich hätten wir noch mit *Einzelzusätzen* aus der konsolidierten Ptolemäerzeit zu rechnen, für die er als Beispiele (18,7?); 19,18-25 und 25,6f.8 benennt.

Bemerkung 4: *Rückblick und Aufgabe.* Der knappe Forschungsbericht zeigt, daß sich die Annahme eines sich über mehrere Jahrhunderte erstreckenden Redaktionsprozesses der tritojesajanischen Sammlung durch *Claus Westermann* grundsätzlich bewährt zu haben scheint. Die Gesamtlösung von *Klaus Koenen,* daß die c.56-66 ihre gegenwärtige Gestalt im Zuge eines einzigen Redaktionsvorgangs erhalten hätten, erscheint angesichts der ihm zugeschriebenen unterschiedlichen Tendenzen und der Ergebnisse der Analysen der protojesajanischen Sammlung als problematisch. Selbst im Blick auf die prinzipiell ansprechende Lösung von *Odil Hannes Steck,* die unterschiedlichen Konzepte auf unterschiedliche Redaktionen zu verteilen, erhebt sich die Frage, ob deren Zahl nicht noch weiter zu differenzieren und der sie umfassende Zeitraum nicht gleichzeitig nach hinten zu verlängern ist. Die Lösung dieser Probleme bleibt der künftigen Forschung überlassen. Ihr haben *Jacques Vermeylen* und *Odil Hannes Steck* insofern den rich-

134. Vgl. T.K.Cheyne, Introduction to the Book of Isaiah, London 1895, S.349ff. und die bei O.H.Steck, BEThL 81, S. 395 Anm.96 geführten Nachweise.
135. Vgl. zu ihr auch I.Fischer, SBB 19, 1989 und zur Datierung S.265.
136. Vgl. zu ihr V.Tcherikover, Hellenistic Civilization and the Jews, New York 1959 (1979), S.54ff.
137. BEThL 81, S.400.

tigen Weg gewiesen, als sie sie in den Kontext der Entstehung des ganzen Jesajabuches gestellt haben. Daß es in einem im letzten Drittel des 8.Jh.s v.Chr. einsetzenden und möglicherweise erst um die Mitte des 2.Jh.s v.Chr. endenden Fortschreibungsprozeß entstanden ist, läßt sich im Rückblick auf das in den drei Teilen dieses Paragraphen Ausgeführte mit gutem Gewissen sagen. Der spezifische Reichtum des Großjesajabuches als eines Spiegels der auf das Schicksal des Zion konzentrierten Religionsgeschichte Israels von der Mittleren Königs- bis in die Frühhellenistische Zeit ist untrennbar in seiner Jahrhunderte umfassenden Entstehungsgeschichte verwurzelt.

Literatur: Vgl. oben zu a) und b) und weiterhin Smend, Enstehung[4], S.154ff; W.H.Schmidt, Einführung[4], S.267ff.; Kaiser, Einleitung[5], § 24l; K.Elliger, Die Einheit des Tritojesaja, BWANT 45, Stuttgart 1928; ders., Deuterojesaja in seinem Verhältnis zu Tritojesaja, BWANT 63, Stuttgart 1933; H.Odeberg, Trito-Isaiah (Isaiah 56-66). A Literary and Linguistic Analysis, UUÅ 1931 Teologi 1, Uppsala 1931; W.Zimmerli, Zur Sprache Trito-Jesajas, Schweiz. Theol.Umschau 20 3/4 (FS L.Köhler), 1950, S.110ff. = Gottes Offenbarung, ThB 19, München 1969[2], S.217ff.; K.Pauritsch, Die neue Gemeinde. Die Botschaft des Tritojesaja-Buches literar-, form-, gattungskritisch und redaktionsgeschichtlich untersucht, AnBib 84, Rom 1971; E.Sehmsdorf, Studien zur Redaktionsgeschichte von Jesaja 56-66, I und II, ZAW 84, 1972, S.517ff. und S.562ff.; P.D.Hanson, The Dawn of Apocalyptic. The Historical and Sociological Roots of Jewish Apocalyptic Eschatology, Philadelphia 1975, 1979[2]; J.Vermeylen, Du prophète Isaïe à l'apocalyptique II, EtB, Paris 1978; ders., ed., The Book of Isaiah/Le Livre d'Isaïe. Les oracles et leurs relectures. Unité et complexité de l'ouvrage, BEThL 81, Leiden 1989; ders., L'unité du livre d'Isaïe, ebenda, S.11ff.; O.H.Steck, Bereitete Heimkehr. Jesaja 35 als redaktionelle Brükke zwischen dem Ersten und dem Zweiten Jesaja, SBS 121, Stuttgart 1985; ders., Tritojesaja im Jesajabuch, in: J.Vermeylen, ed., BEThL 81, 1989, S.361ff. = ders., Studien zu Tritojesaja, BZAW 203, Berlin/New York 1991, S.1ff.; ders. Der Abschluß der Prophetie im Alten Testament, BThSt 17, Neukirchen-Vluyn 1991; S.Sekine, Die Tritojesajanische Sammlung (Jes 56-66) redaktionsgeschichtlich untersucht, BZAW 175, Berlin – New York 1989; K.Koenen, Ethik und Eschatologie im Tritojesajabuch. Eine literarkritische und redaktionsgeschichtliche Studie, WMANT 62, Neukirchen-Vluyn 1990.

Kommentare: Vgl. oben zu a) und b) und weiterhin: BAT Kessler 1966 (1986[3]) – IThC Knight 1985 – POT Beuken 1989 – EK Achtemeier 1982.

§ 22 Jeremia oder das Buch von der Deutung des Exils

Lehrsatz 1: *Das Jeremiabuch als Deutung des Exils.* Das 52 Kapitel umfassende Jeremiabuch ist dank seiner umfassenden dtr Bearbeitungen vor allem eine Deutung des Exils als Folge der überhörten Unheilsankündigungen und Warnungen des Propheten Jeremia, Sohn des Hilkia, aus Anatot. Durch die Einfügung der Heilsworte zumal in den c.23; 30-31 wie 33 und der Fremdvölkersprüche in den c.46-51 hat es weiterhin eine Neuakzentuierung im Sinne des sog. dreigliedrigen eschatologischen Schemas gefunden, nach dem Gott sein Volk durch das Gericht über das Gericht an den Völkern zum Heil führt. So ist auch das Jeremiabuch zum Trostbuch für das unter dem Exilsgeschick leidende Gottesvolk geworden. Das dreigliedrige eschatologische Schema selbst findet sich freilich nur in der Septuaginta, welche die Fremdvölkersprüche zwischen die Gerichtsworte gegen Israel und Juda und die Prophetenerzählungen einordnet, die ihrerseits die Heilsworte rahmen.[1]

Zusatz 1: *Zum Verhältnis zwischen dem Hebräischen und dem Griechischen Text.* Der Septuagintatext ist gegenüber dem der Hebraica etwa um ein Achtel kürzer. Beide Textformen sind in den Textfunden aus Qumran belegt, die masoretische durch 2QJer; 4QJer^a und 4QJer^c, die der Septuaginta durch 4QJer^b. Der Kurztext scheint prinzipiell eine ältere Textform zu spiegeln; doch darf daraus nicht voreilig auf seine generelle Überlegenheit gegenüber der masoretischen geschlossen werden. Der Befund ist vielmehr in jedem Einzelfall sorgfältig zu prüfen.[2] In der Frage, ob der auf den ersten Blick klarere Gesamtaufbau in der Septuaginta

1. Es entsprechen

M	1,1-25,13	G	1,1-25,13
	46,1-51,64+25,14-38		25,14-32,38
	26,1-45,5		33,1-51,35.

Außerdem unterscheiden sich M und G durch die Reihenfolge der Fremdvölkersprüche. Sie lautet bei

M:	Ägypten	46,2-28	G:	Elam	25,14-20
	Philister	47,1-7		Ägypten	26,1-28
	Moab	48,1-47		Babel	27,1-28,64
	Ammoniter	49,1-6		Philister	29,1-7
	Edom	49,7-22		Edom	30,1-16
	Damaskus	49,23-27		Ammoniter	30,17-21
	Kedar	49,28-33		Kedar	30,23-28
	Elam	49,34-39		Damaskus	30,29-33
	Babel	50,1-51,64		Moab	31,1-44;

Schließlich ist G um 1/8 kürzer als M. Dabei besitzen M 33,14-26; 39,4-13; 51,44b-49a und 52,27b-30 bei G keine Entsprechung.

2. Vgl. dazu z.B. W.McKane, ICC, 1986, S.XVff. und ausführlich S.Soderlund, The Greek Text of Jeremiah. A Revised Hypothesis, JSOT.S 47, Sheffield 1985 sowie die Übersicht über die Unterschiede in der Textanordnung bei S.Herrmann, TRE 16, 1987, S.581.

ursprünglich oder erst das Ergebnis einer nachträglichen Systematisierung ist, gehen die Ansichten bis heute auseinander.[3] Wir gehen im Folgenden von der Anordnung in der Hebraica aus.

Bemerkung 1: *Aufbau und Inhalt des Buches nach* M:

c. 1-25	Gerichtsworte gegen das eigene Volk
26-29+32+34-36	Erzählungen vom Wirken des Propheten
30-31 + 33	Heilsworte
37-44(45)	Erzählungen vom Leiden des Propheten
46-51	Fremdvölkerorakel
52	Historischer Anhang par II Reg 24,18-25,34*

Das Jeremiabuch besitzt einen insgesamt übersichtlichen Aufbau: Mit der *Berufungserzählung* in c.1 einsetzend begründet es in c.2-3 den *Untergang des Nordreiches* aufgrund seines Abfalls von Jahwe. In den c.4-6 kündet es den *Angriff eines Feindes aus dem Norden gegen Jerusalem und Juda* und in den folgenden c.7-25 zumal dessen *Folgen* an. Die *Erzählungen* in den c.26-36* berichten von der *Warnung Jeremias vor dem Abfall von Nebukadnezar* in den entscheidenden Jahren der Regierung der Könige Jojakim und Zedekia. Die sog. *Leidensgeschichte Jeremias* in den c.37-44 (45) berichtet von seinen vergeblichen *Aufforderungen zur Kapitulation*, den deshalb erlittenen Verfolgungen und seinem *Schicksal nach der Eroberung Jerusalems* bis zu seiner *Verschleppung nach Ägypten.* In dem sog. *Trostwort für Baruch* c.45 verheißt Jeremia dem Schreiber seine persönliche Rettung in der Katastrophe. In die c.26-36 ist in c.30 und 31 das sog. *Trostbüchlein für Israel* und in c.33 eine Reihe von *Heilsworten für Juda und Israel* eingefügt worden. In den c.46,1-51,58 folgen die *Fremdvölkersprüche*, die in der *Ankündigung der Zerstörung Babels* und der *Heimkehr der Deportierten* in 50,1-51,58 gipfeln. Die Prophezeiung der Zerstörung Babels wird durch den Bericht einer symbolischen Handlung Jeremias in 51,59-64 abgeschlossen. Das Buch endet in c.52 mit dem II Reg 24,18-25,34 entsprechenden *Bericht über die Eroberung und Zerstörung Jerusalems*, einschließlich dem von der sog. *Begnadigung König Jojachins.* In den V.28-30 ist eine sonst unbekannte *Liste der von Nebukadnezar Deportierten* eingeschaltet.

Lehrsatz 2: *Das literarische Grundproblem des Jeremiabuches.* Im Jeremiabuch lassen sich grundsätzlich vier Textsorten erkennen: 1. *Prophetensprüche*, 2. *Prosareden*, 3. *Selbst-* und 4. *Fremdberichte.* Weiterhin lassen sich die Sprüche in Gerichtsworte, Heilsworte und Gebete, die Gerichtsworte in solche gegen das eige-

3. Vgl. dazu z.B. Chr.R.Seitz, ZAW 101, 1989, S.3ff. und besonders S.22 und A.Rofé, ZAW 101, 1989, S.390ff. und besonders S.396f., die sich für die Priorität der Stellung der Völkerorakel bei M aussprechen, mit B.Gosse, VT 40, 1990, S.145ff. und besonders S.151, der sich für die bei G entscheidet. Zum Grundproblem vgl. auch Chr.Levin, FRLANT 137, Göttingen 1985, S.69ff.

ne und gegen fremde Völker aufteilen. Bei den Selbst- und Fremdberichten läßt sich weiterhin zwischen solchen über die Berufung des Propheten, über Visionen, Zeichenhandlungen und über die göttliche Beauftragung und die Ausführung der Botschaft differenzieren. Dabei fallen besonders die dtr beeinflußten Prosareden und Fortschreibungen in den Prophetensprüchen und Prophetenerzählungen auf.

Suchte die Forschung in der ersten Hälfte dieses Jahrhunderts dem Gesamtbefund mittels einer Quellenhypothese gerecht zu werden, hat sich in den letzten dreißig Jahren zunehmend die Einsicht durchgesetzt, daß das Jeremiabuch nicht anders als die meisten anderen Prophetenbücher das Ergebnis eines längeren Redaktions- und Fortschreibungsprozesses darstellt. In ihm haben die dtr Einfügungen und Bearbeitungen eine entscheidende Rolle gespielt. Jünger als sie scheint eine zumal in den c.37-44* nachweisbare golaorientierte Bearbeitung zu sein. Sind auch viele literarische Probleme noch offen, so läßt sich doch sagen, daß sich im Jeremiabuch in all seinen Schichten der Prozeß der Verarbeitung des Exilsgeschicks spiegelt, der von der Klage über die Katastrophe zur Anklage der Schuldigen führte und deshalb die Worte, Zeichenhandlungen und Leiden des Propheten der Nachwelt bewahrte und der Absicht des Schuldaufweises gemäß ausgestaltete, um schließlich dem weiterhin unter seinem Exilsgeschick leidenden Volk die Wiederherstellung eines von seinen Feinden befreiten Israel und Juda unter einem König aus Davids Geschlecht und schließlich einen Neuen, den Gehorsam des Volkes und damit das Heil sichernden Bund zu verheißen.

Zusatz 2: *Zum literarischen Befund des Jeremiabuches: Von der Quellen- zur Redaktionshypothese.* Zur Erklärung des Gesamtbefundes sind im Laufe des letzten Jahrhunderts vor allem vier Modelle entwickelt worden, in deren Geschichte sich der Übergang von der Quellen- zur Redaktionshypothese und ihrem Ausbau spiegelt:

a) *Die Erklärung des Buches mittels einer Quellenhypothese.* Im Anschluß an Beobachtungen von *Bernhard Duhm* (1901) entwickelte *Sigmund Mowinckel* (1913) eine *Vierquellentheorie.* Nach ihr hätten die *Sprüche* und *Selbstberichte* in den c.1-25* ursprünglich einer *Quelle A*, die *Fremdberichte* in den c.19,2-20,6*; 26; 28-29* und 36-44* einer *Quelle B* , die *dtr beeinflußten Predigten* in 7,1-8,3*; 11*; 18*; 21*; 25*; 32*; 33-34* und 44* einer *Quelle C* angehört. Darüber hinaus hätten die *Heilsworte* 30f. eine ursprünglich selbständige anonyme und namenlose nachexilische Sammlung *(Quelle D)* gebildet. Dazu wären weiterhin die *Fremdvölkersprüche* gekommen. Diese Hypothese ist in einer im Blick auf die Quellen C und D modifizierten Weise von *Paul Volz* (1922) übernommen worden, der in D einen jeremianischen Kern nachzuweisen versuchte und nicht nur B, sondern auch C als Aufzeichnungen des Schreibers Baruch beurteilte. *Wilhelm Rudolph* (1947 bzw. 1968³) und *James Philip Hyatt* (1956) haben sich *Mowinckels* Hypothese von der Existenz der Quellen A-C in eigentümlichen Abwandlungen zu eigen gemacht. Dabei erwiesen sie sich insofern von *Volz* beeinflußt, als auch sie mit Jeremiaworten in den c.30 und 31 rechneten. Gleichzeitig gingen sie über *Mowinckel* und *Volz* hinaus, indem sie dem Propheten auch einzelne Fremdvölkersprüche zuerkannten.

b) *Die Erklärung der Gemeinsamkeiten zwischen dem Jeremiabuch und den dtn-dtr Schriften auf kult- und sprachgeschichtlichem Wege.* Noch ehe die letzte Arbeit im Sinne der Quellenhypothese erschienen war, wurde der erste Versuch unternommen, die *Prosareden* auf *sprachgeschichtlichem Wege* als *jeremianisch* zu erweisen. *Artur Weiser* (1952 und 1955) nahm die konservativen Ansätze seiner Vorgänger und zumal den von *Paul Volz* auf, indem er das Phänomen des dtr Einflusses auf die Prosapredigten und die Fremdberichte wie die Verwendung der Psalmensprache mittels der Annahme des Anschlusses Jeremias und Baruchs an die gottesdienstlichen Redeformen und Redeinhalte ihrer Zeit zu erklären suchte. Den Ausgangspunkt für diese Beurteilung bildete seine Bundeskulthypothese. Dagegen deutete *John Bright* (1965) die sprachlichen Gemeinsamkeiten zwischen den jeremianischen Prosareden und Erzählungen auf der einen und dem Deuteronomium und dem Deuteronomistischen Geschichtswerk auf der anderen Seite mittels der Annahme, daß sich Jeremia, Baruch und die Deuteronomisten der Sprache ihrer Zeit bedienten. *William L.Holladay* (1960; 1986 und 1988) suchte das Problem der sprachlichen Divergenz zwischen den genuinen Prophetensprüchen und den Prosapredigten mittels der Annahme zu lösen, daß es sich bei den jeremianischen Prosareden um eine nachträgliche Umformung von Sprüchen des Propheten handelt. Auch *Helga Weippert* hat diese Position zu verteidigen versucht (1973) und dabei die Annahme der Existenz dtr Texte im Jeremiabuch mittels des Hinweises auf sprachliche Unterschiede zum Deuteronomistischen Geschichtswerk zu widerlegen versucht, ohne damit in der kontinentalen Forschung ein größeres Echo zu finden.[4]

c) *Die redaktionsgeschichtliche Erklärung.* Nachdem schon *Siegfried Herrmann* (1965) in dem Heilsbüchlein der c.30 und 31 eine *dtr Redaktion* und *Ernest W. Nicholson* (1970) den dtr Charakter der Prosareden erneut nachgewiesen hatten, haben *Gunther Wanke* (1971) in den Fremdberichten und *Winfried Thiel* (Diss. 1970 = 1973 und 1981) im Bereich von c.1-45 flächendeckend den Anteil der dtr Bearbeitung des Jeremiabuches festgestellt. Damit haben die Genannten den Paradigmenwechsel von der älteren Frage nach den vorgegebenen Urkunden zur redaktionsgeschichtlichen Betrachtung des Buches eingeleitet. *Karl-Friedrich Pohlmann* (1978) hat das Bild weiter differenziert, indem er zumal in den c.24 und 37-44 eine *golaorientierte Bearbeitung* des Buches feststellte. *Christopher R.Seitz* (1989) ist prinzipiell zu einem vergleichbaren Ergebnis gekommen. Es ist damit

4. Zur Problematik sowohl des Ansatzes von W.Thiel wie H.Weippert vgl. Chr.Levin, FRLANT 137, S.62f.

zu rechnen, daß die weitere Forschung des Bild der dtr und nachdtr Bearbeitungen noch wesentlich differenziert. Dabei muß es sich zeigen, ob es gelingt, die Konkordanz mit den verschiedenen Schichten des DtrG herzustellen oder ob sich ein nicht mehr auf den Nenner übergreifender Redaktionen zu bringender Fortschreibungsprozeß abzeichnet, den man als Anfang der Schriftauslegung betrachten kann.[5]

Welche Überraschungen die weitere Untersuchung des Buches mit sich bringen kann, hat *Karl-Friedrich Pohlmanns* Hinweis (1989) auf eigentümliche Spannungen in den c.4-6 und 8-9 gezeigt. In ihnen scheint sich eine Entwicklung von der fassungslosen Klage über die Ereignisse von 587 zu ihrer Umdeutung als sie ankündigender Prophetien zu spiegeln. Nach *Pohlmann* wären die Untergangsklagen als jeremianisch und ihre Ausgestaltung zu Untergangsankündigungen bereits als redaktionell zu beurteilen, ein Ergebnis, das grundsätzlich auch durch die breit angelegte Untersuchung der Klagen im ganzen Jeremiabuch durch *Dong Hyun Bak* (1990) bestätigt wird. Dieser Befund darf allerdings nicht sogleich dahingehend generalisiert werden, daß im Jeremiabuch keine Sprüche des Propheten selbst aus der Zeit vor dem Fall Jerusalems enthalten sind. So hat z.B. *Hans-Jürgen Hermisson* (1990) die Aufnahme und Verarbeitung genuiner Prophetenworte in der kleinen Sammlung von Königssprüchen in 21,1-23,6 nachgewiesen.[6] Konsequent redaktionsgeschichtlich und tendenzkritisch hat *Robert P. Carroll* (1981 und 1986) das Buch als Ergebnis eines vielschichtigen und im wesentlichen bis zur Mitte des 5.Jh.s reichenden Prozesses erklärt, der den Weg vom »Chaos to Covenant«, vom totalen Zusammenbruch zur Erwartung eines Neuen Bundes spiegelt, vgl. 31,31-34; in seinem Verlauf wäre es nicht nur zu immer neuen Fortschreibungen des Überlieferten, sondern auch zur Aufnahme weiterer Traditionen gekommen, deren Ursprung sich im einzelnen nur schwer bestimmen läßt.

d) *Die Schneeballhypothese (rolling-corpus-hypothesis).* Die Kompliziertheit des Gesamtbefundes und die sich daraus ergebende Schwierigkeit, nicht nur das genuine Spruchgut von den jüngeren Fortschreibungen, sondern auch innerhalb dieser Fortschreibungen zwischen älterem und jüngerem Gut zu unterscheiden, hat *William McKane* (1981 und 1986) dazu veranlaßt, auf eine exakte Einordnung zumal der Fortschreibungen zu verzichten und es bei einer *rolling corpus*-, einer Schneeballhypothese, zu belassen: An die primären Jeremiaworte hätten

5. So Chr.Levin, FRLANT 137, S.63ff.
6. Die »Königsspruch«-Sammlung im Jeremiabuch – von der Anfangs- zur Endgestalt, in: E.Blum, Chr.Macholz und E.W.Stegemann, hg., Die Hebräische Bibel und ihre zweifache Nachgeschichte. FS R.Rendtorff, Neukirchen-Vluyn 1990, S.277ff.; vgl. auch den entsprechenden Versuch von W. Thiel, »Vom Norden her wird das Unheil eröffnet«. Zu Jeremia 1,11-16, in: V.Fritz, K.-F.Pohlmann und H.-Chr.Schmitt, hg., Prophet und Prophetenbuch, FS O.Kaiser, BZAW 185, 1989, S.231ff.

sich bis weit in die nachexilische Zeit hinein mehr oder weniger planlos immer neue Zusätze angeschlossen. In diesem Prozeß seien Prophetensprüche in Prosa und Prosa in Prophetensprüche umgesetzt worden.[7] Seiner Ansicht hat *Christoph Levin* (1985) aufgrund einer minutiösen Untersuchung von Jer 31,27-34 im Horizont der Paralleltexte im Jeremiabuch prinzipiell zugestimmt.[8]

Der knappe Überblick über die fundamentalen literarischen Probleme des Buches dürfte bereits einen hinreichenden Eindruck von der Schwierigkeit der Jeremiaforschung vermittelt haben. Doch besteht kein Grund, ihretwegen die weitere sorgfältige tendenzkritisch orientierte diachrone Forschung als vermeintlich ergebnislos abzubrechen und sich statt dessen ausschließlich dem synchronen Verständnis des überlieferten Buches als einer literarischen Größe zu widmen. Schwierigkeiten sind nicht dazu da, vor ihnen zu kapitulieren, sondern sie in geduldiger Weiterarbeit zu überwinden. Dabei ist nachdrücklich darauf hinzuweisen, daß für das sachgemäße Verständnis des Jeremiabuches die Einordnung seiner Texte in ihren tatsächlichen Lebenszusammenhang die unabdingbare Voraussetzung für ihre wissenschaftliche Auswertung und weithin auch ihre angemessene religiöse Aktualisierung bildet.

Zusatz 3: *Die Bedeutung der dtr Redaktion.* Die geschichtliche Bedeutung der dtr Bearbeitungen des Jeremiabuches kann kaum überschätzt werden; denn neben dem Deuteronomistischen Geschichtswerk kommt dem dtr bearbeiteten Jeremiabuch wohl die entscheidende Rolle bei der Bewältigung der Katastrophe des judäischen Reiches des Jahres 587 zu. Die dtr Bearbeiter haben den Schuldaufweis mittels des Nachweises zu führen versucht, daß das Volk die Katastrophe durch seinen permanenten Ungehorsam gegen Jahwes Alleinverehrungsanspruch,[9] durch die Mißachtung des ihm im Deuteronomium offenbaren Gotteswillens,[10] durch seinen Bundesbruch,[11] seine Weigerung, Gerechtigkeit zu üben,[12] und das Überhören der Umkehrrufe und Warnungen der Propheten[13] selbst verschuldet hat. Damit haben sie bis heute das Verständnis der vorexilischen Gerichtspropheten als Mahner und Umkehrprediger bestimmt. Im Fortgang der Zeit haben sie und ihre Nachfolger sich aber auch nicht gescheut, die Hoffnung auf die Beendigung der Knechtschaft durch Jahwe, die Sammlung der Zerstreuten[14] und schließlich die Stiftung eines Neuen Bundes[15] zu beleben und wach zu halten.

7. Vgl. dazu W.Thiel, ThLZ 112, 1987, Sp.654.
8. Vgl. Anm. 5.
9. Vgl. 3,6ff.; 7,17f.; 11,12; 19,3f.
10. Vgl. 34,13f.
11. Vgl. 11,6ff.; 34,13f.
12. Vgl. 7,6ff.
13. Vgl. 7,25f.; 25,4f. und 44,4.
14. Vgl. 29,10ff.
15. Vgl. 31,31ff.

Dabei hat sich die Verheißung des Neuen Bundes nicht nur in dem Selbstverständnis der Qumrangemeinde (vgl. z.B. CD XX,12), sondern mehr noch in dem der Urchristenheit (vgl. Mk 14,24; I Kor 11,25) als der Gemeinde des Neuen Bundes als geschichtsmächtig erwiesen.

Lehrsatz 3: *Das Problem der Berufung und der Frühzeitverkündigung Jeremias.* Die Versuche, die Verkündigung Jeremias zu rekonstruieren, divergieren in der jüngsten Forschung schon deshalb, weil keine Übereinstimmung in der Frage des Beginns seines prophetischen Wirkens besteht. Selbst wenn man an der traditionellen Ansetzung seiner Berufung im 13. Jahr Josias (627/26) festhalten und ihm eine vierzigjährige Wirksamkeit zuweisen wollte, ergeben sich Schwierigkeiten, auch nur einen Grundbestand der c.2-6 oder 30-31 für eine Frühzeitverkündigung in Anspruch zu nehmen.

Zusatz 4: *Zum Problem der Berufung Jeremias und der Frühzeitverkündigung.* Über den historischen Wert der Notiz in Jer 1,3 von der *Berufung* Jeremias im 13. Jahr König Josias (640/39-609) bzw. im Jahr 627/6 gehen die Meinungen auseinander. Angesichts der sich aus der traditionellen Datierung ergebenden vierzigjährigen Wirksamkeit Jeremias liegt der Verdacht nahe, daß sie das Ergebnis einer nachträglichen Stilisierung Jeremias als des Wegbereiters der josianischen Reform (*Friedrich Horst* und *Christoph Levin)*[16] oder als des zweiten Mose (*Christopher R. Seitz)*[17] ist. Wer sich ihnen anschließt, wird mit zuletzt *Eberhard Ruprecht* (1989) die Frage nach der Frühzeitverkündigung für verfehlt halten[18] und als Anhaltspunkte für den Beginn der Wirksamkeit seine Königssprüche gegen König Jojakim (609/598) in 22,13-19*[19] ansehen und ihn mithin nach 609 ansetzen.[20]

Angesichts der Beobachtungen von *Rüdiger Liwak* (1987), daß die häufig für die Frühzeitverkündigung in Anspruch genommenen Texte in den c.2-6 deutliche Beziehungen zu anderen Jeremiaworten aufweisen, die hier teils aufgenommen, teils variierend verarbeitet und für ihre eigene Konzeption in Beschlag ge-

16. Vgl. in diesem Sinne zuerst F.Horst, ZAW 41, 1923, S.94ff.; Chr.Levin, VT 31, 1981, S.428ff. und E.Ruprecht, Ist die Berufung Jeremias »im Jünglingsalter« und seine »Frühverkündigung« eine theologische Konstruktion der dtr Redaktion des Jeremiabuches?, in: R.Albertz, F.W.Golka und J.Kegler, hg., Schöpfung und Befreiung. FS C.Westermann, Stuttgart 1989, S.79ff.; anders z.B. S.Herrmann, BK XII/1, S.21.
17. Vgl. ZAW 101, 1989, S.23.
18. Vgl. E.Ruprecht, in: FS C.Westermann, 1989, S.79ff.
19. Vgl. zu ihnen zuletzt H.-J.Hermisson, Die »Königsspruch«- Sammlung im Jeremiabuch – von der Anfangs- zur Endgestalt, in: FS R.Rendtorff, 1990, S.277f. und besonders S.286.
20. Vgl. aber auch W.H.Schmidt, Jeremias Berufung. Aspekte der Erzählung Jer 1,4-9 und offene Fragen der Auslegung, in: Biblische Welten. FS M.Metzger, hg. W.Zwickel, OBO 123, Freiburg/Schweiz und Göttingen 1993, S.183ff.

nommen werden, ist es selbst bei einem Festhalten an der traditionellen Datierung schwierig geworden, ihren Kern in die Zeit zwischen 627 und 622 einzuordnen.[21] Ähnliche Probleme ergeben sich aus form- und redaktionsgeschichtlichen Gründen angesichts der wiederholten Versuche, aus dem Trostbüchlein für die Bewohner des ehemaligen Nordreiches in c.30 und 31 einen jeremianischen Kern herauszulösen und in die Frühzeit des Propheten zu datieren.[22]

Lehrsatz 4: *Die sog. Konfessionen Jeremias.* Besonders umstritten ist gegenwärtig die Eigenart der sog. *Konfessionen Jeremias* (Jer 11,18-12,6; 15,10-21; 17,12-18; 18,19-23 und 20,7-18). Einerseits werden sie noch immer als authentische Zeugnisse für die inneren und äußeren Leiden des Propheten angesichts der ihm aufgetragenen Untergangsbotschaft gedeutet. Andererseits werden sie als relativ späte redaktionelle Einfügungen zur Stärkung des angefochtenen Glaubens eschatologisch orientierter Frommer durch das Vorbild Jeremias beurteilt.

Zusatz 5: *Zu den sog. Konfessionen.* Nachdem die Konfessionen teilweise schon in der Forschung des 19.Jh.s als redaktionell beurteilt wurden, hat *Walter Baumgartner* (1917) ihre Authentizität mittels des Nachweises ihrer formgeschichtlichen Abhängigkeit von den Klageliedern des Einzelnen zu erweisen gesucht, wie sie uns in den Psalmen begegnen.[23] Nach ihm hätte sich Jeremia bei seinen Konfessionen dieser ihm gewiß geläufigen Gebetsform bedient. Mit dieser Rekonstruktion hat Baumgartner bis heute ein nachhaltiges Echo bei Gelehrten wie *F.D. Hubmann* (1978), *J.A. Thompson* (1980), *Norbert Ittmann* (1981), *Ferdinand Ahuis* (1982), *Herbert Donner* (1982), *Siegfried Herrmann* (1987 und 1989) und *Winfried Thiel* (1987) gefunden. Andererseits hat die Überlegung, daß sich für diese Lieder letztlich nur ein Sitz im Buch, aber kein Sitz in der Verkündigung des Propheten denken läßt, Forscher wie *Antonius H.J. Gunneweg* (1970), *Peter Welten* (1977), *K.-F.Pohlmann* (1989) und *D. H. Bak* (1990) veranlaßt, sie als nachträgliche Deutung des Lebens des Propheten (*Gunneweg* und *Welten*) im Interesse der Selbstidentifikation durch ihre eschatologischen Erwartungen unter Leidensdruck geratener Kreise in der Perserzeit (*Pohlmann* und *Bak*) zu deuten. Der im Rückblick wie eine vermittelnde Position anmutende Versuch von *Henning Graf Reventlow* (1963), die Lieder als Niederschlag der liturgischen Rolle des Propheten als Vorbeter des Volkes zu verstehen, hat dagegen keine Anhänger gefunden.

Lehrsatz 5: *Die Heilsworte des Jeremiabuches.* In der gegenwärtigen Forschung besteht breitere Übereinstimmung darin, daß bestenfalls in den c.3; 30 und 31

21. So z.B. noch R.Albertz, Jeremia 2-6 und die Frühzeitverkündigung Jeremias, ZAW 94, 1982, S.20ff.
22. Vgl.dazu C.Westermann, Prophetische Heilsworte im Alten Testament, FRLANT 145, Göttingen 1987, S.105ff. und E.Ruprecht, FS C. Westermann, 1989, S.88.
23. Vgl. dazu Bd. 3, § 27.

knappe ältere an Israel gerichtete Heilsworte zu suchen sind. Ihre Abgrenzung und ihr Bestand wird unterschiedlich bestimmt. Doch bleibt fraglich, ob die von den Redaktoren übernommenen und weitergebildeten Heilsworte jeremianischen Ursprungs sind. Daher ist die Hypothese einer jeremianischen Heilsverkündigung für Israel und vollends für Juda fraglich.[24]

Zusatz 6: Zu den Heilsworten im Jeremiabuch. Die Tendenz, Jeremia wenigstens einen gewissen Teil der in den c.30 und 31 zusammengeschlossenen Heilsworte zuzuschreiben, läßt sich bis in die Forschung um die Jahrhundertwende zurückverfolgen. Nachdem die Frage nach dem Vorliegen jeremianischer Heilsworte in dieser Sammlung bei *Wilhelm Rudolph* und *Artur Weiser* ihren Höhepunkt erreicht hatte,[25] bahnte sich der Rückschlag des Pendels seit ihrer Neuuntersuchung durch *Siegfried Herrmann* (1965) an, der allein die Israel- bzw. Rahel- und Ephraimsprüche 3,12aβ-13a und 31,15-17.18-20 dem Propheten zuwies. Einen größeren jeremianischen Grundbestand in den c.30 und 31 wollten *Siegmund Böhmer* (1976) und *Nelson Kilpp* (1990) auch in anderen Kapiteln des Buches zurückgewinnen.[26] Doch bleibt es selbst bei dem kritisch erneut zu reduzierenden Bestand der von der Grundredaktion der c.30-31 aufgenommenen älteren Heilsworte letztlich ungewiß, woher sie stammen.[27] Und dasselbe läßt sich auch im Blick auf 3,12f. sagen. Nach *Christoph Levin* (1985) wäre das Trostbüchlein auf der Grundlage frühexilischer Heilsworte fortgeschrieben worden. Dabei hätte die Verheißung vom Neuen Bund in 31,31-34 ihre letzte Ausgestaltung erst in spätalttestamentlicher Zeit erhalten.

Lehrsatz 6: Die Fremdvölkersprüche. Die Fremdvölkersprüche finden sich bei M in den c.46-51, bei G in 25,14-32,38. G besitzt auf diese Weise ein an das Ezechiel- bzw. das Protojesajabuch erinnernden Aufbau in Gestalt der Abfolge von

24. Zu der Bedeutung von Jeremias Ackerkauf 32,6-15 vgl. G.Wanke, Jeremias Ackerkauf: Heil im Gericht?, in: FS O.Kaiser, BZAW 185, 1989, S,265ff. Ein Problem für sich stellen die Einzelpersonen gegebenen Rettungsverheißungen dar.
25. A.Weiser schied lediglich 30,1-4 als auf Baruch zurückgehenden und 30,23f. und 31,38-40 als spätere Zusätze aus.
26. N.Kilpp, BThSt 13, 1990 schreibt Jeremia die Heilsworte für Juda 24*; 29,5-6; 32,6-15*, für die Bewohner des ehemaligen Nordreiches 3,12f.21-22a; 31,4-5a.15-16a.18-20 und vermutlich auch an Einzelpersonen und kleinere Gruppen 35,2-11*.19; 39,15f* und c.45* zu. Zu c.24 vgl. aber K.-F.Pohlmann, FRLANT 118, 1978, S.19ff.; zu 3,12f. C.Westermann, FRLANT 145, 1987, S.179; ein nicht mehr rekonstruierbares älteres Heilswort vermutet er, ebenda, hinter 3,19-25. C Westermann rechnet, S. 118. mit älteren, an Nordisrael gerichteten Heilsworten im Hintergrund von c.30-31, hält aber ihre Herkunft für nicht mehr bestimmbar. 31,15-22 beurteilt er S.110 als nachprophetisch. Für c.35,1-11.18-19 hat W.McKane, Jeremiah and the Rechabites, ZAW 100.S, 1988, S.106ff. nachexilische Entstehung vermutet.
27. Vgl.C.Westermann, a.a.O., S.118.

Worten gegen das eigene Volk, Fremdvölkersprüchen, Heilsworten und biographischem Anhang. Aber vermutlich ist die Anordnung der Textfolge in M ursprünglicher als in G.[28] Als jeremianisch werden gegenwärtig in der Regel maximal die Ägyptenorakel 46,3-12 und 46, 14-24 beurteilt, ohne daß sich die Möglichkeit einer anderen Herkunft ausschließen läßt.

Zusatz 7: *Zu den Fremdvölkersprüchen.* Auffallend sind die Beziehungen des Moaborakels 48,1-47 zu Jes 15-16 und die des Edomorakels 49,7-22 zu Obadja 1-10. Auch das Babelorakel in c.50 und 51 scheint nicht ohne Kenntnis des in Jes 13 überlieferten komponiert zu sein. Innerhalb des Buches entsprechen sich 49,18 und 50,40; 49,19-21 und 50,44-46; 49,22 und 48,40-41 sowie 50,41-43 und 6,22-24. Weder bei der von M noch bei der von G befolgten Abfolge der Völker läßt sich eine geographische Ordnung feststellen.[29] Bei der von M befolgten ist immerhin erkennbar, daß die beiden Weltmächte Ägypten und Babylon am Anfang und Ende stehen. An das näher gelegene Ägypten sind vier Nachbarn Judas, vor das ferner gelegene Babylon vier entfernter liegende Länder im Norden, Süden und Osten gestellt, wobei sich ingesamt ein chiastischer Aufbau abzeichnet (*Alexander Rofé*).[30] Vermutlich haben die Ausgestalter der Fremdvölkerwortsammlungen jeweils solche Texte und Nationen ausgewählt, denen der Prophet nach ihrer historischen Kenntnis den Untergang vorausgesagt haben konnte. Dabei dürfte der Gedanke des erfüllten Prophetenwortes gegen das eigene und die fremden Völker als Basis der Heilsworte eine entscheidende Rolle gespielt haben.[31] Der literarische Befund der Völkersprüche weist darauf hin, daß die Sammlung erst relativ spät in das Jeremiabuch aufgenommen ist. Ihre gründliche Neuuntersuchung ist wünschenswert.

Lehrsatz 7: *Die sog. Baruchbiographie.* Aufgrund des Berichtes in Jer 36, daß sich der Prophet bei der Aufzeichnung seiner Worte des Schreibers Baruch Ben Nerija bediente und für ihn in c.45 ein Heilswort überliefert ist, wurde im Anschluß an *Bernhard Duhm* (1901) bis zu dem Einspruch zumal von *Gunther Wanke* (1971) weithin damit gerechnet, daß Baruch als Zeitgenosse und Zeuge des Berichteten der Verfasser der Fremdberichte über den Propheten im Jeremiabuch gewesen ist. Daß es sich bei ihm um eine historische Persönlichkeit handelt, gilt durch den Fund seines Siegels als gewiß. Vermutlich ist er Inhaber des höchsten Hofamtes in Juda gewesen.[32] Aber da die Erzählungen unterschiedlichen Sammlungen entstammen und verschiedenen Redaktionsprozessen unterworfen waren, ehe sie ihre derzeitige Stellung erhielten, ist diese Hypothese überaus frag-

28. Vgl.dazu A.Rofé, The Arrangement of the Book of Jeremiah, ZAW 101, 1989, S.397.
29. Vgl. dazu oben, *Lehrsatz* 1 Anm.1.
30. A.Rofé, ZAW 101, 1989, S.396f.
31. Vgl. dazu auch oben, § 20 Lehrsatz 4.
32. Vgl. dazu D.Conrad in TUAT II/4, Gütersloh 1988, S.565f.

lich. Aufgrund von Jer 36 hat man in der Forschung bis über die Mitte des Jahrhunderts hinaus immer wieder versucht, den Inhalt der Baruch im 4. Jahr König Jojakims von Jeremia diktierten sog. *Urrolle* zu rekonstruieren; doch ist der Versuch durch die Einsicht belastet, daß es sich in c.36 um eine theologisch reflektierte literarische Komposition handelt.[33] Ob der Staatsschreiber Baruch, Sohn des Nerija, bei der Konservierung und Tradierung der Jeremiaüberlieferung tatsächlich eine entscheidende Rolle spielte oder er als Träger eines bekannten Namens symbolischen Charakter besitzt, wird vermutlich in der Forschung umstritten bleiben.[34] Aus Jer 36 hat man nach dem Zeugnis des apokryphen Baruchbuches jedenfalls schon in spätalttestamentlicher Zeit den Schluß gezogen, daß Baruch der Schreiber des ganzen Jeremiabuches gewesen ist.

Zusatz 8: *Zum literarischen Problem der sog. Baruchbiographie.* Schon *Claus Rietzschel* (1966), *Martin Kessler* (1966), *Henning Graf Reventlow* (1969) und *Ernest W. Nicholson* haben die Hypothese der Baruchbiographie aufgrund von Beobachtungen an den c.26; 36 und 45 bzw. dem ganzen Erzählgut bestritten. *Nicholson* erkannte, daß die Erzählungen ihre gegenwärtige Gestalt erst während des Exils in dtr Kreisen erhalten haben (1970). Fast gleichzeitig bestimmte *Winfried Thiel* den Umfang ihrer dtr Redaktion (1970 bzw. 1973 und 1981). Unmittelbar darauf hat *Gunther Wanke* (1971) nachgewiesen, daß die als Fremdberichte stilisierten Jeremiaerzählungen vier primär selbständigen Überlieferungskomplexen angehören: 1. 19,1-20,6*; 26-29 und 36, wobei sich 26+28+36* noch einmal als ihrerseits ältere Kompositionen zu erkennen geben; 2. die sog. Leidensgeschichte c.37-43 (44); 3. das Baruchorakel und 4. der Bericht von der gegen Babel gerichteten symbolischen Handlung 51,59-64.[35] Die Genese der c.37-44 ist dann weiterführend von *Karl-Friedrich Pohlmann* (1978) untersucht worden. Er kam dabei zu dem Ergebnis, daß diese Kapitel in ihrer überlieferten Gestalt das Produkt einer golaorientierten Bearbeitung sind, die sich auch sonst im Jeremiabuch nachweisen läßt. Ihr Programm, daß weder die im Lande Zurückgebliebenen noch die ägyptische Diaspora, sondern die 597 nach Babylonien Deportierten das wahre Israel sind, wird bereits in 21,1-10 und c.24 in der Form

33. Vgl. dazu C.Rietzschel, Problem der Urrolle, 1966, S.105ff.; H. Graf Reventlow, ZAW 81, 1969, S.341ff.; E.W.Nicholson, Preaching to the Exiles, 1970, S.45 und R.P.Carroll, OTL, S.662ff.

34. Vgl. auch Jer 32,12f.16 und 43,3.6f. sowie 51,59, wo Seraja, dem Sohn Nerijas, und also dem Bruder Baruchs, durch Jeremia die Ausführung einer Zeichenhandlung aufgetragen wird.

35. Anders neuerdings A.Graupner, Auftrag und Geschichte des Propheten Jeremia. Literarische Eigenart, Herkunft und Intention vordtr Prosa im Jeremiabuch, BThSt 15, Neukirchen-Vluyn 1991, nach dem die Jeremiaerzählungen in ihrem Grundbestand vom selben Verfasser (vermutlich Baruch selbst) stammen und als literarische Fortschreibungen eines vordtr Jeremiabuches konzipiert sind.

von Weissagungen entfaltet. *Pohlmann* sucht die Verfasser dieser Bearbeitungsschicht in den Kreisen der aus der Gola zurückgekehrten geistigen Oberschicht Jerusalems im 4.Jh. Die dieser Bearbeitung in den c.37-42* vorgegebene Grunderzählung hätte 37,11-38,28* und 40,11-41,18* umspannt und wäre frühestens um die Mitte des 6.Jh.s, vermutlich aber noch später entstanden. Diese Analyse impliziert, daß die Erzählung von der Verschleppung Jeremias nach Ägypten erst zum jüngsten Erzählgut des Buches gehört. *Pohlmanns* Beurteilung der c.37-43* ist grundsätzlich durch die breit angelegte Untersuchung von *Christopher R. Seitz* (1989) bestätigt worden, die sich zunächst um eine Rekonstruktion der sozialen Kräfte und geschichtlichen Entscheidungen in Juda von 712-597 und die Beurteilung der Ereignisse des Jahres 597 bei Ezechiel und im Deuteronomistischen Geschichtswerk bemüht. *Seitz* kommt zu dem Ergebnis, daß der Autor der von ihm als *Scribal Chronicle* angesprochenen Grundschrift in den c.37-42* zu dem Kreis um Gedalja und vermutlich wie dieser zur Schaphan-Familie gehörte, vgl. Jer 26,24; 39,14 und II Reg 22,12-14, aber bereits in Babylonien wirkte. Diese Chronik sei erst durch eine im Exil wirkende Redaktion in das Jeremiabuch aufgenommen, die ihrerseits die nach Ägypten abgezogene Gruppe negativ beurteilt, c.42 entsprechend bearbeitet und c.43 und 44 angefügt hätte. Im gleichen Zuge hätte die Redaktion c.36 vor c.37 und c.45 hinter c.44 gestellt, um auf diese Weise die Anschauung der Chronik zu revidieren, die den 597 im Lande Zurückgebliebenen Anteil am zukünftigen Heil in Aussicht gestellt hatte. Gleichzeitig hätte sie c.45 in dasselbe 4. Jahr Jojakims wie c.36 datiert, um so zum Ausdruck zu bringen, daß die Ankündigung des Gerichtes Jahwes über alles Fleisch in 45,5 in Kraft bleibe und auch für Ägypten gelte.

Bemerkung 2: *Zur Komposition der Erzählungen.* Die Fremdberichte vom Wirken und Leiden Jeremias in den c.26-29+32+34-44 lassen sich in die c.25-36* und 37-43(44) aufteilen. Die erste Textfolge vom *Wirken Jeremias* bezeugt, daß der Prophet vom 4. Jahr Jojakims (605/4) über das 4. Jahr Zedekias (594/3) bis zu dessen 11. Jahr das Jerusalem bevorstehende Unheil angekündigt (c.[25]; 26; 35 und 36), dann zur Anerkennung der Oberherrschaft Nebukadnezars aufgefordert (c.27; 28; 29 und 32) und schließlich das katastrophale Ende des ganzen Reiches vorausgesagt hat (c.34). Dabei sind je zwei Texte aus der Zeit Jojakims (c.25 und 26 bzw. 35 und 36) vor und hinter die in der Zeit Zedekias handelnden Erzählungen (c.27-28+29+32+34) gesetzt worden. Der sich damit abzeichnende, von *Alexander Rofé* nachgewiesene Aufbau[36] ist offensichtlich durch die *nachträglichen Einfügungen* des Trostbüchleins für Israel c.30-31 und c.33 gestört worden. – Die zweite Textfolge, die sog. *Leidensgeschichte Jeremias* in den c.37-44 berichtet in den c.37-39, wie der Prophet König und Volk bis zum letzten Augenblick vergeblich zur Kapitulation geraten hat und deshalb gefangengesetzt wurde, bis er nach der Einnahme der Stadt auf Nebukadnezars ausdrückli-

36. Vgl. ZAW 101, 1989, S. 390ff.

chen Befehl freigelassen wurde. Die Heilsworte für den Äthiopier Ebed-Melech in 38,15-18 und für Baruch in c.45 unterstreichen, daß der Gehorsam gegenüber dem Prophetenwort den Weg zum Überleben bedeutet hätte (und weiterhin bedeutet). Beide zusammen dienen dem Schuldaufweis für das katastrophale Ende des judäischen Reiches in den Jahren 597 und 587. Die jetzt mit dem Bericht von der Ermordung des Statthalters Gedalja verbundene Erzählung von Jeremias Warnung vor der Flucht nach Ägypten, seiner Verschleppung nach dort und seinem Gerichtswort gegen die nach Ägypten gezogenen Juden in 42,17-44,30 ist vermutlich erst das Ergebnis einer golaorientierten Redaktion und beansprucht die geistige Führung des Judentums für die sich aus den Kreisen der Gola rekrutierende Oberschicht des nachexilischen Jerusalems.

Bemerkung 3: *Dtr und nachdtr Texte im Jeremiabuch.* Als dtr und nachdtr sind in Jer 1-45 im Anschluß an *Winfried Thiel* folgende Texte zu betrachten: 1,1-3*.7bβ.9-10. 16-19; 2,5b.20b. 26b; 3,6-13 (ohne 12aβ-13bα). 14-18; 4,3-4*; 5,18-19; 6,18-19?; 7,1-8,3 (ohne 7,4. 9a. 10a*. 11*. [12?]. 14*. 18abα. 21b. 28b. 29); 8,4aα. 19b; 9,11-15; 10,1-16; 11,1-14. 17-12,6 (ohne 11,21-23*?; 12,1-5); 12,14-17; 13,10a*. 11. 12-14*; 14,1-15,4 (ohne 14,2-10. 12a. 17. 18); 16,3b. 4b. 9aβ*. 10-13. 16-18. 19-21; 17,2*. 5-11?. 12. 13. 19-27; 18,1. 7-11. 12. 18; 19,2b-9. 11b-15; 20,1*. 6*.(12). 13; 21,1-10; 22,1-5. 8-9. 11-12. 17b. 18a*. 24*. 25-27. 28*. 29?. 30b?; 23,1-4. 7-8. 15a*.17. 18. 32. 34-40; 24,1-10; 25,1-38; 26,3. 4b. 5. 6*. 13; 27,5-10. 12-15. 16-22; 28,1aα$_1$*. 16bβ; 29,2. 4b. 8-24. 25*. 31aβb. 32aβb; 30,1-3; 31,27-34 (35-40); 32,(1-6a). 16-44; (33); 34,1. 2ab*. 8a. 9aβb. 12b*.13b-17. 18aβ. 19-22; 35,1.7bβ. 13-18; 36,2b$_1$. 3. 7. 31; 37,1-2. 19; 38,2. 22-23; 39,1-2. 4-10. 13. 15b. 16aβ. 17. 18b; 40,1*. 2b-3; 42,10-16. 17aβ*. bβ. 18-22; 43,1*. 4. 7. (13); 44,1-14.15*.17aβ. 18b. 20-23. 24aα*b. 25a. 26a. 27. 28b; 45,1b. 2. 5bα.[37] – Aus den oben in *Zusatz* 5 genannten Gründen sind auch die sog. Konfessionen in 11,18-12,6; 15,10-21; 17,12-18; 18,19-23 und 20,7-18 als jüngere redaktionelle Einfügungen zu betrachten.

Lehrsatz 8: *Der Prophet Jeremia.* Jeremia stammte nach 1,1 aus Anatot, das im Fall seiner zutreffenden Identifikation mit dem Dorf ᶜAnata in der Luftlinie rund 5 km nördlich von Jerusalem lag. Sein Vater Hilkia gehörte zu den dort lebenden Priesterfamilien. Über eine priesterliche Tätigkeit Jeremias besitzen wir keinerlei Nachrichten. Ob er 627/6 oder erst 609 zum Propheten berufen wurde, ist umstritten. Seine prophetische Wirksamkeit läßt sich eindeutig jedenfalls erst seit 609 nachweisen. Er hat das kommende Unglück des judäischen Reiches vorausgesagt und nach seinem Eintreffen beklagt. Wegen der Ausrichtung seiner Unheilsbotschaft ist er während des letzten Jahres der Belagerung Jerusalems gefan-

37. K.-F.Pohlmann, FRLANT 118, S.225 weist als Grundtext in den c.37-44 aus: 37,11-16; 38,7-14. 17. 19-22. 24-28a.28b; 39,3.14; 40,(10)11-41,3.8.9.10*.11-15.16*.17*.18; 42,1*.2-5. 7*.8. 9-10. (11)13a.14.16.

gengesetzt worden. Nach der Eroberung der Stadt ist er nicht nach Babylonien deportiert worden. Eine jüngere Überlieferung will wissen, daß er nach der Ermordung Gedaljas nach Ägypten verschleppt worden sei. In exilischer und nachexilischer Zeit sind seine Worte und die Erzählungen von seiner Wirksamkeit mehrfach ausgestaltet und fortgeschrieben worden, um dem unter dem Exilsgeschick leidenden Israel die Möglichkeit zu geben, seine Knechtschaft als Folge der Schuld der Väter und zugleich als Machterweis Jahwes zu akzeptieren, es zur Alleinverehrung Jahwes und zum Gehorsam gegen seine Weisung aufzurufen und ihm die Hoffnung auf die künftige Befreiung durch seinen Gott zu geben.

Literatur: Smend, Entstehung[4], § 26; W.H.Schmidt, Einführung[4], § 19; Kaiser, Einleitung[5], § 24h; S.Herrmann, Art. *Jeremia/Jeremiabuch*, TRE 16, 1987, S.568ff.; ders., Jeremia. Der Prophet und das Buch, EdF 271, Darmstadt 1990; W.Thiel, Ein Vierteljahrhundert Jeremia-Forschung, VuF 31, 1986, S.32-52: P.R.Carroll, Jeremiah, OTGuides, Sheffield 1989. – S.Mowinckel, Zur Komposition des Buches Jeremia, VS II, 1913, Kristiania 1914; W.Baumgartner, Die Klagegedichte des Jeremia, BZAW 32, Gießen 1917; F.Horst, Die Anfänge des Propheten Jeremia, ZAW 41, 1923, S.94ff.; A.C.Welch, Jeremiah. His Time and His Work, Oxford 1928 (1955); H.Kremer, Leidensgemeinschaft mit Gott im AT. Eine Untersuchung der »biographischen« Berichte im Jeremiabuch, EvTh 13, 1955, S. 122ff.; W.L.Holladay, Prototype and Copies: A New Approach to the Poetry-Prose Problem in the Book of Jeremiah, JBL 79, 1960, S.315ff.; O.Eißfeldt, Jeremias Drohorakel gegen Ägypten und gegen Babel, in: Verbannung und Heimkehr. FS W.Rudolph, Tübingen 1961, S.31ff. = ders., Kl.Schriften IV, hg. R.Sellheim und F.Maass, Tübingen 1968, S.32ff.; H.Graf Reventlow, Liturgie und prophetisches Ich bei Jeremia, Gütersloh 1963; ders., Gattung und Überlieferung in der »Tempelrede Jeremias«, ZAW 81, 1969, S.315ff.; C.Rietzschel, Das Problem der Urrolle. Ein Beitrag zur Redaktionsgeschichte des Jeremiabuches, Gütersloh 1966; M. Kessler, Jeremiah Chapters 26-45 Reconsidered, JNES 27, 1968, S.81ff.; S.Herrmann, Die prophetischen Heilserwartungen im Alten Testament, BWANT 85, Stuttgart 1965; E.W.Nicholson, Preaching to the Exiles. A Study of the Prose Tradition in the Book of Jeremiah, Oxford 1970; G.Wanke, Untersuchungen zur sogenannten Baruchschrift, BZAW 132, Berlin 1971; W.Thiel, Die deuteronomistische Redaktion von Jeremia 1-25, WMANT 41, Neukirchen-Vluyn 1973; ders., Die deuteronomistische Redaktion von Jeremia 26-45, WMANT 52, Neukirchen-Vluyn 1981; ders., Jeremia, in: G.Wallis, hg., Zwischen Gericht und Heil. Studien zur atl. Prophetie im 7. und 6.Jh.v.Chr., Berlin 1987, S.35ff.; H.Weippert, Die Prosareden des Jeremiabuches, BZAW 132, Berlin 1973; S.Böhmer, Heimkehr und Neuer Bund. Studien zu Jeremia 30-31, GThA 5, Göttingen 1976; K.-F.Pohlmann, Studien zum Jeremiabuch, FRLANT 118, Göttingen 1978; ders., Die Ferne Gottes. Studien zum Jeremiabuch. Beiträge zu den »Konfessionen« im Jeremiabuch und ein Versuch zur Frage nach den Anfängen der Jeremiatradition, BZAW 179, Berlin – New York 1989; W.McKane, Relations between Poetry and Prose in the Book of Jeremiah with Special Reference to Jeremiah III 6-11 and XII 14-17, in: Congress Volume Vienna 1980, ed. J.A.Emerton, SVT 32, 1981, S.220ff.; N.Ittmann, Die Konfessionen Jeremias. Ihre Bedeutung für die Verkündigung des Propheten, WMANT 54, Neukirchen-Vluyn 1981; P.-M.Bogaert, ed., Le livre de Jérémie. Le prophète et son milieu, les oracles et leur transmission, BEThL 54, Leuven 1981; R.Ahuis, Der klagende Gerichtsprophet, CThM.A 12, Stuttgart 1981; R.P.Carroll, From Chaos to Covenant. Uses of Prophecy in the Book of Jeremiah, London 1981; Chr. Levin, Die Verheißung des neuen Bundes in ihrem theologiegeschichtlichen Zusammenhang ausgelegt, FRLANT 137, Göttingen 1985; R.Liwak, Der Prophet und die Geschichte. Eine literarhistorische Untersuchung zum Jeremiabuch, BWANT 121, Stuttgart u.a. 1987; Chr.R.Seitz, Theology in Conflict. Reactions to the Exile in the Book of Jeremiah, BZAW 176, Berlin – New York 1989; W.Beyerlin, Reflexe der Amosvisionen im Jeremiabuch, OBO 93, Freiburg/Schw. und Göttingen 1989; N.Kilpp, Niederreißen und Aufbauen. Das Verhältnis von Heilsverheißung und Unheilsverkündigung bei Jeremia und im Jeremiabuch, BThSt 13, Neukirchen-Vluyn 1990; H.-J.Hermisson, Die »Königsspruch«-Sammlung im Jeremiabuch – von der Anfangs- zur Endgestalt, in: E.Blum, Chr.Macholz und E.W.Stegemann, hg., Die Hebräische Bibel und ihre zweifache Nachgeschichte. FS R.Rendtorff, Neukirchen-Vluyn 1990, S.277ff.; D.H.Bak, Klagender Gott – Klagende Menschen. Studien zur Klage im Jeremiabuch, BZAW 193, Berlin – New York 1990; A. Graupner, Auftrag und Geschick des Propheten Jeremia. Literarische Eigenart, Herkunft und Intention vordtr Prosa im Jeremiabuch, BThSt 15, Neukirchen-Vluyn 1991.

Kommentare: KHC Duhm 1901 – KAT[1] Volz 1922 – IB Hyatt 1956 – HAT Rudolph (1947) 1968[3] – ATD Weiser I 1952 II 1955 (1981[8]) – CBC Nicholson I 1973 II 1975 – NIC Thompson 1980 – NEB Schreiner I 1981 II 1984 – ICC McKane I 1986 – Her Holladay I 1986 II 1988 – BK Herrmann I 1986ff.

§ 23 Ezechiel oder das Buch von der Zukunft der Gola und der Heimkehr der Diaspora

Von Karl-Friedrich Pohlmann

Lehrsatz 1: *Das Ezechielbuch*. In seiner überlieferten Gestalt will das Ezechielbuch mit seinen 48 Kapiteln das Buch der Schauungen und Worte des Priesters oder Priestersohnes Ezechiel, Sohn des Busi, sein (1,3). Es gliedert sich vor allem in vier Teile. In seinem 1., aus den c.1-24 bestehenden Teil finden sich überwiegend durch den Propheten Ezechiel übermittelte Unheilsankündigungen Jahwes gegen das Haus Israel und zumal gegen Jerusalem. Der die c.25-32 umspannende 2. Teil enthält ausschließlich gegen Fremdvölker gerichtete Unheilsankündigungen. Im 3., die c.33-39 enthaltenden Teil begegnen fast ebenso ausschließlich Verheißungen Jahwes für sein eigenes Volk. Der 4. Teil mit den c.40-48 wird in der Regel als Verfassungsentwurf Ezechiels bezeichnet. Seiner Eigenart nach setzt er die Heilsverkündigung des 3. Teils fort. Mithin entspricht die Anordnung der Texte dem sog. dreigliedrigen eschatologischen Schema, an dem sich auch der Aufbau des Jesaja- und vor allem der des Jeremiabuches orientiert.[1] Auf diese Weise soll das Buch das planvolle Wirken Jahwes in der Geschichte aufdekken und zum Vertrauen in die Heilsbotschaft führen: Wie sich die dem im Exil lebenden Propheten teilweise visionär vermittelten Jahweworte (c.1-3 und 8-11) erfüllt haben und das durch sie angesagte und zudem durch Zeichenhandlungen (c.4-5; 21; 24) vorabgebildete Unheil in Juda und Jerusalem eingetreten ist (c.1-24), so bezeugen die c.25-32 Jahwes Macht über die Völker, so daß der Leser darauf vertrauen darf, daß sich die Ezechiel unmittelbar nach der Katastrophe und in der Folgezeit eröffneten, wiederum teilweise visionär vermittelten[2] Verheißungen ebenfalls erfüllen werden (c.33-39 und 40-48). Sie kündigen an, daß das verwüstete Land (c.35) wieder seine einstige Fruchtbarkeit zurückerhalten, daß Jahwe die Exilierten und Zerstreuten sammeln, in die Heimat zurückbringen und mit einem neuen Herzen und Geist ausstatten werde (c.36), nachdem er sie bereits im Exil zu neuem Leben erweckt hat (37,1-10). Dann würden die wieder geeinten Völker Israel und Juda unter der Leitung eines anderen David in einem neuen von Jahwe gewährten Bundesverhältnis in Sicherheit im Lande leben (37,15-28). Diese würde durch die Vernichtung des letzten Weltfeindes gewährleistet, den Jahwe auf den Bergen Israels vernichten werde (c.38-39). Und schließlich durfte der Prophet bereits den wiedererrichteten Jerusalemer Tempel und die in ihn zurückkehrende »Herrlichkeit« Jahwes schauen und sich Einzelheiten des in dem Tempel zu vollziehenden Jahwedienstes sowie der Reorganisa-

1. Vgl. dazu oben, § 21 und § 22.
2. Vgl. c.37 und 40,1ff.

tion des Landes erläutern lassen (c.40-48).

Zusatz 1: *Zur Stellung des Buches im Kanon.* Die Hebräische Bibel ordnet das Buch an dritter Stelle unter den *Hinteren* oder *Späteren Propheten* ein und zwar hinter Jesaja und Jeremia und vor dem Zwölfprophetenbuch. Die Septuaginta kennt die Abfolge Jesaja, Jeremia (Bar, Thren, Ep.Jer), Ezechiel (Susanna) und Daniel. Ihrer Anordnung zwischen Jeremia und Daniel folgen grundsätzlich auch die modernen Bibelübersetzungen. Der babylonische Talmud (Baba Batra f.14b) kannte gemäß taanitischer[3] Tradition auch die Abfolge Jeremia, Ezechiel und Jesaja.[4]

Bemerkung 1: *Die Bezeugung des Textes durch die Septuaginta.* Die griechische Übersetzung[5] ist nicht nur eine unverzichtbare Hilfe für die Textherstellung[6] bei der gelegentlich starken Textverderbnis des hebräischen Textes (vgl. z.B. c.7 und 21),[7] sondern mit dem aus der 1.Hälfte des 3.Jh.s n.Chr. stammenden vorhexaplarischen Papyrus 967 möglicherweise auch ein wertvoller Zeuge für eine gegenüber der von der allgemeinen Textüberlieferung bezeugten ältere Textanordnung im Bereich der c.36-39.[8]

Zusatz 2: *Zum Inhalt des Buches.* a) *Gerichtsworte gegen Jerusalem und Juda c.1-24*: c.1-3: Vision (Berufung und Sendung, das Wächteramt Ezechiels); c.4-7 Zeichenhandlungen und Gerichtsworte (Jerusalems Untergang); c.8-11 Vision (die Verschuldungen in Jerusalem, das Gericht); c.12 Zeichenhandlung (die Exilierung der Jerusalemer); c.13,1-14,11 wider falsche Propheten; 14,12-23 die Überlebenden des Gerichts; c.15-17 und 19 Bildworte (Jerusalem c.15 als nutzloses Rebholz; c.16 als treulose Frau Jahwes; Jojachin und Zedekia; c.17 der Zedernwipfel und der niedrige Weinstock; c.19 das Königtum: die Löwin und der Ver-

3. Unter den Tanaiten versteht man die autoritativen rabbinischen Lehrer des 1.-3.Jh.s n.Chr., deren Lehrmeinungen in der Mischna gesammelt sind; vgl. H.L.Strack und G.Stemberger, Einleitung in Talmud und Midrasch, Beck'sche Elementarbücher, München 1982[7], S.16f.
4. Vgl. dazu M.Greenberg, AB 22, S.3.
5. Maßgebliche Textausgabe: J.Ziegler, Ezechiel, Septuaginta. Vetus Testamentum Graecum Auctoritate Academiae Scientiarum Gottingensis editum, vol.XVI, pars 1, Göttingen 1977[2].
6. Zu den methodischen Problemen vgl. besonders J.Lust, The Use of Textual Witnesses for the Establishment of the Text. The Shorter and Longer Text of Ezekiel, in: BEThL 74, 1986, S.7ff.
7. Zur Bedeutung der allerdings nicht sehr zahlreichen hebräischen Textfragmente, die Kenntnis und Benutzung von Ez in Qumran belegen, vgl. J.Lust, Ezekiel Manuscripts in Qumran. Preliminary Edition of 4QEz a and b, in: BEThL 74, 1986, S.90ff.
8. Vgl. dazu z.B. W.Zimmerli, BK, S.118f. und besonders J.Lust, Ezekiel 36-40 in the Oldest Greek Manuscript, CBQ 43, 1981, S.517ff. Der Papyrus bezeugt die Reihenfolge c.36 (ohne V.23bβ-38).38-39.37.40-48.

lust ihrer Junglöwen, die Vernichtung des prächtigen Weinstocks); c.18 die Lehre von der individuellen Schuldhaftung; c.20 Geschichtsrückblick (die Widerspenstigkeit Israels gegen Jahwe seit Ägypten) und Zukunftsperspektive (die Sammlung der Zerstreuten); c.21 Gerichtsworte und Zeichenhandlungen (Jerusalem); c.22 die Verschuldungen Jerusalems und der Führungsschicht; c.23 Ohola und Oholiba, die beiden treulosen Frauen Jahwes Samaria und Jerusalem; c.24 Zeichenhandlungen (Jerusalems Untergang).

b) *Fremdvölkersprüche c.25-32*: c.25 Ammon, Moab, Edom, Philister; c.26-28 Tyros und Sidon; c.29-32 Ägypten; darin Bildworte: c.27 Tyros als Schiff; c. 29 und 32 Der Pharao als Krokodil, c.31 Der Pharao als Zedernbaum.

c) *Heilsworte c.33-39*: c.33 das Wächteramt, die völlige Verwüstung des Landes; c.34 die Hirten Israels und ihre Schafe: das künftige Heil (Jahwe und sein Knecht David, Friedensbund, Fruchtbarkeit im Lande, Sicherheit); c.35 Gerichtswort über Seïr/Edom; c.36 Heil für die Berge Israels, die Sammlung, Reinigung und Erneuerung der Zerstreuten; c.37,1-14 Vision (die Wiederbelebung der Totengebeine); 37,15ff. Zeichenhandlung (die Wiedervereinigung von Nord- und Südreich); c.38-39 Ankündigung des Zuges des Gog aus Magog gegen das Land und seiner Vernichtung.

d) *Vision vom neuen Tempel, neuen Jerusalem und heiligen Land c.40-48*: c.40-42 Vision vom neuen Tempel, c.43 der Rückkehr der Herrlichkeit Jahwes in den Tempel, vom Altar und seiner Weihe, c.44 vom Osttor und Anweisungen für den Dienst im Tempel; c.45-46 die Größe und Verteilung des neuen Jerusalems, Anweisungen über den Zutritt zum Tempel und den Priesterdienst, die kultischen Aufgaben und die Versorgung des Fürsten, Vision von den Opferküchen, c.47-48 Vision von dem unter dem Osttor des Tempels entspringenden Paradiesesstrom, Anweisungen über die Grenzen und die Verteilung des Landes.

Lehrsatz 2: *Ezechiel. Person, Zeit und Ort seiner Wirksamkeit nach den Angaben des Buches*. In 1,1-3,15 wird Ezechiel als Angehöriger jener Deportierten vorgestellt, die Nebukadnezar 597 v.Chr. aus Jerusalem nach Babylonien verschleppen ließ. Nach II Reg 24,10ff. befand sich unter ihnen außer König Jojachin und seiner Familie auch der überwiegende Teil der Oberschicht. Als Aufenthaltsort des Propheten werden in 3,15 Tel Abib bzw. in 1,1.3; 3,23; 10,15.22 und 43,3 die Gegend am Fluß (bzw. Kanal) Kebar angegeben. Aus dem Ortsnamenselement Tel[9] erschließt man, daß den Exulanten ein aufgegebener Ort zur Wiederbesiedlung angewiesen worden war. Am Kebar, einem Seitenarm des Euphrat, vermutlich nicht unweit des alten Nippur, soll Ezechiel nach 1,2b *im 5. Jahr nach der Verbannung König Jojachins* berufen worden sein (1,3-3,15). Nach 24,15ff. wäre

9. D.h.: Ruinenhügel.

er verheiratet gewesen, hätte jedoch seine Frau durch plötzlichen Tod zu dem gleichen Zeitpunkt verloren, in dem Nebukadnezar mit der Belagerung Jerusalems begann. Über seine sonstigen persönlichen Verhältnisse ist uns abgesehen davon, daß er nach 3,24 und 8,1 (vgl. auch 12,1ff.) ein eigenes Haus besessen hätte, kaum etwas bekannt. Nach 8,1; 14,1 und 20,1 wäre sein Ansehen bei seinen Schicksalsgefährten so groß gewesen, daß die Ältesten zu ihm zu kommen pflegten, um Jahwe zu befragen. Nach 33,30-33 hätten ihn die Leute auch sonst gern gehört, ohne jedoch seine Prophezeiungen zu respektieren. Die Wirksamkeit Ezechiels hätte sich nach den im Buch enthaltenen chronologischen Angaben[10] von 594/3 (1,2) bis 572 (29,17) erstreckt.[11] In der Zeit zwischen 594/3 (1,2) bis zum Beginn der Belagerung Jerusalems am 15.1.588 (24,1) hätte der Prophet in einer ersten Periode seiner Wirksamkeit Jerusalem und Juda das Gericht angesagt. Die in den c.25-32 folgenden Fremdvölkerorakel sind teils in die Zeit zwischen dem Beginn der Belagerung und der am 29.7.587 erfolgten Zerstörung Jerusalems bzw. dem Eintreffen der Nachricht von der Katastrophe bei Ezechiel am 19.1.586 (33,21) [29,1 (17.1.588); 30,20 (10.4.588); 31,1 (2.6.588)], teils in die anschließenden Jahre datiert (c.25 [implizit]; 26,1 [13.2. oder 15.3.586?]; 29,17 [8.4.572]; 32,1 [15.3,586]; 32,17 [29.3.? 586]). Nach der Kunde vom Fall Jerusalems (33,21) wären dem Propheten vor allem Verheißungen aufgetragen worden (c.34-37; 38-39). Die große Vision vom neuen Tempel und Lande der c.40-48 wäre ihm nach 40,1 im Jahr 574 zuteil geworden.

Bemerkung 2: *Der Name j^eḥæzqē'l,* Septuaginta Ιεζεκιηλ , Vulgata Hiezecihel, danach deutsch Hesekiel oder Ezechiel, taucht außer in der Überschrift in 1,3a nur noch in 24,24 auf. Er bedeutet: *Gott möge stärken.*[12]

Zusatz 3: *Zur Frage unterschiedlicher Verkündigungsphasen.* Da die Anordnung der Textgruppen eindeutig dem sog. dreigliedrigen eschatologischen Schema entspricht, liegt der Verdacht auf der Hand, daß die im vorliegenden Buch ablesbaren drei Wirkungsphasen Ezechiels nicht auf zuverlässiger Kenntnis seines Lebens, sondern auf einer prophetentheologischen Konstruktion beruhen. Das rät zur Vorsicht gegenüber Bemühungen, die überlieferte Textfolge biographisch umzusetzen. Das gilt sowohl im Blick auf die drei im Buch vorausgesetzten Verkündigungsphasen wie auf die dem Propheten zugeschriebenen eigentümlichen Zeichenhandlungen und Visionen. Der Rückschluß auf den historischen Ezechiel und gar seine psychische Konstitution ist erst möglich, wenn die Redaktionsgeschichte des Buches durchschaut und der Unterschied zwischen primären Überlieferungen und sekundären Ausgestaltungen erkannt ist.

10. Vgl. zu ihnen E.Kutsch, Die chronologischen Daten, OBO 62, 1985.
11. 5.Jahr der Exilierung Jojachins bzw. 27. Jahr.
12. Vgl. M.Noth, Die israelitischen Personennamen, BWANT III/10, Stuttgart 1928, Nr. 659 S.202.

Lehrsatz 3: Das literarische Problem des Buches. Angesichts der eigentümlichen Fortschreibungen der Orakel und Berichte des Buches, der visionären Entrükkung des Propheten nach Jerusalem, seiner teilweise an die Adresse der Jerusalemer gerichteten Worte und der sich zumal in der Chronologie und Stoffanordnung erweisenden Systematik des Buches stellt sich die Frage, ob es in seiner überlieferten Gestalt ganz oder überwiegend auf den Propheten Ezechiel und gegebenenfalls auch seine Schüler zurückgeht, ob es sich bei ihm um ein in einem längeren Fortschreibungs- und Ausgestaltungsprozeß entstandendes Werk oder gar um ein spätes Pseudepigraph handelt. Alle drei Erklärungsversuche besitzen bis heute ihre Anhänger. Die Entscheidung, welchem von ihnen die größere Wahrscheinlichkeit zukommt, kann nur aufgrund weiterer literar-, redaktions-, form- und tendenzkritischer Untersuchungen gefällt werden.

Zusatz 4: Zum Problem der literarischen Einheit des Buches. Das im 19.Jh. vorherrschende Verständnis des Buches hat *Rudolf Smend sen.* dahingehend zusammengefaßt, daß *das ganze Buch* als *die logische Entwicklung einer Reihe von Gedanken nach einem wohlüberlegten und z.Th. ganz schematischen Plan* zu betrachten sei, aus dem *man kein Stück herausnehmen* [könnte], *ohne das ganze Ensemble zu zerstören.*[13] Ezechiel sei *im Grunde...überhaupt kein Prophet mehr, sondern Seelsorger und Gesetzgeber* gewesen[14] und habe sein Buch als *schriftstellerische Einheit* geschrieben und gleichsam *am Abend seines Lebens seine Gesamtauffassung der damaligen Lage Israels wie seiner Vergangenheit und Zukunft dargelegt.*[15] Die kritische Rückfrage, ob sich im literarischen Gefüge des Buches nicht Risse erkennen ließen, setzte erst um die Jahrhundertwende sein. Überblickt man die wichtigsten Versuche, die sich einerseits deutlich abzeichnenden Strukturierungen und die andererseits nicht weniger auffälligen Spannungen umd Brüche im Aufbau des Buches zu erklären, ergibt sich folgendes Bild:

a) Die wohl einflußreichste, bis in unsere Zeit weithin als im wesentlichen zutreffend beurteilte Sichtweise wurde von *Johannes Herrmann* (1908) in seinen *Ezechielstudien* vorgetragen. Nach seiner Auffassung stellt das Buch keinen durchlaufenden Bericht, sondern *ein allmählich entstandenes Sammelwerk* von *lauter kleinen selbständigen Stücken* dar,[16] die er als *zumeist einzelne, nach Entstehungszeit und Inhalt selbständige Dokumente der langjährigen Tätigkeit Ezechiels* ansah.[17] Das Buch als Ganzes sei denn auch abgesehen von wenigen jüngeren Texten auf den Propheten selbst zurückzuführen, der seinerseits das Buch an vielen Stellen redaktionell bearbeitet hätte.[18] Das von *Herrmann* entwickelte Modell, nach dem der Prophet

13. Ezechiel, KeH, 1880, S.XXI.
14. Ebd., S.VI.
15. Ebd., S.XVI.
16. Vgl. BWANT 2, 1908, S.12 und S.62.
17. Vgl. S.7.
18. Vgl. S.62.

selbst der Verfasser und Fortschreiber des Buches gewesen wäre, hat in der Folge manche Anhänger gefunden, zu denen u.a. *Georg Fohrer* (1955), *Walther Eichrodt* (1959 und 1966), *Walther Zimmerli* (1969) und *Bernhard Lang* (1981) gehören. Dabei bestehen die Differenzen zwischen diesen Auslegern vor allem darin, daß sie die Intensivität der redaktionellen Fortschreibungen unterschiedlich einschätzen und dafür nicht nur den Propheten, sondern wie *Zimmerli* auch seinen Schülerkreis verantwortlich machen.[19] *Fohrer* ging in dieser Beziehung noch weiter, indem er zwar die Aufzeichnung und Fortschreibung der Einzelworte und Berichte Ezechiel selbst zuschrieb, für ihre Zusammenstellung und Anordnung unter thematischen und chronologischen Gesichtspunkten aber erst Spätere verantwortlich machte.[20] Ähnlich hätte nach *Thomas Krüger* (1989) eine kurz nach Ezechiel wirkende Redaktion das schon in Sammlungen vorliegende umfangreiche ezechielische Textgut gemäß seinen Gerichts- und Restitutionsankündigungen zweigliedrig geordnet und ergänzt und dadurch überhaupt erst ein Ezechielbuch geschaffen. Dieses *ältere* Buch favorisiere die babylonische Gola *als Boden und Ausgangsgruppe der Neukonstituierung Israels.*[21] Mit seiner wohl in die Makkabäerzeit anzusetzenden Überarbeitung zum vorliegenden Buch habe es schließlich den Stempel eines der Apokalyptik nachstehenden Geschichtsbildes erhalten.[22]

b) Eine andere Gruppe von Forschern hält zwar daran fest, daß gewisse Bestandteile des Buches auf den historischen Ezechiel zurückgehen, veranschlagt ihren Anteil jedoch gegenüber den redaktionellen Texten als relativ gering. So befand *Gustav Hölscher* (1924), die Kritik von *Johannes Herrmann* sei auf dem halben Wege stehengeblieben;[23] denn nach seiner eigenen Ansicht war der historische

19. Nach W.Zimmerli, BK XIII/2, S.109* »wird man schon beim Propheten selber neben der mündlichen Verkündigung rhythmisch geformter Worte ... mit der Zweitform der lehrhaften Kommentierung und weiteren Ausführung seines Wortes, d.h. mit einer Art ›Lehrhaus-Betrieb‹, rechnen müssen«. Im Einzelfall sei es allerdings oft unmöglich, »die Grenzlinie festzustellen, an der des Propheten eigene Arbeit in die der Schule übergeht.« Aus der Hand der Schule Ezechiels stamme zweifellos das vorliegende Ezechielbuch. Dabei sei der Prozeß der Gesamtredaktion von dem der Fortschreibung nicht mehr säuberlich zu isolieren. Bei der sukzessiven Entstehung des Buches seien zum Teil schon fest abgeschlossene Teilsammlungen wie z.B. 1,1-3,16a.22-17,24; 19,1-24,27; 33,21-39,29* zusammengefügt und Zusammenhänge störende Nachträge eingefügt worden (vgl. S.113f.*). Der Endredaktor habe »lieber Störungen der geordneten Reihenfolge der Daten in Kauf genommen, als daß er vorgefundene Textaussagen geändert hätte« (S.114).
20. HAT I/13, 1955, S.XI. Die Redaktion des Buches wäre nach seiner Ansicht zumal durch priesterliche Hände erfolgt, habe aber trotz ihrer Umstellungen, Verzahnungen und Glossierungen »das von Ez hinterlassene Erbe nicht verändert und das Bild des Propheten nicht wesentlich entstellt.«
21. BZAW 189, 1989, S.323.
22. A.a.O., S.470.
23. BZAW 39, 1924, S.3.

Ezechiel ein prophetischer Dichter, von dem daher auch nur poetisch geformte Texte stammen könnten. Unter Zugrundelegung dieses Kriteriums reduzierte sich ihm der ezechielische Bestand gegenüber den 1273 Versen des ganzen Buches auf maximal 170.[24] Den Rest beurteilte er als das Ergebnis pseudepigraphischer Schriftstellerei aus dem 5.Jh.v.Chr.[25]

Auch *Volkmar Herntrich* (1932) rechnete mit einer einschneidenden Bearbeitung älterer Texte. Aber während *Hölscher* den Grundbestand auf den im Exil wirkenden Propheten zurückführte, lokalisierte er den historischen Ezechiel im Jerusalem der letzten Jahre vor der Katastrophe. Erst ein Redaktor hätte die von dem Propheten hinterlassenen Fragmente in den babylonischen Rahmen des überlieferten Buches gestellt.[26] Dabei zeige sich seine Tendenz, der Gola Jojachins die geistige Führung des exilischen Israel zu sichern, am deutlichsten in 14,21-23*.[27] Das von *Herntrich* gesehene Problem des Neben- und Miteinanders von palästinischen und exilischen Elementen im Ezechielbuch hat bis heute seine Aktualität nicht verloren. Daher rechnet eine ganze Reihe von Forschern mit der Möglichkeit einer zeitweisen Wirksamkeit Ezechiels in Palästina.[28]

Die Bedeutung der Arbeiten von *Gustav Hölscher* und *Volkmar Herntrich* liegt jedenfalls darin, daß sie die Schwierigkeiten und Unwägbarkeiten auf dem Weg zum historischen Ezechiel und seinen Worten deutlicher als ihre Vorgänger bewußt gemacht haben.[29]

Noch radikaler als beide hat freilich *Jörg Garscha* (1974) den Befund beurteilt; denn nach ihm wären überhaupt nur 17,1-10* und 23,2-25* mit einem Propheten Ezechiel zu verbinden. Im Rückgriff auf diese Texte wie unter Verwendung weiterer Überlieferungen (wie z.B. c.19; 23,31-34) sei zunächst in exilischer Zeit ein *Prophetenbuch* komponiert worden. Dieses sei später durch eine *deuteroeze-*

24. Nach W.Zimmerli, BK XIII/2, S.8* blieben Hölscher lediglich 144, nach B.Lang, EdF 153, S.7 jedoch 147 Verse als ezechielisch zurück.
25. Ähnlich führte auch W.A.Irwin, Problem, 1943, nur 251 Verse auf den Propheten zurück.
26. BZAW 61, 1932, S.126.
27. Vgl. S.127f.
28. Vgl. z.B. A.Bertholet, HAT I/13, 1936; weitere Vertreter bis 1949 bei G.Fohrer, BZAW 72, 1953, S.8ff.; später z.B. S.Herrmann, BWANT 85, 1965, S. 283; P.R.Ackroyd, Exile and Restoration, OTL, London 1968, S.106 Anm.20; vgl. auch J.Garscha, EHS.T 23, 1974, S.286ff.; weitere Vertreter bis 1980 bei B. Lang, EdF 153, 1981, S.8ff.; vgl. auch H.F.Fuhs, in: BEThL 74, 1986, S.273, der gegen B.Langs Urteil, EdF 153, S.30, die Annahme einer Jerusalemer Wirkung sei ein Irrweg der Forschung, im Blick auf Ez 24,1-14 primäre Verkündigung in Jerusalem für wahrscheinlich und das Problem für keineswegs erledigt hält; vgl. auch ders., Ezechiel I, NEB, S.13; anders Th.Krüger, BZAW 180, 1989, S.396.
29. Vgl. auch das Urteil von S.Herrmann, BWANT 85, 1965, S.281f.; »Ezechiel steht uns in seinem Buch wechselweise ebenso nahe und ebenso fern wie der historische Jesus im Johannes-Evangelium ... .«

chielische Bearbeitung ausgiebig mit der Absicht erweitert worden, die Vorrangstellung der Gola zu sichern. Erst auf diese Weise sei »Ezechiel« unter die Exulanten geraten.[30]

c) Ein gänzlich anderes Modell zur Erklärung der Entstehung des Buches vertreten die Forscher, welche eine längere Entstehungsgeschichte des Buches überhaupt bestreiten, sei es, daß sie in ihm wie *Moshe Greenberg* (1983)[31] aufgrund einer holistischen Betrachtungsweise eine planvolle Schöpfung des Propheten, oder sei es, daß sie es wie *z.B. Leopold Zunz* (1873)[32], *Charles C.Torrey* (1930), *Adrianus van den Born* (1947) und *Joachim Becker* (1982) als ein Pseudepigraph beurteilen. Dabei datierte *Leopold Zunz* das Buch in die Perserzeit; nach *Charles Torrey* wäre sein Grundbestand um 230 v.Chr. entstanden und kurz danach mit dem Ziel überarbeitet worden, das Werk einem Exilspropheten Ezechiel zuzuschreiben. *Joachim Becker* unterstreicht, wie nahe das Buch mit seiner starken Betonung der prophetischen Offenbarung, seinen Regieanweisungen, Datierungen und seiner inneren Dramatik der Apokalyptik steht, und beurteilt es als eine am Schreibtisch entstandene Propheteninterpretation.[33]

Unsere allein an den Grundtendenzen der Ezechielforschung ausgerichtete Übersicht zeigt, daß die eigentlich strittige Frage die nach der Beziehung zwischen den Einzeltexten und ihrem durchstrukturierten Rahmen ist. Daß das Buch in seiner vorliegenden Gestalt als planvolle Komposition zu betrachten ist, steht außer Zweifel. Daraus folgert jedoch nicht zwangsläufig, daß der Entwurf auch von einem einzigen Verfasser stammt, sei es nun wie für *Greenberg* von dem Propheten selbst, sei es wie für *Becker* von einem späten Schriftgelehrten; denn eine planvolle Strukturierung muß keineswegs primär sein, sondern es kann sich bei ihr durchaus auch um das Ergebnis einer Bearbeitung handeln, der ihrerseits ein bereits mehrschichtiges Werk vorlag. Die Entscheidung zwischen diesen beiden Möglichkeiten ist allein davon abhängig zu machen, ob sich in dem Buch Texteinheiten und Textabfolgen feststellen lassen, die für der übergreifenden Redaktion vorausgehende Entstehungsphasen des Buches sprechen, oder nicht. Das bedeutet, daß eine Klärung nur von weiteren literar-, redaktions-, form- und tendenzkritischen Untersuchungen zu erwarten ist.

Lehrsatz 4: *Das kompositionelle Gefüge des Buches.* Das Ezechielbuch erhält seinen kompositionellen Zusammenhalt nicht nur durch das dreigliedrige eschatologische Schema, sondern auch durch eine golaorientierte Geschichtstheologie, sei-

30. Vgl. EHS.T 23, S.284ff. und S.294ff.
31. Vgl. auch ders., What Are Valid Criteria for Determining Inauthentic Matter in Ezekiel?, in: BEThL 74, 1986, S.123ff. und besonders S.134; so jüngst auch E.F.Davies, JSOT.S 78, 1989.
32. Bibelkritisches II, ZDMG 27, 1873, S.676ff.
33. In: FS J.Schreiner, 1982, S.139.

ne interne Chronologie, seine Visionen, die Beauftragung des Propheten zum Wächter und sein von seiner Berufung bis zum Eintreffen der Nachricht vom Fall Jerusalems von Jahwe verordnetes Verstummen.

Zusatz 5: Zu den Strukturierungen des Buches. Das Ezechielbuch macht mit seinen drei bzw. vier großen Teilen im Vergleich zum Jesaja- und Jeremiabuch einen durchdachten strukturierten Eindruck. Abgesehen von seinem dreigliedrigen eschatologischen Aufbauschema sind folgende dafür verantwortliche Konzeptionen erkennbar:

a) *Die golaorientierte Geschichtskonzeption*: Abgesehen davon, daß das vorliegende Buch dem Leser einen Propheten Ezechiel vorstellt, der im Kreise der ersten, 597 deportierten Gola in Babylonien wirkte und sich speziell an sie wendet (1,1; 3,12-27; c.8-11; 24,25-27; 33,21ff.), finden sich in ihm weitere Hinweise darauf, daß die Bedeutung dieser Gola sich auch in der Konzeption des Buches niedergeschlagen hat. So wird im Anschluß an die gegen Jerusalem gerichteten Unheilsworte in c.4-7 in den c.8-11 die Frage nach der künftigen Bedeutung Jerusalems und der Beziehung Jahwes zu seinem Volk beantwortet und dabei den im Lande Zurückgebliebenen Unheil, den Exilierten aber Heil angesagt.[34] Die Kapitel 12ff. arbeiten zudem unter Verwendung weiterer Unheilsworte heraus, daß auch alle die verworfen sind, die der Katastrophe Jerusalems entgehen werden, ja, daß das Land nach ihr öde und wüst daliegen werde.[35] Diesen Eindruck soll der vor den Heilsworten der c.34ff. plazierte Abschnitt 33,21-29 gleichsam abrunden, indem in ihm noch einmal an das Endergebnis der Katastrophe in Gestalt der totalen Verwüstung des Landes erinnert wird. Nach diesem Konzept kommen als Empfänger der mit c.34 beginnenden Heilsworte nur noch die Angehörigen der ersten Gola in Frage.[36] Dem entspricht, daß 33,21f. explizit absichert, daß sich Ezechiel nach dem Fall Jerusalems an die erste Exilsgemeinde wendet.

b) *Die Datierungen*: Die Datierungen zeigen bereits durch ihre weithin auffällige Plazierung (1,1f.; 8,1; 24,1; 33,21 und 40,1), daß sie für die Gliederung des Buches von Bedeutung sind. Nach dem überlieferten Datierungssystem wären alle in den c.1-24 enthaltenen Orakel und Aufträge Ezechiel bereits vor dem Beginn der Belagerung Jerusalems durch Nebukadnezar als dem Anfang des Unheils durch Jahwe offenbart worden (vgl. 24,1 mit 1,1). Damit wird gesichert, daß die Katastrophe von Jahwe seinem Propheten bereits vor ihrem Eintritt eröffnet worden ist. Mithin sollen alle in den c.1-24 enthaltenen Texteinheiten ohne Rücksicht auf ihren eventuellen primären Sitz im Leben als Weissagun-

34. Vgl. dazu Th.Krüger, BZAW 180, 1989, S.321.
35. Vgl. programmatisch 14,21-23 und 15,8.
36. Vgl. ähnlich Th.Krüger, a.a.O., S.323.

gen verstanden werden. Aufgrund von 31,21 muß der Leser weiterhin annehmen, daß die Heilsworte der c.34ff. Ezechiel erst nach dem Eintreffen der Nachricht vom Fall Jerusalems offenbart worden sind. Sie sollen sich demnach nur noch an die 597 zusammen mit König Jojachin Deportierten richten. Dabei unterstreicht die Datierung nach den Regierungsjahren Jojachins[37] die Bedeutung der ersten Gola; denn wenn auf diese Weise ausgedrückt wird, daß der exilierte Jojachin und nicht der in Jerusalem regierende Zedekia der wahre König ist, wird damit zugleich angedeutet, daß die Exilsgemeinde das wahre Israel repräsentiert.

c) *Die Visionen*: Die eng miteinander verknüpften Visionskapitel am Anfang, in der Mitte und am Ende des Buches lassen in ähnlicher Weise einen klaren, die Komposition des Buches strukturierenden Gestaltungswillen erkennen. Am Anfang schaut der Visionär die Herrlichkeit, den *kābôd* Jahwes in Babylonien (1,28); im Fortgang sieht er, wie sie den Tempel und die Stadt verläßt (11,22f.) und schließlich erblickt er in der letzten Vision ihre Rückkehr in den neuen Tempel (43,1ff.).

d) *Das Wächteramt und e) das Verstummungsmotiv*: Weitere Strukturierungen werden erkennbar, wenn man beachtet, daß das Buch nicht nur die Wirksamkeit Ezechiels mittels des dreigliedrigen eschatologischen Schemas in unterschiedliche Phasen aufteilt, sondern seinen Auftrag auch darüber hinaus spezifiziert. Nach c.1-3 befindet sich der Prophet unter den Exilierten in Babylonien. Hier wird er von Jahwe zum Propheten bestimmt, 2,3ff. In 3,16-21 erfolgt dann seine Einsetzung zum Wächter, worauf auffälligerweise erst wieder in 33,1-20 und damit in dem zu den Heilsweissagungen überleitenden Kapitel Bezug genommen wird. Merkwürdigerweise werden die Aufträge dadurch eingeschränkt, daß Ezechiel in 3,26f. das Verstummen bis zu der Zeit, in der Jahwe seinen Mund öffnen wird, verordnet wird. Davon ist jedoch erst am Ende des ersten Teils in 24,25-27 wieder die Rede, wo Ezechiel die Aufhebung des Verstummens beim Eintreffen eines der Katastrophe Entronnenen in Aussicht gestellt wird. Am Anfang des dritten Teils wird schließlich in 33,21f. nach der erneuten Beauftragung zum Wächter (in 33,1-20) berichtet, daß Jahwe seinen Mund nach dem Eintreffen des Boten mit der Nachricht vom Fall Jerusalems wieder geöffnet habe. Diese Notizen verfolgen zweifellos den Zweck, bei dem Leser die Vorstellung zu erwecken, daß der Prophet erst nach dem Eintritt der Katastrophe uneingeschränkt wirken konnte.

Die Beantwortung der Frage, ob diese Strukturierungsmittel insgesamt derselben Hand und Zeit entstammen oder Folge einander ablösender Bearbeitungen sind, läßt sich nur im Zusammenhang mit tendenzkritischen Beobachtungen beantworten.

37. Ausnahme 24,1.

Lehrsatz 5: *Redaktionelle Schichten im Ezechielbuch.* Die redaktions- und tendenzkritische Analyse des Buches ergibt, daß in ihm mindestens zwischen einer golaorientierten und mehreren diasporatheologischen Bearbeitungen zu unterscheiden ist. Dabei erweisen sich die miteinander korrespondierenden Datierungen nach den Regierungsjahren König Jojachins und die Konzeption der Berufung zum Wächteramt als golaorientiert. Die Einfügung des Motives des Verstummens des Propheten bis zum Eintreffen der Botschaft vom Fall Jerusalems gehört dagegen bereits zu einer der Diasporaschichten, die sich durch den unterschiedlichen Horizont ihrer geschichtstheologischen Reflexion unterscheiden.

Zusatz 6: *Die gola- und die diasporaorientierte Redaktion.* Wir haben im Vorhergehenden bereits wiederholt auf die golaorientierten Tendenzen des Buches hingewiesen. Sie gehören offensichtlich einer sich über das ganze Buch erstreckenden Redaktionsschicht an.[38] In ihr scheint genau die Auffassung vertreten zu sein, die sich auch im Jeremiabuch in bestimmten golaorientierten Abschnitten beobachten läßt.[39] In beiden Fällen steht die Überzeugung im Hintergrund, daß die Wende von der Unheils- zur Heilszeit erst mit der Rückführung der ersten Gola eintreten wird. Daneben wird den nach 597 im Lande Verbliebenen kein Platz in der künftigen Heilsgeschichte Jahwes mit seinem Volk eingeräumt.[40] Allerdings ist das buchprägende Profil dieser Bearbeitungsschicht im Ezechielbuch bisher kaum hinreichend erkannt worden. Selbst in der Frage, welche Texte zu dieser Schicht gehören, besteht bislang noch keine Einigkeit.[41] Vor allem aber ist bisher übersehen worden, daß diese Redaktion den speziellen Zweck verfolgt, die Sonderstellung der *ersten* Gola zu vertreten. Schon 14,21-23 stellt klar, daß die nach der Eroberung Jerusalems Deportierten in Jahwes Zukunftsplänen keine Rolle spielen. Und 33,21-29 läuft gar darauf hinaus, daß die damals noch im Lande Gebliebenen verschwinden werden. Doch obwohl sich im Ezechielbuch geradezu ein Netz miteinander verknüpfter golaorientierter Texte nachweisen läßt,[42] ist nicht zu übersehen, daß die auf den besonderen Status der ersten Gola abhebende Engführung an einer ganzen Reihe von Stellen aufgegeben ist:[43] in ihnen wird über das Israel in der Diaspora, seine Zerstreuung unter die Völker

38. Vgl. dazu schon V.Herntrich, BZAW 61, 1932, S.127f. – Texte wie z.B. 3,10ff.; 8-11; 24,25-27 und 33,21ff. weist J.Garscha, EHS.T 23, S.297, einer deuteroezechielischen Bearbeitung zu, welche die Position der Exilierten vertritt.
39. Vgl. dazu oben, S. 77f.
40. Vgl. Ez 33,23-29 mit Jer 24,8-10 und dazu K.-F.Pohlmann, Studien zum Jeremiabuch, FRLANT 118, Göttingen 1978, S.25ff.
41. So weist J.Garscha z.B. c.20, vgl. EHS.T 23, 1974, S.113ff und S.298, und 36,16-32, vgl. S.219 und S.302, seiner deuteroezechielischen Schicht zu, während Th.Krüger, BZAW 180, 1989, S.442 und S.466, beide Texte letztlich auf den Propheten selbst zurückführen möchte.
42. Vgl. 1,1-3*; 3,10-16*; 8-11*; 14,21-23; 15,6-8; 17,19-24; 24,25-27*; 33,21-39.
43. Vgl. z.B. c.20; 36,16ff.; 37,15ff.; 38-39.

und in die Länder, deren Hintergründe und künftige Entwicklungen reflektiert und damit die Sonderstellung der ersten Gola nivelliert. Man wird also künftig genauer zwischen Texten zu *unterscheiden* haben, die der *gola-* und die der *diaspora-orientierten Redaktion* angehören.

Bemerkung 3: *Zu Anliegen und Theologie der golaorientierten Redaktion.* Das golaorientierte Ezechielbuch sollte sicherstellen, daß allein die erste Gola das wahre Israel und damit auch den Adressaten der Heilsworte des Propheten bildet. Seine inzwischen erfüllten Gerichtsworte sollten ihr die Gewißheit geben, daß sie durch die Worte Ezechiels insgesamt zuverlässig über die Absichten Jahwes unterrichtet sei. Aus ihrem Bereich heraus hatte Jahwes Wort die Ereignisse in der fernen Heimat gesteuert (vgl. z.B. c.11* und 24). Die Abwertung der nach 587 im Lande verbliebenen Bevölkerung und die Negierung ihrer Ansprüche bei gleichzeitiger Herausstellung des Exklusivanspruchs der ersten Gola (vgl. z.B. c.11; 24,25-27 und 33,21ff.) und die Verheißung der Einpflanzung eines Nachkommens König Jojachins auf einem hohen und erhabenen Berg (17,22-24) belegen, daß sich hier die Kreise der ersten Gola zu Worte melden, aus denen die Gruppe stammt, die unter der Führung Serubbabels die Rückkehr wagte und zugleich den religiösen und politischen Führungsanspruch erhob.

Zusatz 7: *Zu den Datierungen.* Das Geflecht der Datierungen korrespondiert in 1,1f.; 8,1 und 33,21 mit der golaorientierten Tendenz. Daher ist es an diesen Stellen den Berechnungen der golaorientierten Redaktion zuzuschreiben. Für die Datierungen innerhalb des Komplexes der Fremdvölkerworte der c.25-32 läßt sich das nicht in jedem Fall sichern; hier deuten die merkwürdige Verteilung wie die Abfolge der Daten zumindest auf nachträgliche Erweiterungen und Umstellungen hin. Einen Sonderfall stellt 24,1 dar, wo anders als sonst statt nach den Regierungsjahren Jojachins nach denen Zedekias datiert wird. Während *Walther Zimmerli* mit einem sekundären, an II Reg 25,1 angleichenden Nachtrag rechnete,[44] wollte *Jörg Garscha* in dieser Abweichung einen Hinweis auf ein vorgolaorientiertes Textstadium erkennen.[45]

Zusatz 8: *Zu den Visionen.* In den c.1-3 bilden die Grundkomponenten der Golasituation (1,1-3*, Visionsgeschehen, 1,3bff, Beauftragung für die Gola, 3,11, Ende der Vision 3,12ff. und Golasituation 3,15f.) ein eng aufeinander abgestimmtes und einheitlich golafixiertes Beziehungsgeflecht. Darin dürften 2,3-7 und 3,4-9 mit ihrer Beauftragung für das abtrünnige Volk zuerst nachträglich eingefügt worden sein. Als sekundär ist auch die Thronwagenvision 1,4-28 samt ihrem Ausklang in 2,1-2 zu beurteilen.[46] Außer den Angaben über Zeit, Ort und

44. Vgl. BK XIII/1, S.526 und E. Kutsch, OBO 62, 1985, S.61ff.
45. EHS.T 23, S.67 und S.145.
46. Vgl. dazu auch E.Kutsch, OBO 62, S.52f.

Person und das Ereignis der Bemächtigung durch Jahwe in 1,1-3* bilden nur 2,9.10; 3,1*.2-3.10a.11*.14b.15 den ursprünglichen Berufungsbericht. Er ist jedoch kaum als authentisch zu betrachten; es dürfte sich vielmehr um einen in buchkompositorischer Absicht verfaßten Text handeln, welcher den Sprecher alles Folgenden als den visionär begabten und von Jahwe berufenen Propheten aus dem Kreise der ersten Gola vorstellt und demgemäß auch der golaorientierten Redaktion angehört.

Die erzählerisch unausgeglichene Gestalt der c.8-11 erklärt sich dadurch, daß beachtliche Textanteile auf nachträgliche Übermalungen einer ursprünglich golaorientierten Textgrundlage zurückgehen.[47] An den jetzt breit ausgeführten Visionsinhalten war dieser Grundtext nicht interessiert; den primär knappen Verweisen auf Ezechiels visionäre Erfahrungen kam ursprünglich lediglich die Aufgabe zu, den im vorgegebenen Textgut enthaltenen Abschnitt auf die eigene Konzeption abzustimmen und es mithin angesichts von 11,1-13* glaubhaft erscheinen zu lassen, daß der im Exil lebende Prophet sich in Jerusalem abspielende Ereignisse wahrnehmen und zu ihnen Stellung beziehen konnte. Dabei wurde 11,1ff. zwischen c.7 und 12 eingefügt, um sicherzustellen, daß die Rede vom Ende in c.7 die erste Gola nicht betrifft. Deshalb leitet der sie favorisierende Verfasser auch mit der Frage nach dem Rest Israels in 11,13 zu den Aussagen über die Bedeutung der Gola in 11,14ff.* über.

Der in ihrer überlieferten Gestalt golaorientierten Totenfeldvision in 37,1-14 war ein älteres selbständiges Disputationswort in Gestalt von 37,11-14 vorgegeben, welches der Redaktor seiner Absicht gemäß überarbeitete und als Heilswort für die Exilierten interpretierte.[48] Man kommt der dieser Vision von dem Redaktor zugeschriebenen kompositionellen Bedeutung auf die Spur, wenn man erkennt, daß sich in den c.34-39 eine möglicherweise mehrschichtige diasporatheologische Bearbeitung nachweisen läßt, die 36,16ff. und c.38-39* einfügte, und daß es sich bei 36,23b-38 um einen noch jüngeren Sondertext handelt;[49] denn damit ergibt sich, daß 37,1-14 ursprünglich direkt an das Heilswort für die Berge Israels in 36,1-15 anschloß und so angesichts der Existenz der Exilsgemeinde beglaubigt, daß Jahwes Heilswirken in ihr bereits im Gange war. Es bleibt der weiteren Forschung vorbehalten, die Frage zu klären, ob und in welcher Fassung auch die c.40-48 bereits Teil des golaorientiert redigierten Ezechielbuches gewesen sind oder ob sie erst aus diasporatheologischer Perspektive wichtig wurden.[50]

47. Vgl. dazu F.-L.Hossfeld, in: BEThL 74, 1986, S.151ff.
48. Vgl. ähnliche Verfahren in 11,1-21*; 14,21-15,8; 17,19-24 und c.24.
49. Vgl. dazu J.Lust, CBQ 43, 1981, S.517ff.
50. Dabei wird auch die eigentümliche Anordnung des Papyrus 967 eine Rolle spielen, in dem 36,16-23abα; 38;39 und 37 aufeinander folgen. Hier könnte 37,15ff. die Funktion der Überleitung zu den c.40ff. besessen haben.

Zusatz 9: *Das Wächteramt und das Motiv des Verstummens.* Die Genese der jetzigen Textanordnungen 3,16b-21 (Ezechiels Bestellung zum Wächter in 3,16b-21) und 3,22-27 (Ezechiels Verstummen) sowie 33,1-20 (Ezechiels erneute Bestellung zum Wächter) und 33,21f. (Aufhebung der Verstummung) wird durchsichtig, wenn man erkennt, daß auf diese Weise der zeitliche Rahmen für das Wirken des Propheten als »Wächter« so abgesteckt wird, daß es nicht mehr bevorzugt auf die erste Gola abzielt. Denn soll Ezechiel nach der Bestellung zum Wächter im Kreis der ersten Gola anschließend stumm bleiben (3,22-27), so ergibt sich aus der Wiederaufnahme der Beauftragung zum Wächter in 33,1-20 und der anschließenden Notiz von der Aufhebung der Verstummung im Zusammenhang mit dem Eintreffen der Nachricht vom Fall Jerusalems (33,21), daß Ezechiel eben bis zu diesem Zeitpunkt sein Wächteramt für die erste Gola nicht wahrnehmen durfte. Sein Wirken als Wächter ebenso wie die in c.34ff. ihm aufgetragenen Heilsworte gelten daraufhin auch den der Katastrophe Entronnenen, 14,21-23; 12,15-16, sofern nicht die Diaspora generell eingeschlossen ist, während Ezechiel im Rahmen der golaorientierten Konzeption von Anfang an exklusiv als Wächter für die erste Gola vereinnahmt worden war, 3,16b-21.[51] Mithin sind die in 3,16b-27 und 33,1-22 vorliegenden Verknüpfungen der beiden Motive *Ezechiel als Wächter* und *Ezechiels Verstummen* in tendenziöser Absicht vorgenommen worden, um den von der golaorientierten Redaktion betonten Sonderstatus der ersten Gola zu nivellieren. Die sachliche Nähe zu den bereits erwähnten Textabschnitten, in denen die golaorientierte Engführung zugunsten einer Diasporatheologie aufgegeben ist,[52] ist unverkennbar.

Bemerkung 4: *Zur ursprünglichen Funktion des Verstummungsmotivs.* Der diasporaorientierte Bearbeiter konnte für die mit dem Verweis auf Ezechiels Verstummen von Anfang an mit 3,22-27 vorgenommene Korrektur an 3,16-21 auf die Vermerke in 24,27 und 33,21f. zurückgreifen. Das hier erkennbare Beziehungsgefüge trägt die Handschrift der golaorientierten Redaktion. Bei ihrem Vorhaben, in 24,25-27 die Golasituation Ezechiels herauszustellen und 33,21f. entsprechend zu konzipieren, mußte sie das im vorgegebenen Textgut bereits fest verankerte Verstummungsmotiv berücksichtigen und gleichsam aus literarischem Sachzwang vermerken, daß die Ezechiel in 24,27 zugesagte Aufhebung der Verstummung beim Eintreffen der Nachricht vom Fall Jerusalems erfolgt war. Ursprünglich war das Verstummungsmotiv in 24,25-27* in Anknüpfung und Weiterführung zu den vorausgehenden Darlegungen über Ezechiels Leiderfahrung in 24,15-24* als ein Element aus dem Beschreibungsrepertoire von Redaktionen auf Leid- und Notsituationen durchaus stimmig verwendet worden (vgl. z.B. Jes 53,7; Ps 38,14; 39,3; Thr 3,29).

51. Zu Einzelheiten vgl. K.-F.Pohlmann, Ezechielstudien, BZAW 202, 1992, S.32f.
52. Vgl. *Zusatz* 10.

Zusatz 10: *Diasporatheologische Bearbeitungen im Ezechielbuch.* Die der ersten Gola zugeschriebene Sonderrolle wird in dem Buch mehrfach dadurch relativiert, daß umfassend und allgemein von der Zerstreuung[53] und in Korrespondenz dazu von der Sammlung Israels[54] die Rede ist. Besonders deutlich ist das in c.20 der Fall. Das ganze Kapitel trägt eine die sonstigen geschichtstheologischen Ansätze weit hinter sich lassende Reflexion vor, in der es darum geht, die keineswegs auf die Zeit zwischen 587 und 538 begrenzte Diasporasituation Israels theologisch zu bewältigen. Dabei schließt die Israel in 20,5-24 von seinen Anfängen an zugeschriebene Widerspenstigkeit eine Sonderrolle der ersten Gola aus. Demgemäß wird sie in dem Geschichtsrückblick 20,1-31* ebensowenig erwähnt wie in den in 20,32-44 folgenden Ausblicken. Der Verfasser ist vielmehr an dem Aufweis interessiert, daß der durch die Verschuldungen Israels provozierte Zorn Jahwes eigentlich schon immer zu Israels Vernichtung hätte führen müssen. Aber Jahwe bändigte seinen Zorn um seines Namens bei den Völkern willen. Auf diesem Hintergrund mußte die Verheißung glaubhaft erscheinen, daß er die Diaspora auch um der Ehre seines Namens willen zu seinem heiligen Berg zurückbringen werde, 20,40ff.

Demgegenüber scheint z.B. in 36,16-23a* ein früheres, das Schicksal der Diaspora betreffendes Reflexionsstadium vorzuliegen. Der Verfasser dieses Heilswortes begründet die Diasporasituation zwar mit dem Zorn Jahwes, die Erlösung aber allein mit der Absicht Jahwes, seinem von den unter den Heiden lebenden Israeliten geschändeten Namen die ihm gebührende Ehre vor den Völkern zu sichern. Wie das geschieht, erfahren wir nicht in 36,23b-32*, sondern erst in der Weissagung vom Einfall und Untergang des Gog aus Magog und seines Völkerheeres in c.38 und 39.[55] Dagegen handelt es sich in dem im Papyrus 967 fehlenden Abschnitt 36,23b-32*[56] um ein bereits im Schatten der Diasporatheologie von c.20 stehendes Wort. Doch scheint in ihm die Erwartung eines abschließenden Völkergerichts aufgegeben zu sein.

Mithin ist deutlich, daß die diasporatheologischen Texte des Buches nicht aus einer Hand stammen, sondern mindestens dreischichtig sind. Das von der Golarezension bestimmte Ezechielbuch ist auf diese Weise von den Fragen nach der Zukunft der Diaspora her aktualisiert worden.

Zusatz 11: *Zu den Heilsworten.* Die älteste erkennbare übergreifende Konzeption in den c.34-37 geht auf die golaorientierte Redaktion zurück. Denn die Textfolge 35,1-36,15 läuft darauf hinaus, daß das künftige Heil des Landes, das von seinen ehemaligen Besitzern verlassen, von den Nachbarvölkern an sich gerissen

53. Vgl. 4,13; 6,8-10; 11,16; 12,11.15f.; 20,23; 22,15f. und 36,19.
54. Vgl. 20,34.41; 28,35; 34,13; 36,24 und 39,25ff.
55. Vgl. auch die Textanordnung in Papyrus 967.
56. Vgl. dazu J.Lust, Ezekiel 36-40 in the Oldest Greek Manuscript, CBQ 43, 1981, S.517-533.

und völlig verwüstet worden ist, erst wieder mit der Rückkehr der Exilierten einsetzt (36,8b). Die mit dem Verweis auf Edoms Spottreden und Besitzansprüche auf das Land begründeten Unheilsworte für Edom in c.35 haben die Funktion, die totale Verwüstung des Landes zu belegen und in Verbindung mit 36,1-15 zu demonstrieren, daß sich im Lande nach 587 Israel betreffend nichts mehr ereignet hatte. Damit liegen 35,1-15 und 36,1-15 ganz auf der in 33,23-29 von der golaorientierten Redaktion eingeschlagenen Linie mit ihrem Zielpunkt in 37,1-14.[57] Dabei erweckt 36,1-15 den Eindruck, daß der Redaktion hier ein Kern von Heilsworten aus der Sicht der im Lande Verbliebenen zur Überarbeitung vorgegeben war. Daß sie in 37,11-14* ebenfalls eine ältere als Disputationswort gefaßte Heilszusage aufgreifen konnte, wurde bereits vermerkt.[58] Andererseits ist die golaorientierte Fassung der Heilsworte weiterhin diasporaorientiert ergänzt worden. Das belegt nicht nur 36,16ff.,[59] sondern auch c.34. In seiner vorliegenden Fassung spiegelt es Probleme der Diaspora (34,14)[60] sowie die enttäuschende Situation der nachexilischen Jerusalemer Gemeinde wider (34,17-22).[61] Außerdem hebt sich die wahrscheinlich nicht in einem Zuge konzipierte Textfolge 37,15-28 als ganze wie in ihren Teilen deutlich vom Profil der golaorientierten Redaktion ab; so verknüpft 37,21f. die Beendigung der Diasporasituation mit der zuvor verheißenen Wiedervereinigung des gespaltenen Israel (37,15ff.) und der Zusage eines allen gemeinsamen Königs. Mithin bestätigt sich auch hier der bisherige Befund, daß sich im Ezechielbuch außer einer golaorientierten Redaktion diasporatheologische Fortschreibungen nachweisen lassen. Daraufhin wird man auch die Frage einerseits nach der Entstehung der mehrschichtigen c.40-48 und andererseits nach den Hintergründen ihrer Verklammerung mit den vorausgehenden Heilsworten[62] neu untersuchen müssen.

Zusatz 12: *Die Fremdvölkerworte.* Angesichts der zwischen 24,25-27 und 33,21f. bestehenden Verbindung wirken die Fremdvölkerworte der c.25-32 wie ein nachträglicher Einschub, der im Interesse der dreigliedrigen eschatologischen Schematisierung des Buches vorgenommen worden ist. Mithin liegt die Annahme nahe, daß sie das golaorientierte Beziehungsgefüge voraussetzen und demgemäß erst relativ spät in das Buch aufgenommen worden sind. In der jüngsten Diskussion sind die Ansichten in dieser Hinsicht jedoch geteilt. Während z.B. *Hans F. Fuhs* die Einfügung der vorher selbständigen Sammlung der Fremdvölkersprüche des Propheten erst der Endredaktion zuschreibt,[63] plädiert *Thomas Krüger* für ihre Tradierung im

57. Vgl. *Zusatz* 8.
58. Vgl. *Zusatz* 8.
59. Vgl. *Zusatz* 10.
60. Vgl. dazu J.Lust, BEThL 74, 1986, S.140 und Chr. Levin, Die Verheißung des neuen Bundes, FRLANT 137, Göttingen 1985, S.222.
61. Vgl. H.F.Fuhs, II, NEB, 1988, S.193.
62. Vgl. dazu J.Lust, CBQ 43, 1981, S.530.
63. Vgl. H.F.Fuhs, I, NEB, 1984, S.7.

literarischen Zusammenhang mit den c.1-24 und 33ff.*. Er meint jedoch, daß man die Frage nach der konkreten Gestalt dieses hypothetischen Zusammenhangs nur noch spekulativ beantworten könne.[64] *Matthias Krieg* rechnet dagegen mit der Existenz eines älteren *Nänienzyklus*, dem außer dem Gedicht über Jerusalem in c.19 auch die Leichenlieder über Tyros und Ägypten in den c.27-32* angehört hätten.[65] Zur Lösung des Problems bedarf es also noch weiterer Untersuchungen.

Lehrsatz 6: *Die Entstehung des Buches.* Ausgangsbasis für die golaorientierte Redaktion war ein älteres Prophetenbuch,[66] das wahrscheinlich noch in exilischer Zeit in Palästina konzipiert worden war.[67] Obwohl sich Textumfang und Textabfolge nur noch teilweise rekonstruieren lassen, gibt es Anhaltspunkte für einen literarisch durchdacht strukturierten Gesamtentwurf. In einem ersten umfangreicheren Teil waren Unheil thematisierende Texte angeordnet; der zweite, wesentlich kürzere enthielt Heilsworte. Mit c.4-7*; 11,1-13*; 12,21ff.*; 14,1-20*; 17,1-18*; c.18*; c.19/31*; 15,1-6*; 21,1-5*; c.24*; 36,1-15* und 37, 1-14* dürften die Konturen des Grundbestandes im wesentlichen erfaßt sein.[68] Zu berücksichtigen bleibt, daß nicht nur die golaorientierte Redaktion mit ihren massiv den Textbestand ergänzenden und umordnenden Eingriffen, sondern auch die weiterhin mehrfach vorgenommenen diasporatheologischen Aktualisierungen den primären Textbestand so verändert haben, daß er sich oft nicht mehr mit Sicherheit ermitteln läßt. Während man die golaorientierte Redaktion ins ausgehende 5.Jh. datieren wird, gehören die sukzessiv vorgenommenen diasporatheologischen Fortschreibungen[69] ins 4.Jh. Ein noch späteres Bearbeitungsstadium dürften wegen ihrer apokalyptisierenden Tendenzen die in c.1-3 und 8-11 enthaltenen Textteile belegen, die eine Kenntnis der himmlischen, für das irdische Geschehen verantwortlichen Ereignisse beanspruchen.[70] Die Lösung des Problems, in welchem

64. Vgl. Th.Krüger, BZAW 180, 1989, S.307ff.
65. Vgl. M.Krieg, Todesbilder im Alten Testament, AThANT 73, Zürich 1988, S.454; ferner K.-F.Pohlmann, BZAW 202, 1992, S.190f. und S.198.
66. Anders H.F.Fuhs, I, NEB, 1984, S.9, ferner Th.Krüger, BZAW 180, S.395, der die Entstehung einer ersten, von ihm als »älteres Ezechielbuch« bezeichneten Fassung auf die golafavorisierende Redaktion zurückführt, vgl. S.468ff.
67. Vgl. so bereits J.Garscha, Studien, EHS.T 23, 1974, S.288ff., dessen Thesen zum Textumfang des Buches und zu seiner weiteren Ausgestaltung allerdings stark zu modifizieren sind, weil erst mit der konsequenten Unterscheidung zwischen der golaorientierten Redaktion und den diasporaorientierten Fortschreibungen der Gefahr falscher Textzuweisungen und mithin auch redaktionsgeschichtlichen Fehlschlüssen begegnet werden kann.
68. Anders J.Garscha, EHS.T 23, 1974, der auch Texte wie z.B. 37,15-22 und c.38 und 39 dem Prophetenbuch zuweist.
69. Vgl. dazu die Überlegungen von Chr.Levin, FRLANT 137, 1985, S.167f.
70. Daß 37,1-14 Zusätze aus der Makkabäerzeit enthält, hat R. Bartelmus, Ez 37,1-14. Die Verbform w^{e}qatal und die Anfänge der Auferstehungshoffnung, ZAW 97, 1985, S.366-389 gezeigt.

Entstehungsstadium des Ezechielbuches die Fremdvölkersprüche eingeschaltet und schließlich zur vorliegenden Sammlung ausgestaltet worden sind, steht bislang ebenso aus wie die der Fragen, wann, aus welchem Anlaß und in welchem Umfang die in sich uneinheitlichen c.40-48 dem Buch inkorporiert worden sind.

Zusatz 13: *Das ältere Prophetenbuch.* Eine für das Prophetenbuch konzeptionell wichtige Texteinheit wird in c.24* erkennbar; denn hier dient die vom golaorientierten Datierungssystem abweichende Zeitangabe des Belagerungsbeginns Jerusalems in 24,1 dem Nachweis der Erfüllung vorausgehender Worte,[71] welche der zuständige Autor somit als Belege für das planvolle Wirken Jahwes bis zu diesem Zeitpunkt gewertet wissen will. Darüber hinaus soll 24,25-27* hinter 24.1.3-24* versichern, daß so, wie die hier angesagte Wende in Leben und Wirken Ezechiels analog zur Erfüllung der Unheilsworte eintreten wird, auch Jahwe die Heilswende für sein Volk längst geplant hat und daher gewiß verwirklichen wird. Damit war der Übergang zu entsprechenden Heilsworten markiert.[72] Der Nachweis erfüllter Prophetie und die Art, wie er geführt wird, sind Kennzeichen eines durchdachten literarischen Gesamtentwurfes. So bildete c.24* den Abschluß des ersten Hauptteils, der sich wahrscheinlich in die beiden Unterabschnitte c.4-7* und 12,21- c.24* gliederte. Denn 12,21-28* bezieht sich deutlich auf c.7* zurück: So verweisen die Stichworte »Schauung« in 12,21ff. auf 7,3.16 und »Nähe« des Gerichts in 12,23 auf 7,7 und 8. Daraus folgt, daß vor der Einschaltung des golaorientierten Visionsberichts der c.8-11* ursprünglich 12,21ff. die c.4-7* weiterführte. Nachdem c.7* mit seiner Rede vom Ende für letzte Klarheit über den Umfang des bevorstehenden Unheils gesorgt hatte, wird in 12,21ff. betont darauf hingewiesen, daß die Zweifel am Eintreffen der Schauung und des Jahwewortes alsbald widerlegt werden. Mit dem Datum des Belagerungsbeginns in 24,1 wird gezeigt, wie unberechtigt solche Zweifel waren. Daß auch 11,1-13* der golaorientierten Redaktion bereits vorgegeben war, wurde bereits vermerkt.[73] Im Kern handelt es sich um ein durch den Verweis auf Jerusalemer Zustände und Fehlhaltungen begründetes Unheilswort des in Jerusalem wirkenden prophetischen Sprechers. Ferner läßt sich aus der auf eine golaorientierte Hand zurückgehenden Textfolge 14,21-15,8 und ihrer Einbindung in den jetzigen Kontext entnehmen, daß 14,1-20* bereits dem vorgolaorientierten Stadium des Buches angehört; denn 14,21-23 reagiert bereits auf die sakralrechtlich unterweisenden Abschnitte 14,4-11.12-20. Hier liegt mithin ein Indiz dafür vor, daß das Prophetenbuch schließlich dazu benutzt wurde, auch Reflexionen über anderweitige Fragestellungen einzutragen.[74] Außerdem läßt sich erkennen, daß die Redak-

71. Vgl. z.B. 4,1ff.*; 12,1ff.*; 17,1ff.*; 21,23ff.* und 23,22ff.
72. Vgl. K.-F.Pohlmann, BZAW 202, S.27ff.
73. Vgl. *Zusatz* 8.
74. Vgl. auch c.18, auf welches der golaorientierte Autor von 3,17-21 zurückgreift, und dazu K.-F.Pohlmann, BZAW 202, S.32 Anm.114 und S.243. Die von Hermann Schulz, BZAW

tion das Bildwort vom unnützen Rebholz in 15,1-4* aus seinem ursprünglichen literarischen Zusammenhang hinter 19,10-14 und vor 21,1-5* entnommen hat.[75] Während in 19* und 15,1-4* das älteste im Ezechielbuch greifbare Textgut enthalten ist,[76] dürfte 21,1-5* in seiner ursprünglichen Fassung im Rückgriff auf 15,1-4 konzipiert worden sein. Das neue Bild von dem von Jahwe selbst veranlaßten Waldbrand wird nun als prophetische Ankündigung eingeführt. Damit wird eine vorgegebene nichtprophetische Rede zur Prophetie umgestaltet. Auch das Bildwort in 17,1-10 samt der in 17,11-18* folgenden Erläuterung muß bereits Bestandteil des vorgolaorientierten Prophetenbuches gewesen sein, da sich der golaorientierte Verfasser von 17,22-24 eng an 17,3ff. anlehnt.

Daß der zweite, wesentlich kürzere Teil Heilsworte enthielt, die sich auf die Situation im Lande konzentrierten und vorsichtig die Verbesserung der Lebensumstände auf Jahwes Wirken zurückführten, ist der Intention des selbständigen Disputationswortes 37,11-14*[77] sowie 36,1-15*[78] zu entnehmen.

In 11,1-13*; c.24* und 37,11-14* liegen deutliche Hinweise darauf vor, daß das ältere Prophetenbuch im Mutterland entstanden ist. Das wird auch durch die Texte bestätigt, die ihm weiterhin noch vor seiner grundlegenden Überarbeitung durch die golaorientierte Redaktion zugewachsen und deutlich aus der Sicht des Landes konzipiert sind (vgl. z.B. 18,6.11.15 und 14,7).[79]

Die genauere Beantwortung der Frage nach der Datierung des älteren Prophetenbuches hängt davon ab, ob es gelingt, das im Buch verarbeitete älteste Textgut im einzelnen zu ermitteln und theologiegeschichtlich einzuordnen. Dabei ist zu beachten, daß das Buch bereits vor seiner golaorientierten Überarbeitung ergänzt und fortgeschrieben worden ist. Mithin scheint es über eine längere Zeitspanne der exilisch-frühnachexilischen Epoche hinweg seine Bedeutung als Antwort auf die durch die Katastrophe des Jahres 587 bestimmte Lage in Jerusalem und Juda besessen zu haben: Es lehrte sie als erfüllte Prophetie und mithin als Tat Jahwes zu verstehen und öffnete damit zugleich den Weg für die Hoffnung auf sein künftiges Heilshandeln.

Zusatz 14: *Zur Frage nach den ältesten Texten des Ezechielbuches.* In dem so charakterisierten älteren Prophetenbuch fallen mehrere Texte auf, die dank ihrer

114, 1969 und Jörg Garscha, EHS.T 23, 1974 beobachtete deuteroezechielische bzw. sakralrechtliche Schicht ist demnach sukzessiv entstanden: c.18* und 14,1-20 wurden bereits im älteren Prophetenbuch verankert. 3,17-24 ist dagegen erst ein Produkt der golaorientierten Redaktion, während 33,1-20 seine Entstehung überhaupt erst diasporatheologischen Interessen verdankt.

75. Vgl. dazu Pohlmann, BZAW 202, S.173f. und zur Stichwortverbindung von 21,1ff.* mit 15,1-4 ebenda, S.58.
76. Vgl. dazu unten, *Zusatz* 14.
77. Vgl. dazu oben, *Zusatz* 8.
78. Vgl. dazu oben, *Zusatz* 11.
79. Vgl. dazu Pohlmann, BZAW 202, S.243.

Formung als Toten- bzw. als Untergangsklage (19,1-9*; 19,10-14* und c.31*) oder als reines Bildwort (15,1-4*) ursprünglich schwerlich als Zukunfts- bzw. als Unheilsansagen fungiert haben können. Eine vergleichende Gegenüberstellung von c.19 und c.31 mit dem thematisch verwandten c.17 kann das verdeutlichen[80] und zugleich sicherstellen, daß es in 19,1-9*; 19,10-14* und c.31* ursprünglich in der Tat lediglich darum ging, denen, die im Lande die Katastrophe erlebt und damit den Verlust ihres bisherigen religiösen Ordnungshorizontes erfahren hatten, in Analogie zur Totenklage die Möglichkeit zu geben, ihr Leid auszusprechen. Damit dürfte sich auch das Fehlen jeglicher Hinweise auf ein hinter der Katastrophe stehendes Handeln Jahwes wie auf eigene Schuld erklären: Das vor Augen stehende Chaos war nicht mehr mittels der bislang gängigen Vorstellungen von Jahwes ordnendem Handeln in Einklang zu bringen. Das besondere Interesse dieser Worte am Jerusalemer Königtum, seine sich im Bild des Löwen, des Weinstocks und der Zeder ausdrückende hohe Wertschätzung und die deutliche Irritation durch seinen Verlust dürften anzeigen, daß sich hier dem Königshof nahestehende Jerusalemer Kreise zu Wort melden. Die wahrscheinlich in einer kleinen Sammlung aufgereihten Klagen gehören zum ältesten Textgut des Buches. Es liegt nahe, daß diese Texte zum Thema des Sturzes der Monarchie in ihrer Abfolge den Späteren als Beleg für die Richtigkeit der Maxime *Hochmut kommt vor den Fall* dienten: Hochmut und Stolz, wie sie diese Texte zu spiegeln schienen, hatten den Untergang provoziert. So verstanden konnten die Texte weiterhin mühelos mit Jahwes Gerichtshandeln in Beziehung gesetzt und schließlich als Weissagungen verstanden werden, womit der Weg ihrer Fortschreibung zum Prophetenbuch gebahnt war.

Literatur: Smend, Entstehung[4], § 27; W.H.Schmidt, Einführung[4], § 20; Kaiser, Einleitung[5], § 24i; W.Zimmerli, Artikel *Ezechiel/Ezechielbuch*, TRE 10, 1982, S.766ff.; C.Kuhl, Zur Geschichte der Hesekiel-Forschung, ThR NF 5, 1933, S.92ff.; ders., Neuere Hesekiel-Literatur, ThR NF 20, 1952, S.1ff.; ders., Zum Stand der Hesekiel-Forschung, ThR NF 24, 1957/58, S.1ff.; B.Lang, Ezechiel, EdF 153, Darmstadt 1981; J.Lust, ed., Ezekiel and His Book. Textual and Literary Criticism and Their Interrelation, BEThL 74, Leuven 1986. – J.Herrmann, Ezechielstudien, BWANT 2, Leipzig 1908; G.Hölscher, Hesekiel. Der Dichter und das Buch, BZAW 39, Gießen 1924; C.C.Torrey, Pseudo-Ezekiel and the Original Prophecy, YOS 18, New Haven 1930 (ND 1980); V.Herntrich, Ezechielprobleme, BZAW 61, Gießen 1932; W.A.Irwin, The Problem of Ezekiel, Chicago 1943; G.Fohrer, Die Hauptprobleme des Buches Ezchiel, BZAW 72, Berlin 1952; ders., Das Symptomatische der Ezechielforschung, ThLZ 83, 1958, Sp.241ff.; H.Gese, Der Verfassungsentwurf des Ezechiel (Kap.40-40) traditionsgeschichtlich untersucht, BHTh 25, Tübingen 1957; S.Herrmann, Die prophetischen Heilserwartungen im Alten Testament. Ursprung und Gestaltwandel, BWANT 85, Stuttgart 1965; H.Schulz, Das Todesrecht im Alten Testament, BZAW 114, Berlin 1969; J.Ebach, Kritik und Utopie. Untersuchungen zum Verhältnis von Volk und Herrscher im Verfassungsentwurf des Ezechiel (Kap.40-48), Diss. Hamburg 1972; J.Garscha, Studien zum Ezchielbuch. Eine re-

80. Vgl. dazu Pohlmann, BZAW 202, S.137ff.

daktionskritische Untersuchung von Ez 1-39, EHS.T 23, Bern/Frankfurt 1974; H.Simian, Die theologische Nachgeschichte der Prophetie Ezechiels. Form- und traditionsgeschichtliche Untersuchung zu Ez 6; 35; 36; FzB 14, Würzburg 1974; R.Liwak, Überlieferungsgeschichtliche Probleme des Ezechielbuches. Eine Studie zu postezechielischen Interpretationen und Kompositionen, Diss. Bochum 1976; F.-L.Hossfeld, Untersuchungen zu Komposition und Theologie des Ezechielbuches, FzB 20, Würzburg 1977; ders., Die Tempelvision Ez 8-11 im Licht unterschiedlicher methodischer Zugänge, in: Ezekiel and His Book, BEThL 74, 1986, S.151-165; G.Bettenzoli, Geist der Heiligkeit, Florenz 1979; E.Vogt, Untersuchungen zum Buch Ezechiel, AnBib 95, Rom 1981; J.Becker, Erwägungen zur ezechielischen Frage, in: Künder des Wortes. FS J.Schreiner, hg. L.Ruppert, P.Weimar und E.Zenger, Würzburg 1982, S. 137ff.; L.J.McGregor, The Greek Text of Ezekiel. An Examination of Its Homogenity, Atlanta 1985; E.Kutsch, Die chronologischen Daten des Ezechielbuches, OBO 62, Freiburg/Schweiz und Göttingen 1985; Chr.Levin, Die Verheißung des neuen Bundes in ihrem theologiegeschichtlichen Zusammenhang ausgelegt, FRLANT 137, Göttingen 1985; E.F.Davis, Swallowing the Scroll. Textuality and the Dynamics of Discourse in Ezekiel's Prophecy, JSOT.S 78, Sheffield 1989; Th.Krüger, Geschichtskonzepte im Ezechielbuch, BZAW 180, Berlin – New York 1989; K.-F.Pohlmann, Zur Frage nach den ältesten Texten im Ezechielbuch. Erwägungen zu Ez 17, 19 und 31, in: Prophet und Prophetenbuch. FS O.Kaiser, hg. V.Fritz, K.-F.Pohlmann und H.-C.Schmitt, BZAW 185, Berlin – New York 1989, S. 150ff.; ders., Ezechielstudien. Zur Redaktionsgeschichte des Buches und zur Frage nach den ältesten Texten, BZAW 202, Berlin – New York 1992; M.F.Rooker, Biblical Hebrew in Transition. The Language of the Book of Ezekiel, JSOT.S 90, Sheffield 1990; F.Sedlmeier, Studien zu Komposition und Theologie von Ezechiel 20, SBB 21, Stuttgart 1990; St. Ohnesorge, Jahwe gestaltet sein Volk neu. Zur Sicht der Zukunft Israels nach Ez 11,14-21; 20,1-44; 36,16-38; 37,1-14.15-28, FzB 64, Würzburg 1991.

Kommentare: KeH Smend 1880^{2} – KHC Bertholet 1897 – HK Kraetzschmar 1900 – HS Heinisch 1923 – KAT Herrmann 1924 – HAT Bertholet/Galling 1936 – ICC Cooke 1936 (ND 1951) – HAT Fohrer 1955 – ATD Eichrodt I 1959 (1986^{5}) II 1966 (1984^{3}) – BK Zimmerli 1969 (1979^{2}) – AB Greenberg 1983 – NEB Fuhs I 1984 II 1988 – WBC I Brownlee 1986 – II Allen 1990 – POT Maarsingh I 1985 II 1988 – Int Blenkinsopp 1990 – EK Klein 1988.

§ 24 Das Dodekapropheton oder Zwölfprophetenbuch

Lehrsatz: Das Dodekapropheton oder Zwölfprophetenbuch. Im Dodekapropheton oder Zwölfprophetenbuch sind die Schriften Hosea, Joel, Amos, Obadja, Jona, Micha, Nahum, Habakuk, Zefanja, Haggai, Sacharja und Maleachi zusammengeschlossen. Die Abfolge Hosea, Amos, Jona, Micha, Nahum, Habakuk, Zefanja, Haggai und Sacharja ist offensichtlich chronologisch bestimmt. Die Stellung von Joel und Obadja scheint durch inhaltliche Gesichtspunkte und die von Maleachi vermutlich durch seine sekundäre Abtrennung vom Sacharjabuch und seine offensichtlich nachexilische Zeitstellung bedingt zu sein. Daher ist das Zwölfprophetenbuch gleichsam ein Kompendium der israelitisch-jüdischen Prophetie, welches dem Leser den Weg Israels von der Ankündigung der Zerstörung des Nord- und des Südreiches über die Jahrhunderte der Vorherrschaft der vorderasiatischen Großmächte bis zum Beginn des hellenistischen Zeitalters durch das prophetische Wort deutet und damit zur Umkehr angesichts des nahen Tages Jahwes aufruft.

Bemerkung 1: *Zur abweichenden Anordnung der Bücher in der Septuaginta und Vulgata.* Die Stellung des Zwölfprophetenbuches weicht in der Septuaginta und in der Vulgata wie in den von beiden abhängigen Tochterübersetzungen ab: Während die Zwölf in der Hebräischen Bibel hinter Jesaja, Jeremia und Ezechiel eingeordnet sind, stehen sie in der Septuaginta vor dem Jesajabuch und damit an der Spitze der Prophetenbücher, in der Vulgata und in den von ihr abhängigen modernen Übersetzungen dagegen erst hinter den sog. Großen Prophetenbüchern Jesaja bis Daniel. Während die Reihenfolge der Bücher Nahum bis Maleachi in der Hebräischen und in der Griechischen Bibel übereinstimmt, gibt es für die ersten sechs in der Septuaginta unterschiedliche Anordnungen. In den ältesten und wichtigsten Handschriften (und demgemäß in den maßgeblichen Textausgaben) folgen Hosea, Amos, Micha, Joel, Obadja und Jona aufeinander.[1]

Bemerkung 2: *Zur chronologischen Anordnung der Zwölfpropheten.* Die Vorordnung von Hosea vor Amos scheint sich aus seiner in der Überschrift Hos 1,1 vorausgesetzten längeren Wirkung während der Regierung der Könige Usija bis Hiskia von Juda zu ergeben, während Amos nach Am 1,1 nur unter Usija aufgetreten ist. Aber es ist nicht ausgeschlossen, daß die Vorordnung auch durch die zentralen Aussagen über das Verhältnis zwischen Jahwe und Israel im Hoseabuch bestimmt ist. Die Einstellung des Joelbuches vor dem Amosbuch könnte auf seiner Am 5,18-20 vorgreifenden Thematisierung des Tages Jahwes beruhen. Die Wiederholung von Am 1,2 in Joel 4,16 und die Am 1,11f. vorgreifende Andro-

1. Vgl. dazu J.Ziegler, Duodecim prophetae, Septuaginta. Vetus Testamentum Graecum Auct. Acad. Scient. Gottingensis ed., XIII, Göttingen 1984³, S.136f.

hung der Verwüstung von Edom in Joel 4,19 ist Folge der bewußten Verknüpfung des Joelbuches mit dem Amosbuch. In ähnlicher Weise ist das Amosbuch über das Heilswort in 9,12, das Israel den Besitz von Edom verheißt, mit dem Obadjabüchlein (Ob 19) verbunden worden. Die Stellung von Micha hinter dem Amosbuch ergibt sich aus der dem Propheten in Mich 1,1 zugeschriebenen Wirkungszeit während der Regierung der Könige Jotam bis Hiskia von Juda. Da Jona von Amittai nach II Reg 14,25 zur Zeit König Jerobeams II. von Israel prophezeit hat, erklärt sich die (späte) Einordnung von Jona hinter Amos und vor Micha. Daß man das den Untergang von Ninive ankündigende Buch des Nahum hinter das Michabuch und vor dem das Strafgericht durch die Chaldäer (Neubabylonier) gestellt hat, ergibt sich aus der geschichtlichen Abfolge der Ereignisse. Dagegen dürfte das Zefanjabuch deshalb hinter dem Habakukbuch eingeordnet worden sein, weil es in Zef 3,6f. das Eintreffen der gegen die Philister, Moabiter, Ammoniter und Assyrer gerichteten Drohworte bereits voraussetzt und mit 3,8* auf die Eroberung Jerusalems hinausblickt. Gleichzeitig nimmt es in seiner Endgestalt die Botschaft vom Tag Jahwes als Weltgericht in Zef 1,2f.7ff. noch einmal machtvoll auf und weist damit ebenso auf die Bücher Joel, Amos und Obadja zurück (Joel 1,15; 2,1ff.; Am 5,18ff.; Ob 15) wie auf das Maleachibuch voraus (Mal 3,17.19ff.). Die Prophezeiungen Haggais und Sacharjas aber geben sich in ihren Überschriften als frühnachexilisch aus und nehmen daher ihre organische Stellung am Ende der Sammlung ein. Die als Maleachibuch verselbständigten Weissagungen thematisieren ebenso die Frage nach den Ursachen für die Heilsverzögerung wie sie auf das letzte, seiner Natur nach selektive Gottesgericht verweisen. Mit dem Thema der Liebe Jahwes zu Jakob und seinem Haß gegen Esau/Edom in Mal 1,2ff. nimmt es am Ende des ganzen Zwölfprophetenbuches noch einmal das im Hoseabuch angeschlagene Thema der Liebe Gottes zu Israel auf (Hos 11,1; vgl. 2,21), um gleichzeitig an die inzwischen erfüllten Gerichtsankündigungen gegen Edom (Joel 4,19; Am 1,11f.; Ob 1ff.) zu erinnern.

Zusatz 1: *Die Entstehung des Zwölfprophetenbuchs.* Die erste äußere Bezeugung des Dodekapropheton findet sich in dem Lobpreis der Väter des Jesus Sirach aus dem 1.Viertel des 2.Jh.s v.Chr. (Sir 49,10). Da der Prophet Amos um die Mitte des 8.Jh.s v.Chr. gewirkt hat, stehen für die Entstehung der Sammlung mithin maximal fünfeinhalb Jahrhunderte zur Verfügung. Ihren Grundstock bilden ihrem Alter gemäß die Bücher *Amos*, *Hosea* und *Micha*. Möglicherweise sind sie schon im Laufe des 6.Jh.s zusammen mit dem *Zefanjabuch* unter dtr Einfluß zu einem *Mehrprophetenbuch* zusammengeschlossen worden. Neben es trat im 5.Jh. die *postdtr Sammlung* der Bücher *Haggai und Protosacharja*. Spätestens im 4.Jh. sind beide Sammlungen vereinigt und um die Bücher *Joel*, *Nahum*, *Habakuk* und *Jona* vermehrt worden. Im Laufe der weiteren eschatologischen Ausgestaltungen der Sammlung und der damit verbundenen Fortschreibungen des Sacharjabuches in c.9-11 und 12-14 sind schließlich auch die primär Sach 8 fortschreibenden Prophetien des Maleachibuches verselbständigt worden. Damit hatte die Sammlung ihre ideale Zwölfzahl erreicht. In ihrer redaktionellen Schlußphase scheint der Horizont der Bearbeiter das Großjesajabuch mitumfaßt zu haben. Jenem vergleichbar dürfte auch das Dodekapropheton seine Endgestalt im wesentlichen bis zum 1.Drittel des 3.Jh.s v.Chr. erhalten haben.

Bemerkung 3: *Zur redaktionsgeschichtlichen Erforschung des Zwölfprophetenbuches.* Auf den Gedanken, die Entstehungsgeschichte des Dodekaprophetons mittels einer chronologischen Anordnung der in ihm enthaltenen Glossen zu rekonstruieren, ist als erster *Rolland E. Wolfe* (1935) gekommen. Aufgrund der sachlichen Ordnung der Glossen schloß er darauf zurück, daß der vorexilische Grundbestand in den Büchern Hosea und Amos bestanden habe. Er wäre exilisch um Micha, Nahum, Habakuk und Zefanja, um 300 um Joel, Jona und Obadja und schließlich um Haggai, Sacharja 1-8, Maleachi und Sach 9-11 und 12-14 erweitert worden. Seinem der redaktionsgeschichtlichen Erforschung der Prophetenbücher vorgreifenden Versuch kommt ebenso wie dem vom Ansatz her vergleichbaren von *Alfred Jepsen* (1939) das Verdienst zu, den Blick für die unterschiedliche Tendenz der Zusätze in den einzelnen Büchern geschärft zu haben.

Erst auf dem Hintergrund größerer redaktionskritischer Erfahrungen konnten die Versuche, die Redaktionsgeschichte des Dodekaprophetons zu erhellen, in den letzten Jahrzehnten erfolgversprechender aufgenommen werden. So haben *Werner H. Schmidt* (1965), *Hans Walter Wolff* (1969) und *Jacques Vermeylen* (1978) nachgewiesen, daß das Amosbuch dtr bearbeitet worden ist. *Jacques Vermeylen* (1978) und *Hans Walter Wolff* (1982) konnten weiterhin zeigen, daß dasselbe auch für das Michabuch gilt. Darüber sollte nicht vergessen werden, daß *Ina Willi-Plein* (1971) erkannt hatte, daß sich der redaktionelle Bearbeitungsprozeß beim Michabuch mindestens bis in das frühe 4.Jh. v.Chr. erstreckt hat. Im Blick auf eine dtr Redaktion des Zefanjabuches gehen die Ansichten von *Klaus Seybold* (1985), der sie bejaht, und *Ehud Ben Zvi* (1991), der keine unmittelbaren dtr Einflüsse festzustellen vermag, auseinander. Schließlich haben *Gale A. Yee* (1987) und *Martti Nissinen* (1991) den seit langem bestehenden Verdacht bestätigt, daß auch das Hoseabuch nicht nur in einigen Glossen und in seinem Schluß (Hos 14,2-10) den Stempel deuteronomistischer Redaktionstätigkeit trägt. Andererseits hatte *W.A.M. Beuken* schon 1969 den Nachweis geführt, daß die Bücher Haggai und Sacharja 1-8 nachdeuteronomistisch in einem der Chronik verwandten Geist ediert worden sind.

Auf das Problem der buchübergreifenden Redaktionen hat *Peter Weimar* die Aufmerksamkeit mittels seiner Untersuchungen des Amos-Schlusses (1981) und des Obadjabuches (1985) gelenkt. Um die relative Chronologie der eschatologischen Zusätze im Zwölfprophetenbuch und ihre versuchsweise Einordnung in die Geschichte der spätpersischen und frühhellenistischen Zeit hat sich *Odil Hannes Steck* (1991) auf der Grundlage seiner vorausgegangenen redaktionsgeschichtlichen Untersuchungen des Großjesajabuches verdient gemacht. Dabei konnte er auch auf die Ergebnisse zurückgreifen, zu denen seine Schüler *Erich Bosshard* und *Reinhard G. Kratz* gelangt waren. *Bossard* hatte (1987) gezeigt, daß zahlreiche Beziehungen zwischen dem Zwölfprophetenbuch und den Schlußredaktionen des Jesajabuches existieren. Weiterhin hatte er dann (1990) zusammen mit *Kratz* den Nachweis geführt, daß die im Maleachibuch enthaltenen Kerntexte zunächst als Fortschreibungen von Sach 7f. zu beurteilen sind und erst im Zuge der Einfügung von Sach 9-11 und 12-14 zu einem selbständigen Prophetenbuch ausgestaltet worden sind. Schließlich hat *James D. Nogalski* nachgewiesen, daß die jeweils aneinanderstoßenden Schluß- und Anfangskapitel der einzelnen Bücher durch sekundäre Stichwortverbindungen miteinander verbunden sind und sich daraus ebenfalls Rückschlüsse auf den Weg vom Mehr- zum Zwölfprophetenbuch ziehen lassen. Das oben skizzierte Bild dieser Entwicklung wird im Zuge weiterer Untersuchungen gewiß noch präzisiert und modifiziert, läßt sich aber dem derzeitigen Forschungsstand gemäß verantworten.

Zusatz 2: *Zur Theologie des Zwölfprophetenbuches.* Wer das Dodekapropheton als ein Ganzes überblickt, erkennt, daß es seine Leser an einem heilsgeschichtlichen Drama teilnehmen läßt: Die Ankündigungen des Untergangs des Nordreiches Israel durch Hosea und Amos, aber auch die des Südreiches durch (Hosea, Amos und) Micha haben sich ebenso erfüllt wie die Gerichtsworte gegen die Nachbarvölker und Zwingherren, die Assyrer und Babylonier, von denen Amos, Joel, Obadja, Nahum, Habakuk und Zefanja kündeten. Die erfüllten Gerichtsworte dienen so als Stützen für das Vertrauen in die Erfüllung der Heilsworte für Israel, Juda und Jerusalem. Daß mit ihr trotz aller Verzögerungen zu rechnen ist, zeigen die am Beginn des Tempelbaus stehenden Prophezeiungen Haggais und Sacharjas. Das Heil ist seit dem Wiederaufbau des Jerusalemer Tempels auf dem Wege. Es kann mit seiner ganzen Herrlichkeit, die Jahwes Antritt seines Königtums auf dem Zion über die Völker (Ob 21; Mi 4,7; Zef 3,15ff.; Sach 14,9), die Erhebung Jerusalems zum Mittelpunkt der Völkerwelt (Mi 4,1-5; Sach 14,16ff.), die Wiedererrichtung des Königtums aus dem Wurzelgeschlecht Davids (Hos 2,2; 3,5; Mi 5,1-3; Am 9,11; Sach 9,9), die Herrschaft Israels über seine Feinde (Am 9,12; Ob 19ff.; Mi 5,6ff.; Zef 2,9) und die Heimkehr der Diaspora (Am 9,14f.; Zef 2,7; 3,20) einschließt, freilich erst eintreten, wenn Jahwe an seinem Tage nicht nur die erneut gegen Jerusalem andringenden Völker (Joel 4,1ff.9ff.; Sach 12,1ff.; 14,3ff.), sondern auch die Gottlosen in seiner Mitte vernichtet haben wird (Zef 2,1ff.; 3,11ff.; Sach 11,7ff.; 14,1f.; Mal 3,2ff. 13ff. 19ff.). Die Voraussetzung für das Bestehen dieses Tages aber ist die Umkehr, zu der Hos 14,2ff. angesichts des Gerichts über Israel und Juda und Joel 2,12ff. angesichts des nahenden Tages Jahwes aufrufen. Wenn schon die Buße Ninives zu seiner (zeitweiligen) Verschonung geführt hat (Jon 3), um wieviel mehr würde der sich im Gehorsam gegen die Tora bewährenden Gottesfurcht der Gerechten die Zukunft gehören (vgl. Mal 3,20f. 22 und im Gegensatz dazu Am 2,4f.). Dabei konnte man z.B. aus Hos 4,1ff.; Mi 6,6ff. oder Hab 2,4b lernen, was Jahwe von seinem Volk erwartete, nämlich ein sich auf Treue, Liebe, Gerechtigkeit, Gotteserkenntnis und Gottvertrauen gründendes Leben. Um dem in Fromme und Gottlose aufgespaltenen Volk noch einmal eine Chance zur Umkehr zu geben, würde Jahwe selbst den von ihm einst gen Himmel entrückten Propheten Elia als vollmächtigen Bußprediger und Friedensstifter zwischen den gesetzestreuen Vätern und den durch den Hellenismus angefochtenen Söhnen auf die Erde zurücksenden (Mal 3,23f.). Die Garantie für die Erlösung Israels aber bietet die Liebe, aus der heraus Jahwe Israel zu seinem Volk erwählt hat (Hos 11,1; Mal 1,2ff.).

Literatur: J.W.Rogerson, Artikel *Dodekapropheton*, TRE 9, 1982, S.18ff.(Lit.). – R.E.Wolfe, The Editing of the Book of the Twelve, ZAW 53, 1935, S.90ff.; A.Jepsen, Kleine Beiträge zum Zwölfprophetenbuch, ZAW 56, 1938, S.85ff. und 57, 1939, S.226ff.; W.H.Schmidt, Die deuteronomistische Redaktion des Amosbuches, ZAW 77, 1965, S.168ff.; W.A.M.Beuken, Haggai-Sacharja 1-8, StSN 10, Assen 1967; I.Willi-Plein, Vorformen der Schriftexegese innerhalb des Alten Testaments. Untersuchungen zum literarischen Werden der auf Amos, Hosea und Micha zurückgehenden Bücher im hebräischen Zwölfprophetenbuch, BZAW 123, Berlin 1971; R.E.Clements, Prophecy and Tradition, Oxford 1975; G.M.Tucker, Prophetic Superscriptions and the Growth of a Canon, in: Canon and Authority, ed. G.W.Coats und B.O.Long, Philadelphia 1977, S.58ff.; J.Blenkinsopp, Prophecy and Canon. A Contribution to the Study of Jewish Origin, Notre Dame 1977; J.Vermeylen, Du prophète Isaïe à l'apocalyptique II, EtB, Paris 1978; P.Weimar, Der Schluß des Amos-Buches, BN 16, 1981, S.60ff.; ders., Obadja. Eine redaktionskritische Analyse, BN 27, 1985, S.35ff.; K.Seybold, Satirische Prophetie. Studien zum Buch Zefanja, SBS 120, Stuttgart 1985; E.Bosshard, Beobachtungen zum Zwölfprophetenbuch, BN 40, 1987, S.30ff.; ders. und R.G.Kratz, Maleachi im Zwölfprophetenbuch, BN 52, 1990, S.27ff.; G.A.Yee, Compositon and Tradition in the Book of Hosea, SBL.DS 102, Atlanta/Georgia 1987; P.R.House, The Unity of the Twelve, JSOT.S 97, Sheffield 1990; M.Nissinen, Prophetie, Redaktion und Fortschreibung im Hoseabuch, AOAT 231, Kevelaer und Neukirchen-Vluyn 1991; O.H.Steck, Der Abschluß der Prophetie im Alten Testament. Ein Versuch zur Frage der Vorgeschichte des Kanons, BThSt 17, Neukirchen-Vluyn 1991; E.Ben Zvi, A Historical-Critical Study of the Book of Zephaniah, BZAW 198, Berlin – New York 1991; J.D.Nogalski, Literary Precursors to the Book of the Twelve, BZAW 217, Berlin – New York 1993; ders., Redactional Processes in the Book of the Twelve, BZAW 218, 1994.

a) Das Buch Hosea

Lehrsatz 1: *Das Hoseabuch*. Das Buch des Hosea, Sohn des Beeri, dürfte als einziges das Erbe eines nicht nur im Nordreich Israel wirkenden, sondern vermutlich auch aus ihm stammenden Propheten verwalten. Es ist in seiner überlieferten Gestalt offensichtlich eine in mehreren Phasen entstandene planvolle Komposition. Sie verfolgt nach dem Präludium der c.1-3 in den c.4-11 den durch Gericht zum Heil führenden Weg Israels als der treulosen Frau Jahwes, um dann in den c.12-14 zu zeigen, wie es trotz seiner Eigenschaft als des Adoptivsohns

Jahwes durch seinen Abfall ins Exil geraten ist, in dem es abschließend zur Umkehr als der Bedingung seiner Erlösung aufgerufen wird. Das Buch geht in seinem Kern vermutlich auf Worte Hoseas aus der Zeit des syrisch-ephraimitischen Krieges (734-732) zurück, die nach dem Untergang des Nordreiches 722 gesammelt, ediert und weiterhin in exilischer und nachexilischer Zeit bearbeitet und dabei auch auf Juda bezogen worden sind.

Zusatz 1: *Zum Aufbau des Buches.* Das Hoseabuch gliedert sich deutlich in die drei Teile c.1-3; 4-11 und 12-14.

Dabei bilden die c.1-3 gegenüber den folgenden eine Einheit: c.1 ist ein Fremdbericht und handelt von den drei der Ehe Hoseas mit seiner hurerischen Frau Gomer entsprungenen, als Unheilszeichen ersehenen Kindern Jesreel, Lo-Ruhama (Unbegnadigte) und Lo-Ammi (Nicht mein Volk). C.3 nimmt das Thema in Form eines Selbstberichts auf. Nach ihm sollte Hosea als Zeichen für das Verhältnis Jahwes zu Israel erneut eine ehebrecherische Frau erwerben, aber längere Zeit nicht mit ihr verkehren und so die kommende, bis zur Umkehr Israels währende Unheilszeit vorbilden. Dazwischen steht in c.2 eine mehrfach erweiterte und durch Heilsworte in V.1-3 und V.20-25 gerahmte Gottesrede, in der Jahwe zum Rechtsstreit mit der treulosen Mutter der Israeliten aufruft und ihr nach der Versetzung in die Wüste die Rückführung in das Land verspricht.

Die c.4-11 werden durch die Prozeßankündigung in 4,1-3 und die Heilszusage in 11,8-11 gerahmt. Thematisch handeln 4,1-5,7 von der Perversion des Gottesdienstes und 5,8-9,9 vor allem von dem politischen Irrweg Israels, ohne daß Anklagen gegen den religiösen Abfall fehlen. Dabei wirken 4,4-19 und 5,1-7 auf der einen und 5,8-7,16 und c.8 auf der anderen Seite wie Parallelkompositionen, während 9,1-9 die Summe zieht. In 9,10-11,11 dominieren geschichtliche Rückblicke, die Jahwes Erwählungshandeln dem Abfall Israels gegenüberstellen und in Gerichtsankündigungen münden (vgl. 9,10-17; 10,1-8.9-15 und 11,1-7).

Den letzten Teil des Buches bilden die c.12-14. In c.12 wird die Schuld Ephraims bis zu Jakobs Betrug an seinem Bruder zurückverfolgt und an sein Ringen mit Gott am Jabbok als Paradigma für die geforderte Umkehr erinnert,[2] während in 13,1-14,1 Israels Abfall von Jahwe zu Baal als Ursache für sein in der Zerstörung Samarias gipfelndes Unglück angeprangert wird. Dann folgt in 14,2-9 ein bedingtes, an die Befolgung der Ermahnung zur Umkehr geknüpftes Heilswort. In dem als Nachtrag zu beurteilenden V.10 ruft ein Weiser dazu auf, die Botschaft des Buches zu beherzigen und auf dem geraden Weg Jahwes zu wandeln.

Lehrsatz 2: *Die Entstehung des Buches.* Über die Entstehung auch dieses Prophetenbuches besteht in der gegenwärtigen Forschung keine grundlegende Einigkeit. Ob es im wesentlichen oder nur in schmalen Überlieferungskernen die in die Jahrzehnte zwischen der Mitte des 8.Jh.s und der Zerstörung Samarias 722

2. Vgl. dazu aber auch H.-D Neef, BZAW 196, 1987, S.15ff.

fallende prophetische Tätigkeit spiegelt oder seine Klagen die Katastrophe bereits vor Augen haben, ist umstritten. Nachdem es nicht gelungen ist, das literarische Problem des Buches mittels der Literarkritik und der Formgeschichte zu lösen, sind die Versuche, ihm redaktionsgeschichtlich beizukommen, jedenfalls erfolgversprechender.

Zusatz 2: Das literarische Problem des Buches. Schon die in 1,1 und 1,2a unmittelbar aufeinander folgenden Überschriften geben zu erkennen, daß das Buch in seiner Endgestalt das Ergebnis eines redaktionellen Prozesses ist. Dabei fällt in 1,1 zumal die chronologische Inkongruenz der genannten Könige aus den beiden Reichen auf, unter denen Hosea gewirkt haben soll; denn einerseits soll sein Auftreten in die Regierungszeit Jerobeams II. von Israel (787-747) und andererseits in die der judäischen Könige Usija, Jotam, Ahas und Hiskia (787-700/697?) gefallen sein. Schon daran wird erkennbar, daß das Buch seine Endgestalt in Juda erhalten hat. In der Tat ist dessen Schicksal in 1,7; 2,2; 4,15; 5,5b.14; 6,11; 8,14; 10,11 und 12,1b und 3a offenbar sekundär mit dem des Nordreiches verbunden worden, während es in dem vom Syrisch-Ephraimitischen Krieg handelnden Drohwort 5,8-13 in den Grundtext gehören dürfte. Die dreimalige Wiederholung der Botschaft von dem durch das Gericht zum Heil führenden Weg Israels in seinen drei Hauptteilen gibt zu der Vermutung Anlaß, daß in dem Buch eine planvolle Redaktion waltet, die frühestens exilisch anzusetzen ist (2,1-3; 5,14; 5,15-6,6; 13,1ff.14ff.). Schließlich gibt auch der häufige Wechsel zwischen der Anrede der Beschuldigten in der 2. und der 3. Person Plural (vgl. z.B. 4,1-6 mit 4,7-10; 5,1-2a und 2b bzw. 3 und 4) zu erkennen, daß der überlieferte Text das Ergebnis kommentierender Fortschreibungen ist.

Zusatz 3: Lösungsversuche.[3] In der bis zur Mitte dieses Jahrhunderts reichenden *literarkritischen Epoche* beließ man es bei der Ausscheidung der sich auf Juda beziehenden oben aufgeführten Glossen und der mit der Grundbotschaft des Buches von dem kommenden Unheil unverträglichen Heilsworten in 2,1-3; 2,15b-25; 5,15-6,3.5b, 11,10 und 14,2-10. Damit war bereits die Einsicht verbunden, daß man in dem Buch zwischen einer hoseanischen Grundschicht und exilisch-nachexilischen Bearbeitungen zu unterscheiden hat.[4] Darüber hinaus erkannte *Karl Marti* (1904), daß auch c.3 nicht ursprünglich ist, sondern sein Thema in Abhängigkeit von c.1 behandelt. Sein Verfasser habe c.1 als eine Allegorie auf die Geschichte Judas verstanden und ihr eine solche über die Geschichte des Nordreiches an die Seite gestellt.[5]

Gegen diese mit einem literarischen Anfang und einem weiteren literarischen Wachstum des Buches rechnenden Ansatz setzte *H.S. Nyberg* 1935 in seinen

3. Vgl. dazu auch G.A.Yee, SBL.DS 102, 1987, S.1-25.
4. Vgl. K.Marti, Das Dodekapropheton, KHC XIII, Tübingen 1904, S.8ff.
5. Vgl. KHC XIII, S.9.

Studien zum Hoseabuch ein Modell, dem zufolge das Buch das Ergebnis einer sekundären Verschriftung der primär lediglich mündlich tradierten Botschaft des Propheten wäre: Sie wäre zunächst von Kreisen um Hosea bewahrt, schrittweise verschriftet und dann in Jerusalem umgebildet worden. Demgemäß sei es nicht mehr möglich, zwischen primären und sekundären Bestandteilen des Buches zu unterscheiden. *Harris Birkeland* hat diesen Ansatz (1938) modifiziert und dabei den Nachdruck darauf gelegt, daß die Verschriftung der Bewahrung der bereits im Stadium der mündlichen Überlieferung verfestigten Tradition diente und diese daher im Normalfall zuverlässig repräsentierte. Mithin käme es primär darauf an, bei den Prophetenbüchern die jeweilige Traditionsgrundlage zu ermitteln.[6]

In gewisser Weise haben *Hans Walter Wolff* (1961) und *Jörg Jeremias* (1979, 1983 und 1986) diesen Ansatz aufgenommen. Beide nahmen zwar an, daß der Grundbestand von c.2 und das ganze c.3 von Hosea selbst aufgeschrieben seien, rechneten dann aber damit, daß die c.4-14 erst von seinen Schülern aufgezeichnet und ausgestaltet worden seien. Darin hat sich ihnen auch *Thomas Naumann* (1991) grundsätzlich angeschlossen. Als kerygmatische Grundeinheiten sah *Wolff* im Umkreis des Propheten angefertigte Auftrittsskizzen an und suchte damit auch den schlechten Textzustand der c.4-11 zu erklären. Diese Skizzen wären nachträglich unter Berücksichtigung ihrer zeitlichen Folge in den Sammlungen der c.4-11 und 12-14 zusammengeschlossen worden. Da *Wolff* Hosea und seine Tradenten als Vorläufer der deuteronomischen Bewegung betrachtete, sah er sich durch die zahlreichen, von ihm beobachteten Parallelen zur dtn Paränese zu keinen weitergehenden literarkritischen Eingriffen herausgefordert. Daß er die Spuren nachträglicher Glossierungen und zumal einer judäischen Redaktion nicht übersah, versteht sich von selbst.[7] *Jörg Jeremias* hat diesen Ansatz dahingehend modifiziert, daß es sich in c.4-11 um die durch 4,1f. eingeleitete Zusammenfassung der Verkündigung Hoseas handle. Zunächst würden in den c.4-9 die Botschaft aus seiner Frühzeit und aus der Zeit des Syrisch-Ephraimitischen Krieges in je zwei Parallelkompositionen (vgl. 4,1-19 par 5,1-7 und 5,8-7,16 par 8,1-13 [+9,1-9]) und dann in 9,10-11,11 Worte aus seinen letzten Jahren dargeboten. Wie in der von ihm ebenfalls der Spätzeit zugewiesenen Sondersammlung c.11-14 in 14,2-9 stehe auch hier in 11,8-11 ein Heilswort am Ende.

Die beiden derzeit letzten fundamentalen Untersuchungen von *Gale A. Yee* (1987) und *Martti Nissinen* (1991) schlagen dagegen einen konsequenten *redaktionskritischen* und *redaktionsgeschichtlichen* Weg ein.

Ausgehend von der Strukturierung des Buches in seiner Endgestalt schreitet *Yee* seine Entstehungsgeschichte rückwärts bis zu den Traditionskernen der mündlich überlieferten und von einem Sammler (Collector C) verschrifteten Worte

6. Zum Problem vgl. auch A.H.J.Gunneweg, Mündliche und schriftliche Tradition der vorexilischen Prophetenbücher als Problem der neueren Prophetenforschung, FRLANT 73, Göttingen 1959.
7. Vgl. BK XVI/1, Neukirchen-Vluyn 1961, S.XXIII-XXVII.

des Propheten ab. Dabei achtet sie sorgfältig auf die Brüche im Text als Indikatoren für nachträgliche Kommentierungen.

Den *hoseanischen Grundbestand* erkennt sie in Worten, in denen Israels treulose Mutter von seinem Vater Jahwe zur Rechenschaft gezogen wird (2,4aα.b.5).[8] Diese Treulosigkeit werde dann am Beispiel des Verhaltens der Führer des Volkes (5,1; 6,9), der Könige (7,3.5; 8,10) und der Beamten (7,3.5; 8,10) illustriert. Dabei erweist sich die Treulosigkeit in den illegalen handelspolitischen Allianzen mit auswärtigen Mächten. Die Anklagen gipfelten in der Charakterisierung Israels als des unverständigen Kindes seiner Eltern in 13,13. Dieser hoseanische Kern stamme aus der Zeit des Syrisch-Ephraimitischen Krieges (vgl. 5,8-13a.14).[9]

Die Bestätigung der Unheilsbotschaft Hoseas in Gestalt der Zerstörung Samarias durch die Assyrer im Jahre 722 hätte dann den *Sammler* (C) veranlaßt, seine Worte aufzuzeichnen.[10] Dabei hätte er c.1* als Berufungserzählung Hoseas vorangestellt. Indem die Mutter nun zu Hoseas Weib und die der Ehe entsprungenen Kinder Jesreel, Lo-Ruhama (Unbegnadigte) und Lo-Ammi (Nicht mein Volk) zu Vorankündigungen des kommenden Unheils wurden, habe er zugleich die Metapher von der Ehe zwischen Jahwe und Israel geschaffen. In diesem Sinn habe er dann auch noch c.2 bearbeitet, weiterhin aber nicht in das überlieferte Gut eingegriffen.[11]

Eine erste, bereits dtr Redaktion R_1 habe die hoseanische Botschaft für Juda aktualisiert und dabei in 4,1f. ebenso auf den Dekalog angespielt wie in 4,6; 8,1.12 den Vorwurf der Verletzung der Tora erhoben.[12] Aus der Unzucht des Volkes sei erst durch ihn der religiöse Abfall, nicht zuletzt nach der Art der Sünde Jerobeams geworden. *Yee* möchte den Redaktor im Anschluß an das von *R.D. Nelson* zur Erklärung des Deuteronomistischen Geschichtswerkes entwickelte Zweistufenmodell[13] in die Josiazeit datieren.[14] Wer dem Göttinger Schichtenmodell anhängt, wird durch die Bezugnahmen auf die Tora freilich eher an DtrN erinnert und daher gegen die Frühdatierung von R_1 Bedenken tragen.[15]

Schließlich habe der während der Exilszeit wirkende Endredaktor R_2 das Buch durch die Rahmung mit 1,1 und 14,10, den Abschluß der c.1 und 2 durch c.3, die Einfügung der Heilsworte 2,19-20.22b-25; 11,10f. und 14,2-9 dem Buch

8. Vgl. SBL.DS 102, 1987, S.122ff.
9. Sie rechnet zu ihm: 2,4aαb.5.7b.12; 4,4*.5b. 12bα.18-19a; 5,2aβ-3. 5abα.8-13a. 14; 6,8-10; 7,1-3*.5-9.11-12a**; 8,8-10; 9,11-13.16; 10,11.13a; 12,1a.2-4.8-9. 13-15; 13,12-13; 13,15-14,1.
10. Vgl. dazu ebenda, S.112ff.
11. So schreibt Yee dem Sammler 1,2-4.6abα.8-9; 2,4aβ.6-7a.18aβb.21-22a zu.
12. Vgl. dazu ebenda, S.115ff.
13. Vgl. dazu Grundriß I, S.87.
14. Zu R_1 rechnet Yee 2,10a.11.13-15a; 4,1-2.4*.5a.6b.13b.15-16a.17a. 18ab**.19b; 5,5bβ-7; 6,4.6-7.11; 8,1-4a.5aβb.6.11-12; 9,1.5.7.10.15 und 10,1-8.15.
15. Vgl. dazu Grundriß I, S.100f., vgl. auch S.94.

seine innere Struktur gegeben.[16] Dem Weg Israels als der treulosen Frau Jahwes aus der Wüste des Exils in die Heimat in c.2 entspricht nun der zur Restitution Israels führende Weg der Buße in 5,15-6,3; 10,12 und 11,10-11 im zweiten Teil. Dabei korrespondiert die treulose Frau/Israel in c.1-3 mit dem treulosen Jungen Israel am Ende von c.4-11 (11,1f.). In c.12-14 wird zunächst in c.12 Jakob zum Urbild der von Israel und Juda verlangten Buße umstilisiert und der Exodus zum Urbild der Befreiung aus dem Exil. In 13,1-11.14 wird dem durch seinen Abfall von Jahwe gleichsam in das Totenreich gelangten Ephraim die Erlösung prophezeit. Die durch eine zur Umkehr aufrufende Mahnrede eingeleitete Verheißung der vollen Restitution Israels in 14,2-9 schließt das Buch zusammen mit dem zu seinem Verständnis anleitenden V.10 ab.[17]

Die Untersuchung von *Martti Nissinen* beschränkt sich auf die Untersuchung der c.4 und 11 als Anfang und Ende der weithin als Grundstock des Buches betrachteten Komposition und kommt hier zu einem noch radikaleren Ergebnis: Als Grundschicht bleiben ihm die durch Klage und Trauer über den Untergang des Nordreiches gekennzeichneten Texte 4,1a.2b.3aα und 11,1-6* zurück, mit denen auch 5,12-6,3; 7,3-7.8-12; 8,7-10; 9,3-6; 9,11-14 und 10,5-8 zu vergleichen seien. Die erste Bearbeitungsschicht setze in 2,4ff. ein und ende in 13,1-6. Sie sei bereits von der spätdtr Bundestheologie beeinflußt. 4,6a.7-8.11-14 und 11,2.3b.4aβ.5b und 7 werden einer frühnachexilischen, bereits am Rande des Deuteronomismus stehenden Bearbeitung zugewiesen, 4,15 einer weiteren, an der Kultzentralisation orientierten, 4,16-19 einer durch ihre Geschichtsbetrachtung gekennzeichneten noch jüngeren und 11,8-9.11 einer heilseschatologischen. – Obwohl *Yee* und *Nissinen* darin übereinstimmen, daß sie die schriftlichen Anfänge des Hoseabuches erst nach dem Untergang des Nordreiches ansetzen, divergieren sie nicht nur in der Frage nach der Verarbeitung hoseanischer Traditionen in der Erstverschriftung, sondern auch im Blick auf die weitere Geschichte des Buches. Daher wünscht man sich dringend eine erneute, den gesamten Bestand des Buches einbeziehende redaktionsgeschichtliche Untersuchung.

Bemerkung 1: *Zum Dissens der Forschung.* Vergegenwärtigt man sich, daß *Thomas Naumann* vorexilische Nachinterpretationen außer in einer in 4,5; 5,5; 6,11a; 8,14; 10,11 und 12,1.3 greifbaren judäischen Aktualisierung lediglich in 4,15; 7,10 und 14,2-4 findet und von den exilisch-nachexilische Zusätzen 4,3; 6,11b; 8,1b; 9,4.10; 11,10; 12,6; 14,4b und 14,10 nur 8,1b als deuteronomistisch beurteilt, wird deutlich, in welchem Umfang die gegenwärtige Prophetenforschung unterschiedliche Wege geht.

16. Vgl. dazu ebenda, S.120ff.
17. R_2 weist Yee 1,1.5.6bβ-7; 2,1-3.8-9.10b.15b-18aα.19-20.22b-25; 3,1-5; 4,3.6a.7.12a.bβ. 13a.14.16b.17b; 5,2b.4.13b; 5,15-6,3.5; 6,11b-7,1aα.4.10. 12a**.b.15***.16; 8,4b-5aα.6*-7.13-14; 9,2-4.6.8-9.14.17; 10,9-10.12.13b-14; 11,1-4.5-7.8-9.10-11; 12,1b.5-7.10.12.14; 13,1-11.14 und 14,2-9.10 zu.

Lehrsatz 3: *Zur Theologie des Hoseabuches.* Das Hoseabuch hat sein entscheidendes theologisches Profil durch die Redaktion erhalten, der es seine Dreiteilung in die c.1-3; 4-11 und 12-14 verdankt. Nach ihr ist es ein zur Umkehr aufrufender Schuldaufweis für den Untergang Israels und für das Exilsgeschick Judas; denn obwohl sich Israel der ihm in seiner Erwählung bewiesenen Liebe seines Gottes nicht würdig gezeigt hat (11,1ff.), wird Jahwe in seinem Erbarmen seinen Zorn überwinden (11,8ff.) und, wenn Israel zu ihm umkehrt (14,2ff.; vgl. auch 5,15-6,3.5), die Folgen seiner Abtrünnigkeit heilen (14,5ff.).

Zusatz 4: *Die zentralen Gedanken des Hoseabuches.* Folgen wir noch einmal seinem Aufbau unter Hervorhebung zentraler Gedanken, so reichert sich uns das Bild der Umkehrtheologie des Buches wesentlich an: Das von Jahwe geliebte Volk ist seinem Gott wie eine ehebrecherische Frau untreu geworden und konnte daher nicht mit seiner Verschonung rechnen (c.1). Daher mußte es noch einmal in die Wüste des Exils, wo es nach seiner Umkehr (2,16ff.; vgl. auch 12,10) von seinem Gott für immer angenommen (2,20ff.) und in sein mit neuer Fruchtbarkeit gesegnetes Land zurückgeführt wird (2,23ff.), um sich dann dem künftigen König aus Davids Geschlecht anzuschließen (vgl. 2,2 mit 3,5).

Den Grund für Jahwes Gericht an Israel faßt die Anklage in 4,1-2 am Anfang der c.4-11 bündig zusammen: Die fehlende Treue, Liebe und Gotteserkenntnis[18] des Volkes zeigt sich in seinem Ex 20,13-15 par widersprechenden Verhalten. Die Schuld daran wird vor allem seinen Priestern (4,4ff.; 5,1; 7,9), dann dem Königshaus (5,1), weiterhin den Propheten (4,5), aber nicht zuletzt auch dem Volk selbst zugeschrieben. Die Priester haben zusammen mit dem Königshof ihre Verantwortung für das Recht vergessen (5,1). Das spiegelt sich sowohl in der Innen- wie in der Außenpolitik: Im Lande selbst scheinen die Königsmorde zur Tagesordnung gehört zu haben (vgl. 7,3ff. und prägnant 8,4; ferner 13,10f.). Der Syrisch-Ephraimitische Krieg führte dazu, daß Israel und Juda Hilfe beim König von Assur suchten (5,10ff.). Aber Ephraim, der Rumpfstaat des Nordreiches, schwankte, statt sich auf Jahwe zu verlassen, ziellos zwischen Assur und Ägypten hin und her (7,11; 8,8f.; 12,2). Das Volk aber hatte den Jahwedienst baalisiert, indem es Jahwe in Stiergestalt und wie einen Naturgott verehrte und dadurch (wie einst seine Väter bei ihrem Abfall zum Baal Peor 9,10) den sittlichen Charakter der Gottesbeziehung verdarb (4,12ff.; 7,14f.; 8,5f.11f.; 9,1; 10,5f.; 11,2; 12,1; 13,2). Da es den ihm Gottes unabwendbaren Zorn ansagenden Propheten für einen Narren erklärte (9,7ff.), machte es sein Unglück unabwendbar. Zur Wiederherstellung Israels aber gäbe es nur den einen Weg der Umkehr zu Jahwe und damit zur Gerechtigkeit (5,15-6,3; 10,12 und 11,10f.). Dem einst aus Liebe erwählten Israel (11,1) werde Jahwe sein Erbarmen nicht endgültig versagen (11,8ff.).

18. Vgl. dazu H.W.Wolff, »Wissen um Gott« bei Hosea als Urform von Theologie, EvTh 15, 1955, S.116ff. = ders., Ges. Studien zum AT, ThB 22, München 1964, S.182ff.

In dem Schlußteil der c.12-14 lassen sich die beiden ersten Kapitel schwer auf eine Linie bringen: Die Anspielungen auf Jakob und Esau, den Kampf Jakobs mit einem Engel am Jabbok und seiner Begegnung mit ihm in Bethel in 12,3-5 kommt wohl eine vorbildhafte Bedeutung zu, die das gottentfremdete Ephraim zur Buße führen sollte (12,7). Die Flucht Jakobs nach Aram in 12,13 scheint in Analogie zu der Herausführung Israels durch Mose aus Ägypten in V.14 zu stehen. In der neuen Wüste des Exodus muß es erneut auf seine Propheten hören (12,10f.). Obwohl Israel keinen anderen Gott und keinen anderen Helfer als Jahwe kennt, ist es zum Bilderdienst abgesunken und hat sich damit selbst in das tiefste, dem Tode gleiche Unglück gestürzt (13,4ff.1ff.9ff. und 12f.). Aber Jahwe wird es trotzdem erlösen (13,14 vgl. I Cor 15,55), obgleich Samaria verwüstet worden ist (14,1). Mit der bedingten Verheißung, welche die Mahnung zur Umkehr mit dem Versprechen der Heilung und neuen Blüte Israels verbindet, hat das Buch einen grandiosen Abschluß im Geiste der dtr Umkehrtheologie erhalten, die auf das eigene Leben anzuwenden der Weise in seinem Nachwort in 14,10 auffordert.

Literatur: Smend, Entstehung[4], § 28; W.H.Schmidt, Einführung[4], § 15; Kaiser, Einleitung[5], § 24b; J.Jeremias, Art. *Hosea/Hoseabuch*, TRE 15, 1986, S.586ff. (Lit.); G.A.Yee, SBL.DS 102, S.1ff. – J.Wellhausen, Die Kleinen Propheten, Berlin 1898[3] (ND); B.Duhm, Anmerkungen zu den zwölf Propheten, Gießen 1911, S.18ff. = ZAW 31, 1911, S.18ff.; K.Budde, Eine folgenschwere Redaktion des Zwölfprophetenbuches, ZAW 39, 1922, S.218ff.; H.S.Nyberg, Studien zum Hoseabuche, UUÅ 1935/6, Uppsala 1935; H.Birkeland, Zum hebräischen Traditionswesen. Die Komposition der prophetischen Bücher des Alten Testaments, ANVAO.H.F. 1938/1, Oslo 1938; H.W.Wolff, Hoseas geistige Heimat, ThLZ 81, 1956, Sp.83ff. = ders., Ges. Studien zum AT, ThB 22, München 1964 (1973[2]), S.232ff.; H.Frey, Der Aufbau der Gedichte Hoseas, WuD NF 5, 1957, S.9ff.; H.Donner, Israel unter den Völkern, SVT 11, Leiden 1964; M.Buss, The Prophetic Word of Hosea: A Morphological Study, BZAW 111, Berlin 1969; I.Willi-Plein, Vorformen der Schriftexegese innerhalb des Alten Testaments, BZAW 123, Berlin 1971; D.Kinet, Baal und Jahwe. Ein Beitrag zur Theologie des Hoseabuches, EHS.T 87, Bern und Frankfurt/Main 1977; J.Jeremias, Hosea 4-7. Beobachtungen zur Komposition des Buches Hosea, in: Textgemäß. FS E.Würthwein, hg. A.H.J.Gunneweg und O.Kaiser, Göttingen 1979, S.47ff.; H.Utzschneider, Hosea – Prophet vor dem Ende, OBO 31, Freiburg/Schw. und Göttingen 1980; H.-D.Neef, Der Septuaginta-Text und der Masoreten-Text des Hoseabuches. Ein Vergleich, Bib 67, 1986, S.195ff.; ders., Die Heilstraditionen Israels in der Verkündigung des Propheten Hosea, BZAW 169, Berlin – New York 1987; G.A.Yee, Composition and Tradition in the Book of Hosea. A Redaction Critical Investigation, SBL.DS 102, Atlanta/Georgia 1987; D.R.Daniels, Hosea and Salvation History. The Early Traditions of Israel in the Prophecy of Hosea, BZAW 191, Berlin – New York 1990; M.Nissinen, Prophetie, Redaktion und Fortschreibung im Hoseabuch. Studien zum Werdegang eines Prophetenbuches im Lichte von Hos 4 und 11, AOAT 231, Kevelaer und Neukirchen-Vluyn 1991; Th.Naumann, Hoseas Erben. Strukturen der Nachinterpretation im Buch Hosea, BWANT 131, Stuttgart u.a. 1991: K.Zobel, Prophetie und Deuteronomium, BZAW 199, Berlin – New York 1992.

Kommentare: KHC Marti 1904 – ICC Harper 1905 (ND) – HK Nowack 1922[3] – HS Lippl

1937 – HAT Robinson 1954² (1964³) – ATD Weiser 1950 (1985⁸) – BK Wolff 1961 (1990⁴) – CAT Jacob 1965 – KAT Rudolph 1966 – OTL Mays 1969 – CBC McKeating 1971 – AB Andersen/Freedman 1980 – NEB Deissler 1981 – ATD Jeremias 1983 – WBC Stuart 1987.

b) Das Buch Joel

Lehrsatz: Das vier Kapitel umfassende Joelbuch steht in der Hebräischen an 2. und in der Griechischen Bibel an 4.Stelle innerhalb des Zwölfprophetenbuches. In seiner vorliegenden Gestalt nimmt es eine von einem Heuschreckeneinfall begleitete Dürre zum Anlaß, angesichts des kommenden Tages Jahwes das Volk zur Buße aufzufordern und dem Bußfertigen die Rettung im Völkersturm und Völkergericht zu verheißen. Mit seinen biblischen Zitaten und Anspielungen gibt es sich in seiner überlieferten Gestalt als ein Spätling unter den Prophetenbüchern zu erkennen.

Zusatz 1: *Zum Aufbau und Inhalt des Buches*. Das Buch gliedert sich in die beiden Teile 1,1-2,17 und 2,18-4,21. Der erste Teil berichtet von der Klage angesichts einer Dürre und des bevorstehenden Tages Jahwes, der zweite von ihrer Erhörung durch Jahwe und dem künftigen Heil. Dem Aufruf zur Volksklage (1,1-14) und der Klage (1,15-20) angesichts eines als Vorbote des Tages Jahwes (1,15) verstandenen Heuschreckeneinfalls (1,4.5-13) und einer katastrophalen Dürre (1,8-20) folgt in 2,1-11 die Ankündigung des Tages Jahwes, der mit dem Überfall eines heuschreckengleichen (2,3b-8a) Heeres verbundenen sein werde, und in 2,12-14 ein Bußruf, der in 2,15-17 durch einen weiteren Aufruf zu einer Klagefeier aufgenommen wird. In 2,18-27 folgt dann ein Erhörungsorakel. An die Verheißung der Geistausgießung und der Ankündigung der Rettung vor den Schrecken des Tages Jahwes auf dem Zion in 3,1-5 schließt sich in 4,1-3.9-17 die durch 4,4-8 unterbrochene Ankündigung des Völkergerichts im Tale Josaphat an. Ein Heilswort von der neuen Fruchtbarkeit des Landes Juda in 4,18-20 (21), das im Kontrast dazu Ägypten und Edom die Versteppung androht, beschließt das Buch.

Bemerkung 1: Abweichende *Kapiteleinteilung bei G und V.* In der Septuaginta und in der Vulgata werden 3,1-5 als 2,28-32 und demgemäß 4,1-21 als 3,1-21 gezählt.

Zusatz 2: *Zur Entstehung des Buches*. Das durch Fremd- und Eigenzitate sowie eine große Zahl von biblischen Anspielungen, Glossierungen, Kommentierungen und sein eigentümliches Geschichtsverständnis als ein Spätprodukt der Schriftprophetie gekennzeichnete Buch stellt den Leser vor die Frage, ob er es bei ihm im wesentlichen mit einem in sich geschlossenen Entwurf kompilatorischen Charakters oder dem Ergebnis eines mehrstufigen redaktionellen Prozesses zu tun hat. Im

Laufe der letzten hundert Jahre hat sich die Mehrzahl der Forscher, von denen hier z.B. *Julius Wellhausen*, *Wilhelm Nowack*, *Karl Marti*, *Arvid S. Kapelrud*, *Artur Weiser*, *Hans Walter Wolff*, *Carl A. Keller*, *Wilhelm Rudolph*, *John D.W. Watts*, *Werner H. Schmidt**, *Jörg Jeremias* und *Siegfried Bergler* genannt seien, für die erste Möglichkeit ausgesprochen und dabei bestenfalls 4,4-8 bzw. 4,1-20(21) als sekundäre Nachträge angesprochen. Unter ihnen nimmt *Bergler* insofern eine Sonderstellung ein, als er damit rechnet, daß dem Verfasser des Buches ein fünfstrophiges Dürre- und vermutlich auch ein entsprechendes Feindgedicht vorgelegen hätten, die dann beide in eigentümlich aufgelöster Weise verarbeitet worden wären.[19] Die Heuschrecken in 1,4.5ff. sollen als Vorläufer der am Tage Jahwes einbrechenden Feinde aus dem Norden (vgl. Jer 4-6; Joel 2,20) verstanden werden.

Die innere Schwierigkeit des Ineinanders von Heuschrecken- und Dürreplage und ihrer unterstellten Vorbedeutung für den kommenden Tag Jahwes hat zuletzt *Oswald Loretz* redaktionsgeschichtlich zu lösen versucht.[20] In Anknüpfung an Beobachtungen von *Alfred Jepsen*[21] weist er nach, daß man primär zwischen den Heuschrecken- und den Dürretexten zu unterscheiden hat. Unter Aufnahme von Beobachtungen *Gustav Hölschers*[22] plädiert er weiterhin dafür, in den vom Tage Jahwes handelnden Texten überhaupt einen Nachtrag zu sehen. Auf diese Weise gewinnt er einen 1,2-3.8-14.16-20 + 2,12-14.15-19.21-24.26-27 + 4,18 umfassenden Grundtext, in dem es sich gleichsam um den Bericht von einer erhörten Klage anläßlich einer Dürre solchen Ausmaßes handelt, daß das tägliche Opfer im Jerusalemer Tempel nicht mehr durchgeführt werden konnte (1,13). Die Heuschreckentexte in 1,4-5; 2,3b-8a und 2,25 wären Teil der sekundären Tag-Jahwe-Bearbeitung, der außer 2,1-11 auch 1,15 zu verdanken sei. In der Tat wird erst durch die Ausscheidung von 2,1-11 ein in sich schlüssiger Zusammenhang zwischen 1,4-20 und 2,12-19 hergestellt. Auch um die Einheit von 3,1-5 ist es nach dem einleuchtenden Urteil von *Loretz* schlecht bestellt; denn 3,1-2 erweisen sich als Nachinterpretation von 2,27 und 3,3-5 als Brücke zu dem folgenden Text von dem Völkergericht im Tale Josaphat 4,1ff. Das Buch hätte seinen typologischen und eschatologischen Charakter mithin erst im Zuge eschatologischer Bearbeitungen erhalten.

Zusatz 3: *Zur Datierung*. Eine vorexilische Ansetzung des Buches scheidet schon deshalb aus, weil die von dem Propheten angesprochene Gemeinde ihre Führer in Ältesten und Priestern besitzt (1,2.13.14). Da die Priester im 515 fertiggestellten Zweiten Tempel amtieren (1,13; 2,17), kann selbst der Grundbestand des Buches nicht älter als das späte 6. oder das 5.Jh.v.Chr. sein. Andererseits setzt die

19. Das Dürregedicht hätte nach ihm aus 1,5.9.12bβ.13; 1,10-12abα.17.19 und 18.20 und das Feindgedicht aus 2,1aα; 1,6a.bαbβ.7.8; 2,2aβbα.4.5.7.8 und 9 bestanden.
20. Zu anderen Versuchen vgl. Kaiser, Einleitung^5, S.291.
21. ZAW 56, 1938, S.85ff.
22. Die Profeten. Untersuchungen zur Religionsgeschichte Israels, Leipzig 1914, S.430ff.

Ankündigung des Angriffes der Feinde auf Jerusalem am Tage Jahwes den Wiederaufbau der Stadtmauer voraus (2,9). Als *terminus post quem* für das eschatologische Buch erhält man mithin den Wiederaufbau der Mauern durch Nehemia (444-433 bzw. 439-428). Als *terminus ad quem* für die das Orakel gegen Tyros und Sidon in 4,4-8 umfassende Endgestalt setzt man in der Regel die Zerstörung von Sidon durch Artaxerxes III. Ochos 343 v.Chr. an. Der Rückschluß ist freilich nicht stringent, da weder Sidon noch das 332 von Alexander zerstörte Tyros in hellenistischer Zeit ihre Rolle ausgespielt hatten. Berücksichtigt man, daß in 3,4b ein Zitat aus Mal 3,23 vorliegt,[23] wird man nicht zögern, auch noch die Zeit zwischen dem letzten Drittel des 4. und dem ersten des 3.Jh.s v.Chr. für die Schlußbearbeitungen des Buches offen zu halten. Weitere Aufklärung über die Entstehung des Buches ist von der vergleichenden Redaktionsgeschichte des Dodekaprophetons zu erwarten.

Bemerkung 2: *Der Prophet Joel.* Über den in der Überschrift 1,1 als Sohn des Petuel bezeichneten Propheten Joel besitzen wir keinerlei weitere Nachrichten. Möglicherweise haftet sein Name an dem voreschatologischen Grundtext des Buches. In diesem Fall könnte er im 5. oder frühen 4.Jh. in Jerusalem gewirkt haben. In der aufrichtigen Umkehr des ganzen Volkes zu Jahwe sah er die Voraussetzung der Beendigung der durch eine katastrophale Dürre heraufbeschworenen Hungerszeit. Er fragte nicht nach den Sünden, die zur Katastrophe geführt hatten, sondern nach den Gründen, die Jahwe zur Gabe neuen Segens veranlassen könnten (2,12-14).

Bemerkung 3: *Zur Theologie der eschatologischen Bearbeitungen.* Der eschatologische Hauptbearbeiter sah in der Buße des ganzen Volkes die Bedingung für die Rettung vor den von Jahwe an seinem Tage gegen Jerusalem herangeführten Feinden (vgl. auch 3,5). Für den in 4,1-3.9-17 die Stimme erhebenden Schriftpropheten würde Jahwe an seinem Tag im Tal Josaphat alle Völkern wegen ihrer Behandlung seines Volkes richten, sich aber seinem Volk als sichere Zuflucht erweisen. Die Heilszeit sollte für den in 3,1f. das Wort ergreifenden Bearbeiter durch die universale Verleihung prophetischer Gaben gekennzeichnet sein. Das Land aber würde, so weiß es der in 4,18ff. das Wort nehmende Prophet, durch einen unter dem Tempel hervorbrechenden Quell bis an die Grenze des ostjordanischen Berglandes hin bewässert (vgl. auch Ez 47,1-12), während Ägypten und Edom zu Einöden werden sollten.

Literatur: Smend, Entstehung[4], § 29; W.H.Schmidt, Einführung[4], § 23.1; Kaiser, Einleitung[5], § 24 o; J.Jeremias, Artikel *Joel/Joelbuch*, TRE 17, 1988, S.91ff. (Lit.). – A.Merx, Die Prophetie

23. Weitere Zitate liegen in 1,15 (Jes 13,6); 2,2aα (Zef 1,15bβγ); 4,1a (Jer 33,15; 50,4.20) und 4,16aα (Am 1,2a) vor. Zu den biblischen Anspielungen und Berührungen vgl. die Verzeichnisse bei O.Loretz, UBL 4, 1986, S.151ff.

des Joel und ihre Ausleger von den ältesten Zeiten bis zu den Reformatoren, Halle 1879; H.Holzinger, Sprachcharakter und Abfassungszeit des Buches Joel, ZAW 9, 1889, S.89ff.; J.Wellhausen, Die Kleinen Propheten, Berlin 1898^3 (ND); B.Duhm, Anmerkungen zu den zwölf Propheten, Gießen 1911, S.96ff. = ZAW 31, 1911, S.184ff.; W.Baumgartner, Joel 1 und 2, in: Festschrift K.Budde, hg. K.Marti, BZAW 34, Gießen 1920, S. 10ff.; L.Dennefeld, Les problèmes du livre de Joël, Paris 1926; A.Jepsen, Kleine Beiträge zum Zwölfprophetenbuch, ZAW 56, 1938, S.85ff.; A.S.Kapelrud, Joel Studies, UUÅ 1948/4, Uppsala und Leipzig 1948; M.Treves, The Date of Joel, VT 7, 1957, S.149ff.; E.Kutsch, Heuschreckenplage und Tag Jahwes in Joel 1 und 2, ThZ 18, 1962, S.81ff. = ders., Kleine Schriften zum AT, hg. L.Schmidt und K.Eberlein, BZAW 168, Berlin – New York 1986, S.231ff.; J.M.Myers, Some Considerations Bearing on the Date of Joel, ZAW 74, 1962, S.177ff.; O.Plöger, Theokratie und Eschatologie, WMANT 2, Neukirchen-Vluyn 1968^3, S.177ff.; H.W.Wolff, Die Botschaft des Buches Joel, ThEx NF 109, München 1963; W.Rudolph, Wann wirkte Joel?, in: Das ferne und nahe Wort. FS. L.Rost, hg. F.Maass, BZAW 105, Berlin 1967, S.193ff.; G.W.Ahlström, Joel and the Temple Cult of Jerusalem, SVT 21, Leiden 1971; W.S.Prinsloo, The Theology of the Book of Joel, BZAW 163, 1985; ders., The Unity of the Book of Joel, ZAW 104, 1992, S.66ff.; O.Loretz, Regenritual und Jahwetag im Joelbuch, UBL 4, Altenberge 1986; S.Bergler, Joel als Schriftinterpret, BEATAJ 16, Frankfurt/Main u.a. 1988.

Kommentare: KHC Marti 1904 – ICC Bewer 1911 (ND) – HK Nowack 1922^3 – KAT Sellin 1929$^{2\text{-}3}$ – HS Theis 1937 – HAT Robinson 1954^2 (1964^3) – ATD Weiser 1950 (1982^8) – CAT Keller 1965 – BK Wolff 1969 (1985^3) – KAT Rudolph 1971 – CBC Watts 1975 – NEB Deissler 1981 – WBC Smith 1984 – EK Bič 1960.

c) Das Buch Amos

Lehrsatz 1: *Eigenart und Botschaft des Amosbuches.* Das Amosbuch spiegelt die Verkündigung des ältesten unter den sog. Schriftpropheten Amos in der mehrfachen Brechung wiederholter Bearbeitungen. Nach 1,1 stammte er aus dem südöstlich von Bethlehem gelegenen Thekoa. Von Beruf war er Vieh- und Maulbeerzüchter (1,1; 7,14). Sein Auftreten fällt vermutlich in die Jahre zwischen 760 und 750 v.Chr. Die Bearbeitung seiner Botschaft setzte spätestens nach dem Untergang des Nordreiches ein und erstreckte sich vermutlich bis in spätnachexilische Zeit. So stellt das Buch in seiner überlieferten Form den Schuldaufweis für den Untergang der Reiche Israel und Juda dar, nennt die Bedingungen für die Möglichkeit der Begnadigung der Überlebenden durch Jahre (5,4ff.14ff.) und verheißt schließlich die Wiederherstellung des Reiches Davids (9,11f.) und die heilvolle Wende des Schicksals Israels (9,14f.)

Bemerkung 1: *Die Stellung des Buches im Dodekapropheton.* In der Hebräischen Bibel ist das Amosbuch an 3.Stelle innerhalb des Dodekaprophetons zwischen dem Joel- und dem Obadjabuch, in der Septuaginta an 2. hinter dem Hoseaund vor dem Michabuch eingeordnet. Während die Septuaginta ihre Leser damit auf die Verbindung zwischen dem Gericht an Israel und Juda und dem bereits ergangenen Völkergericht als Paradigma des kommenden Gerichts und der Erlösung Israels hinweist, treten beide in der Hebräischen Bibel in das Licht der Botschaft vom Tage Jahwes (vgl. Joel 1,13ff. und besonders 2,1ff. mit Am 5,18ff.).

Zusatz 1: *Aufbau und literarische Eigenart des Buches.* Das Amosbuch enthält 9 Kapitel. Es läßt sich grundsätzlich in die folgenden Teile gliedern: 1.) Überschrift 1,1; 2.) das durch einen Vorspruch in 1,2 eingeleitete Völkergedicht 1,3-2,16; 3.) die Prophetenworte c.3-6; 4.) die Visionen des Amos 7,1-9,4(6), in die in 7,10-17 eine Prophetenerzählung in Gestalt eines Fremdberichts und in 8,4-14 die Botschaft der Gesichte erläuternde Prophetenworte eingeschaltet sind; und 5.) in die eschatologischen Anhänge 9,8-15. Da die fünf älteren Völkersprüche und die fünf Visionsberichte sachlich aufeinander bezogen sind und die Spruchsammlung der c.3-6 einen planmäßigen Aufbau besitzt, treten uns Verkündigung und Wirken des Propheten Amos nur in literarischer Brechung entgegen.

Zusatz 2: *Die Entstehung des Buches.* Selbst die Grundfrage, ob der Kern des Buches in den primär selbständigen Aufzeichnungen der Visionsberichte 7,1-8,3+9,1-4*, der Völkersprüche 1,3-2,16* und der Prophetenworte c.3-6* besteht oder ob statt dessen nur mit einer oder zwei in ihrem Umfang wesentlich reduzierteren Sammlungen als Ausgangspunkt für die Entstehung des Amosbuches zu rechnen ist, wird derzeit unterschiedlich beantwortet. Darüber hinaus besteht auch keine einheitliche Meinung über den Umfang und das Alter der Redaktionen. Es zeichnet sich jedoch eine Übereinstimmung in der Richtung ab, daß die Spruchsammlung c.3-6 ihre wesentliche Ausformung erst nach 722 erhalten hat.

Bemerkung 2: *Die Komposition des Amosbuches.* Zum Verständnis der Komposition des Buches haben die Untersuchungen von *Klaus Koch*, *Hartmut Gese* und *Jörg Jeremias* wesentlich beigetragen.[24] Auf die Überschrift in 1,1 folgen in 1,(2)3-2,16 das Völkergedicht, in c.3-6 die Sprüche und in c.7-9* die Visionen des Amos. Dabei entsprechen die ursprünglich fünf Völkersprüche gegen Damaskus, Gaza, Ammon, Moab und Israel in 1,3-5.6-8.13-15; 2,1-3 und 2,6-16* und die fünf Visionen von der Heuschreckenplage, dem das große Urmeer fressenden Feuer, dem auf der Mauer mit einer zinnernen Waffe (?) in der Hand stehenden Jahwe, dem Obstkorb und dem neben dem Altar stehenden und dem Befehl zu einem den Tempel zum Einsturz bringenden Schlag erteilenden Gott in 7,1-3.4-6.7-8; 8,1-2 und 9,1-4* einander.[25] Innerhalb der Völkersprüche bilden die beiden ersten und die dritte und vierte, innerhalb der Visionen die beiden ersten und die

24. Vgl. dazu K.Koch, AOAT 30/I, 1976, S.78f. und III, S.12-15; H.Gese, SVT 32, 1981, S.74ff. = ders., Atl. Studien, 1991, S.94ff.; P.Weimar, BN 16, 1981, S.80ff. sowie J.Jeremias, ZAW 100.S, 1988, S.123ff. und ders., BZAW 185, 1989, S.82ff.
25. Zu den Text- und Interpretationsproblemen vgl. die Kommentare, zu 7,7-8 W.Beyerlin, OBO 81, 1988 und zu 9,1-4* P.Weimar, BN 16, 1981, S.78ff.

vierte und fünfte je ein Paar.[26] Dabei legitimieren die Visionen die Unheilsbotschaft der Völkersprüche und die Völkersprüche die Radikalität der Unheilsbotschaft der Visionen,[27] während die in den c.3-6 enthaltenen Reden die in der Israel-Strophe gegebene Begründung entfalten. Weiterhin stehen sich die c.3-4 und c.5-6 als Jahwe- bzw. als Prophetenworte gegenüber. Dem *Hört dieses Wort, das Jahwe wider euch redete* in 3,1a entspricht das *Hört dieses Wort, das ich wider euch erhebe* in 5,1. Dazwischen steht das *Hört dieses Wort, ihr Basanskühe* in 4,1. In c.3-4 wird das Gottesvolk ausschließlich als *ihr Israeliten*, in c.5-6 ebenso ausschließlich als *Haus Israel* angesprochen. Auf die als Einleitung für die Spruchsammlung dienende Ankündigung der Heimsuchung in 3,1a.2 folgt in 3,3-5(6)(7).8 die Legitimation der Botschaft von der tödlichen Heimsuchung, die dann in 3,9-4,3 ihre sozialkritische Begründung findet. Dabei werden in 3,12-15* die Männer und in 4,1-3 die Frauen der Hauptstadt Samaria angeklagt.

Das die c.5-6 eröffnende Prophetenwort in Gestalt einer Totenklage in 5,1-3 wird durch die Weherufe in 5,7.10*;[28] 5,18ff.; 6,1ff.* und 6,13f.* ebenso begründet wie aufgenommen: So lautet die Botschaft der c.3-6 insgesamt, daß die Heimsuchung Israels durch Jahwe für das Volk den Tod bedeutet. Mithin erweisen sich die c.3-6 als eine planvoll aufgebaute und ausgestaltete literarische Textfolge, die offensichtlich dem Schuldaufweis dient und ihre Grundgestalt vermutlich erst nach dem Untergang des Nordreiches im Jahre 722 erhalten hat.[29] Dabei zeigt die Einführung des bedingten Drohwortes in 5,4-6 und der bedingten Verheißung in 5,14-15, daß die Sammlung sich an den die Katastrophe von 722 überlebenden Rest richtet. Die Erzählung von der Ausweisung des Propheten aus dem Reichsheiligtum von Bethel in 7,10-17 könnte ihren jetzigen Platz erst bei der Einschaltung von dem 7,8 kommentierenden und 7,11 korrigierenden Vers 7,9 erhalten und ursprünglich unmittelbar hinter c.3-6 gestanden haben, während sie jetzt die Spruchsammlung und den Visionsbericht miteinander verklammert.[30] Sollte es sich bei ihr jedoch erst um eine jüngere Bildung handeln,[31] würde sich die einfachere Annahme nahelegen, daß sie mittels V.9 sogleich ihre jetzige Stellung im Buch erhalten hat. Durch eine den Schuldaufweis auch auf Juda ausdehnende, unter dtr Einfluß stehende Bearbeitung, der jedenfalls 1,1*; 1,10f.11f.; 2,4f.9-12; 3,1b.7; 5,25f.; 6,1aα (in Zion) und 9,7f. angehören, ist

26. Vgl. dazu H.Gese, SVT 32, 1981, S.74-95 = ders., Atl. Studien, S. 95-115 und J.Jeremias, BZAW 185, 1989, S.83ff.
27. Vgl. dazu auch J.Jeremias, ebenda, S.89.
28. Füge am Anfang von V. 7 und V.13 ein *hôj* ein und vgl. dazu H.W.Wolff, BK XIV/2, S.268 und 269 bzw. Th.H.Robinson, HAT I/14, 1954², S.96 z.St.
29. Vgl. J.Jeremias, ZAW 100.S, 1988, S.137.
30. Vgl. A.Weiser, BZAW 53, 1929, S.263f.
31. Vgl. P.R.Ackroyd, A Judgement Narrative between Kings and Chronicles? An Approach to Amos 7.9-17, in: Canon and Authority. FS W.Zimmerli, ed. G.W.Coats und B.O.Long, Philadelphia 1977, S.71-78 = ders., Studies in the Religious Tradition of the Old Testament, London 1987, S.196-208 + S.288-292.

dem Buch seine Bedeutung für das Judentum der exilisch-nachexilischen Zeit gegeben worden. Dem dienten weiterhin die in 9,8-15 angeschlossenen Heilsworte. Das Büchlein hat als Ganzes schließlich durch die Einführung der Doxologien in 1,2; 4,13; 5,8f. und 9,5f. eine liturgische Gliederung erhalten.

Aus diesen Beobachtungen ergibt sich, daß die Visionsberichte und die Fremdvölkersprüche in ihrer überlieferten Form ebenso als literarische Ausgestaltungen der prophetischen Botschaft anzusehen sind wie die von ihnen gerahmte Spruchsammlung.[32]

Zusatz 2: *Zur Entstehung des Buches*. Schon im ersten Drittel dieses Jahrhunderts bestand relative Einigkeit darüber, daß 1. der Fremdbericht 7,10-17 und die in den Visionszyklus eingestellten Worte 8,4-14 erst sekundär ihren jetzigen Platz erhalten haben, 2. das Völkergedicht zumindest um die Tyrus-, Edom- und Juda-Strophen[33] 1,9f.11f. und 2,4f. (nebst den der Juda-Strophe entsprechenden Zusätzen in 3,1b und 6,1aα)[34] erweitert worden ist, 3. die Doxologien in 4,13; 5,8f. und 9,5f.,[35] 4. auch die jetzt das Buch abschließenden Heilsworte 9,8-15 erst als nachexilisch zu betrachten sind[36] und das Buch 5. eine Reihe von Glossen enthält, zu denen z.B. 2,10.12.15 und weitere kleinere Zusätze wie z.B. 3,3.7; 4,7-8; 5,13(-15); 5,26; 6,(1-)2 und 8,11f. gerechnet wurden.[37] *Artur Weiser* erklärte die Entstehung des Buches (1929) mittels der Hypothese, daß es durch die sekundäre, sei es noch vorexilische oder erst exilische Vereinigung der von Amos selbst verfaßten Visionsschrift 1,1*; 7,1-8; 8,1-3 und 9,1-7 mit der von einem Sammler veranstalteten und von ihm durch 1,1.2 und 7,10-17 gerahmten Spruchsammlung c.1-6 gebildet worden sei. Dabei verdient besondere Hervorhebung, daß *Weiser* 7,9; 8,3; 8,4-14; 9,8 und 9,9-15 als Worte beurteilte, die *nach Form und Inhalt nicht von Amos stammen können, sondern als spätere Einfügungen anzusehen sind*.[38] Sie seien dazu bestimmt, empfundene Lücken innerhalb der Visi-

32. Vgl. dazu J.Jeremias, BZAW 185, S.96f.
33. Zum sekundären Charakter der Juda-Strophe vgl. schon B.Duhm, Die Theologie der Propheten als Grundlage für die innere Entwicklungsgeschichte der israelitischen Religion, Bonn 1875, S.119 und J.Wellhausen, Kl.Propheten, 1898³ (1963⁴), S.71f. Nachdem bereits Wellhausen, a.a.O., S.69f. Zweifel an der Authentizität der Tyrus-Strophe geäußert hatte, hat sich seit Beginn des Jh.s weitgehend die Einsicht durchgesetzt, daß auch die Tyrus- und die Edom-Strophe redaktionellen Ursprungs sind; vgl. z.B. W.Nowack, HK III/4, 1903, S.130f. z.St.; K.Marti, KHC XIII, 1904, S.152 und A.Weiser, BZAW 53, 1929, S.86ff.
34. K.Marti, KHC XIII, 1904, S.151.
35. Vgl. z.B. J.Wellhausen, Kl.Propheten 1898³ (1963⁴), S.80 und S.94; K.Marti, a.a.O., S.152 und A.Weiser, BZAW 53, S.289f.
36. Vgl. z.B. J.Wellhausen, a.a.O., S.95; W.Nowack, a.a.O., S.174f. und K.Marti, a.a.O., S.152.
37. Vgl. J.Wellhausen, W.Nowack und K.Marti z.St.
38. Vgl. BZAW 53, 1929, S.250 und S. 288.

onsschrift in Anlehnung an andere Amosworte auszufüllen.[39] Im gleichen Jahr hat *Friedrich Horst* die Doxologien in 4,13; 5,8 und 9,5f. als Teile eines Psalms angesprochen und ihre Einfügung als liturgisch im Sinne der Anerkennung des göttlichen Gerichts beurteilt.[40]

Den nächsten Impuls hat die kritische Amos-Forschung erst 1965 durch die Aussonderung von 1,1*.2; 1,9f.11f.; 2,4f.; 2,10-12; 3,1a(b).3.7; 5,25f. durch *Werner H. Schmidt* als dtr Zusätzen erhalten.[41] Zu ihnen ist nach *Hartmut Gese* auch 9,7f. zu rechnen.[42] – Auf eine neue Grundlage wurde die Forschung 1969 durch den Kommentar von *Hans Walter Wolff* gestellt. Er sah als *Quellen des Buches* neben der *Visionsschrift* die beiden *Spruchsammlungen* 1,3-2,16* und 3,1-6,14* an. Durch die zwischen 760 und 730 in Juda wirkende *Amos-Schule* seien diese auf Amos selbst zurückgehenden Schriften etwa um 735 v.Chr. unter Einfügung von 1,1*; 5,13-15; 6,2.9-10?; 7,9.10-17; 8,3.4-7.8.9-14* und 9,7.8a.9-10 zur Grundform des Amosbuches vereinigt worden. Dabei seien Neufassungen und Ergänzungen der Schule von den *ipsissima verba* des Propheten häufig kaum zu unterscheiden. Durch die Zerstörung von Bethel durch König Josia von Juda sei dann 621 die *Bethel-Interpretation* provoziert, der 1,2; 3,14bα; 4,6-12; 5,6 sowie die Doxologien 4,13; 5,8f. und 9,5f. angehörten. Dann sei in der Exilszeit die von *Werner H. Schmidt* beschriebene dtr Redaktion erfolgt und nicht nur Jerusalem und Juda, sondern auch Tyrus und Edom in die Gerichtsbotschaft des Amos einbezogen worden. Ob auch 8,11f. angesichts von Dtn 8,3 erst zu dieser Redaktion gehöre, bleibe ungewiß. Der nachexilische Beitrag zum Amosbuch beschränkt sich so für *Wolff* auf die frühnachexilischen Heilsworte in 9,11-15 und die ihr entsprechenden Einschränkungen der Unheilsverkündigung in 5,22aα; 6,5 (*wie David*) und 9,8b.

Ein anderes Bild von der Genese des Buches zeichnet *Ina Willi-Plein* in ihrer 1970 abgeschlossenen und 1971 veröffentlichten Dissertation: Sie begrenzte die alte Spruchsammlung auf 1,1-4,12a* und beurteilte c.5-6* und 8-9* als eine aus Amosfragmenten gebildete und um die Visionsschrift in 7,1-8 und 8,1-3[43] gelegte Ringkomposition, die sie der Zeit des Manasse zuschrieb. Besondere Beachtung verdient, daß sie die literarische Einheit der von *W.H. Schmidt* als dtr ausgesonderten Texte bestritt, die Doxologien wieder nach 520 und vor 350 einordnete und als jüngste, erst aus dem späten 4.Jh. stammende Einschübe 1,9f.; 5,9 und 5,13 beurteilte.[44]

39. Vgl. dazu ebenda, S.256ff.
40. ZAW 47, 1929, S.45ff. = ders., ThB 12, 1961, S.155ff.
41. ZAW 77, 1965, S.168ff.
42. Das Problem von Amos 9,7, in: Textgemäß. FS E.Würthwein, hg. A.H.J.Gunneweg und O.Kaiser, Göttingen 1979, S.33ff. = ders., Atl. Studien, 1991, S.116ff.
43. In 9,1-4 beurteilt sie die V.2-4 mit guten Gründen als sekundäre hymnische Einfügung aus einer gegenüber Ps 139 jüngeren Dichtung, vgl. BZAW 123, 1971, S.52ff.
44. Vgl. die Zusammenfassung ihrer Untersuchung S.58ff.

Demgegenüber meinte *Jacques Vermeylen* 1978 zwischen zwei dtn-dtr Redaktionen unterscheiden zu können: Die Völkersprüche seien überhaupt erst durch einen möglicherweise schon dtn, in der Josia-Zeit wirkenden Bearbeiter in das Buch eingefügt worden, auf den auch 3,3.7-8 und zumindest auch 5,26-27 zurückgingen. Als weitere, nach 586 vorgenommene dtr redaktionelle Einschübe hat er 1,9f.11f.; 2,4f.; 2,9-12; 3,1-2; 4,4-5.12b; 5,4-6.11-12a.13?.25-27; 6,1-2*.6b-7.11.12?; 7,9-17; 8,3?.13-14 und 9,7-8a beurteilt.

Auf eine judäische, in Jerusalemer Priester- oder Tempelsängerkreisen nach dem Untergang des Nordreiches und vor dem Fall des Südreiches veranstaltete Bearbeitung führte *Klaus Koch* 1976 die vorliegende Komposition in ihrem vordtr Bestand zurück. Ihre Absicht wäre die Ankündigung des totalen Untergangs des israelitischen Volkes gewesen. Aufgrund von 1,1* schloß er auf eine ältere Sammlung von Amosworten zurück, die vermutlich vom Propheten selbst veranstaltet wäre, ohne daß es sich entscheiden lasse, ob diese die Völkersprüche 1,3-2,16*, die Samariasprüche 3,9-4,3*, die Weherufe über Unrecht im Tor 5,9-17*, die Weherufkomposition vom Tag Jahwes 5,18-27*, die Viervisionsreihe 7,1-9* + 8,1-3* (einschließlich 9,1-4*?), die Trauersprüche 8,4-14 (+9,1-4?) und schließlich auch die Fluchgeschichte 4,6-12a* enthalten habe. *Koch* rechnet demgemäß damit, daß der größte Teil der Amosworte einschließlich der Einzelsprüche (inklusive der in 7,10-17 enthaltenen) bis zu der Erstellung der judäischen Komposition mündlich tradiert worden sei.[45]

Fundamentaler ist die von *Volkmar Fritz* an das bisherige Verständnis des Buches gerichtete Anfrage, indem er das ganze Völkergedicht als eine erst unter dem Eindruck der assyrischen Eroberungen nach 722 verfaßte Komposition beurteilt,[46] die ihrerseits bereits von der Visionsschrift abhinge, in der nur die beiden ersten Strophen auf Amos selbst zurückgingen. Dabei hätte 7,1-6 eine ältere, den Grundbestand von c.3-6* umfassende Sammlung von Amosworten abgeschlossen, von denen lediglich die mit einem großen Unglück rechnenden Worte 3,12a.bα und 5,3 auf den Propheten zurückgingen. Dieser Kern habe nach 722 seine Ausgestaltung durch *vaticinia ex eventu* gefunden, welche die Unheilsworte des Propheten als Ankündigung des Untergangs der Nordreiches deuteten.[47]

Geht man von der Einsicht aus, daß uns die Verkündigung des Amos erst in der Gestalt überliefert ist, die sie nach der Katastrophe von 722 erhalten hat, kann man sich entweder im Blick auf die *ipsissima verba* des Propheten mit einem *ignoramus, ignorabimus* begnügen, oder man muß sich wie *Volkmar Fritz* der Frage nach ihren Quellpunkten stellen. In diesem Fall liegt es nahe, bei dem Hinweis der Überschrift in 1,1 davon auszugehen, daß der Prophet zwei Jahre vor dem Erdbeben aufgetreten ist. Diese Notiz setzt offenbar voraus, daß der

45. Vgl. dazu AOAT 30/ II, S.121ff.
46. Vgl. VT 27, 1987, S.26ff..
47. Vgl. BZAW 185, 1989, S.29ff.

Prophet eine entsprechende Katastrophe richtig vorausgesagt hat. Daher kann man ihm nicht nur die beiden ersten Visionen zuweisen, sondern muß man auch den Grundbestand der 4.Vision als von Amos selbst stammend beurteilen.[48] Dasselbe gilt für die Israelstrophe des Völkergedichts in Gestalt der von *Peter Weimar* vorgeschlagenen Reduktion auf 2,6.13a.bα.14.16b[49] sowie für eine ganze Reihe weiterer Texte, die unten in *Zusatz* 3 aufgeführt werden. Da Jerobeam II. nach II Reg 14,25 (vgl. Am 6,13f.) das verlorene Staatsgebiet im Ostjordanland zurückgewonnen hat,[50] ist es grundsätzlich nicht auszuschließen, daß der Prophet auch gegen Damaskus und Ammon geweissagt hat und also auch 1,6-8 und 1,13-15 auf ihn zurückgehen. Gänzlich außerhalb des Möglichen liegt die 1950 von *Ernst Würthwein* vertretene Hypothese mithin nicht, daß Amos als Heilsprophet begonnen und in dieser Phase auch gegen die Feinde Israels geweissagt habe und erst durch seine Visionen zum Unheilspropheten geworden sei.[51] Allerdings müßte man in diesem Fall die Zusammenstellung der Völkersprüche mit der Israelstrophe als sekundär betrachten, wie es *Gunther Fleischer* 1989 aufgrund formaler Inkongruenzen vertreten hat.[52]

Erinnern wir daran, daß der gegenwärtige Stand der Deuteronomismusforschung eine Neuüberprüfung der im Laufe der letzten Jahrzehnte als dtr oder dtr beeinflußt betrachteten Texte erfordert, daß sich gegen die Einordnung der von *Wolff* zur Bethel-Schicht gerechneten Texte in der Josia-Zeit religionsgeschichtliche Bedenken erheben lassen und daß die Ansichten auch in Einzelfragen auseinandergehen,[53] ist deutlich, daß die Diskussion über die Genese des Amosbuches keineswegs abgeschlossen ist.

Zusatz 3: *Der Prophet Amos.* Amos stammt nach der Überschrift 1,1 aus der südöstlich von Bethlehem am Rande der Wüste Juda gelegenen Landstadt *The-*

48. Zur Rekonstruktion des Textes vgl. I.Willi-Plein, BZAW 123, S.52ff.
49. Vgl. BN 16, 1981, S.82 Anm.85. – V.Fritz, VT 37, 1987, S.26ff. und BZAW 185, 1989, S.29ff. rechnet damit, daß das Buch zu einem überwiegenden Teil als *vaticinium ex eventu* zu beurteilen ist. Vgl. dazu aber auch J.Jeremias, BZAW 185, 1989, S.96 Anm.35.
50. Vgl. zu diesen H.Donner, Geschichte des Volkes Israel und seiner Nachbarn in Grundzügen 2, ATD 4/2, Göttingen 1986, S.282f.
51. Vgl. ZAW 62, 1949/50, S.28ff. = ders., Wort und Existenz, 1970, S.86ff. Allerdings läßt sich seine Deutung des Propheten als eines Nabi aufgrund seines praeteritalen Verständnisses des Nominalsatzes in Am 7,14 nicht mehr aufrecht erhalten; vgl. dazu Anm. 54.
52. BBB 74, 1989, S.18ff.
53. Vgl. z.B. die unterschiedliche Beurteilung von 8,4-8: H.Gese, Amos 8,4-8: Der kosmische Frevel händlerischer Habgier, in: BZAW 185, S.59ff. reklamiert den Text für den Propheten; J.Jeremias, Am 8,4-7 – ein Kommentar zu 2,6f., in: Text, Methode und Grammatik. FS W.Richter, hg. W.Gross, H.Irsigler und Th.Seidel, St. Ottilien, 1991, S.205ff. datiert 8,4-14 in das ausgehende 7. bzw. frühe 6.Jh. T.Veijola, Die Propheten und das Alter das Sabbatgebots, in: BZAW 185, S.246ff. hält ihn S.252ff. für eine redaktionelle, bereits auf Nehemias Bemühungen zur Einhaltung des Sabbatgebotes zurückblickende Bildung.

koa. Von Beruf war er wahrscheinlich Vieh- und Maulbeerzüchter (vgl. 1,1 mit 7,14). Sein Wirken wird in 1,1 zutreffend in die Regierungszeit der Könige Usija/Asarja von Juda (787-736?) und Jerobeam II. von Israel (787-747) datiert (vgl. 7,9 und 7,10f.). Mithin fällt es in die Zeit vor der Mitte des 8.Jh.s v.Chr. Aus 3,9ff.; 4,1ff. und 6,1ff. schließt man auf seine Wirksamkeit in Israels Hauptstadt Samaria. Nach dem in seiner Genese umstrittenen Fremdbericht 7,10-17 wäre er bis zu seiner Ausweisung aus dem Nordreich durch den Priester Amazja auch am königlichen Reichsheiligtum von Bethel aufgetreten.[54] Auf seinem Weg ist Amos vom fürbittend für Israel eintretenden Propheten durch seine Gesichte zum Boten der kommenden Heimsuchung geworden (vgl. 7,1-6 mit [7,7-9; 8,1-3] 9,1-4*), die er in 3,12abα_1 und 5,7 (*textus emendatus*).[55] 10-12.16-17; 6,1-6* ohne nähere Qualifizierung und in 2,6.13abα.14.16b; 9,1; 3,12b$\alpha_2\beta$ (*textus emendatus*).[56] 15 und 4,1-2* in Gestalt eines das Land verheerenden Erdbebens vorausgesagt hat.[57] Dabei belegen 2,6; 3,12b; 4,1; 5,7.10.12b und 6,4f.*, daß Amos die Ursache der kommenden Katastrophe in der widerrechtlichen Unterdrükkung der Schwachen durch die ein Luxusleben führende Oberschicht gesehen hat. Sein Urteil über das Eitle des Stolzes angesichts der militärischen Erfolge wie über die religiöse Selbstsicherheit seiner Zeit geben die Weherufe in 6,13-14 (*textus emendatus*) und 5,18-20 zu erkennen. Der Gott, der zum Gericht gegen Israel antritt, ist freilich derselbe, der auch die von den Aramäern und Ammonitern in Gilead begangenen Untaten heimsucht (1,3f. und 1,13-15). Sollte auch die Moabstrophe in 2,1-2 ursprünglich sein, wäre Jahwe für Amos ein unparteiischer Richter gewesen, der auch über den Freveln wachte, welche die Nachbarvölker einander antaten.

Literatur: Smend, Entstehung[4], § 30; W.H.Schmidt, Einführung[4], § 14; Kaiser, Einleitung[5], § 24a; L.Markert, Artikel *Amos/Amosbuch*, TRE 2, 1978, S.471ff.; A.van der Waal, Amos: A Classified Bibliography, Amsterdam 1983; ders. und E.Talstra, Amos: Concordance and Lexical Surveys, Applicatio 2, Amsterdam 1984. – J. Wellhausen, Die Kleinen Propheten, Berlin 1898[3] (ND); F.Horst, Die Doxologien im Amosbuch, ZAW 47, 1929, S.45ff. = ders., Gottes Recht, ThB 12, München 1961, S.155ff.; A.Weiser, Die Profetie des Amos, BZAW 53, Gie-

54. Der Streit über die praesentische oder praeteritale Übersetzung des Nominalsatzes in Am 7,14 ist durch den Nachweis von D.U.Rottzoll, II Sam 14,5 – eine Parallele zu Am 7,14f., ZAW 100, 1989, S.413-415 m.E. endgültig zugunsten der praesentischen mit »Ich bin kein Nabi'...« entschieden. Zur älteren Diskussion vgl. die Nachweise bei Kaiser, Einleitung[5], S. 221 Anm.3.
55. Ergänze am Anfang des Verses ein »Wehe«.
56. Ergänze am Satzanfang ein »Wehe«.
57. Vgl. dazu auch die von G.Fleischer, BBB 74, 1989, S.259 gebotene Übersicht über den von ihm als von Amos stammend beurteilten Grundbestand der sozialkritischen Texte. Er unterscheidet zwischen Sprüchen, die ein nicht näher charakterisiertes Unheil oder ein Erdbeben voraussagen. Seine Textzuweisungen decken sich weithin mit den hier vertretenen.

ßen 1929; E.Würthwein, Amos-Studien, ZAW 62, 1950, S.10ff. = ders., Wort und Existenz, Göttingen 1970, S.68ff.; H.W.Wolff, Amos' geistige Heimat, WMANT 18, Neukirchen-Vluyn 1965; W.H.Schmidt, Die deuteronomistische Redaktion des Amosbuches, ZAW 77, 1965, S.168ff.; H.H.Schmid, Amos. Zur Frage nach der »geistigen Heimat« des Propheten, in: ders., Altorientalische Welt in der atl. Theologie, Zürich 1974, S.121ff.; I.Willi-Plein, Vorformen der Schriftexegese innerhalb des Alten Testaments. Untersuchungen zum literarischen Werden der auf Amos, Hosea und Micha zurückgehenden Bücher im hebräischen Zwölfprophetenbuch, BZAW 123, Berlin 1971; K.Koch, Die Rolle der hymnischen Abschnitte in der Komposition des Amos-Buches, ZAW 86, 1974, S.504ff.; ders. und Mitarbeiter, Amos untersucht mit den Mitteln strukuturaler Formgeschichte, AOAT 30/I-III, Kevelaer und Neukirchen-Vluyn 1976; L.Markert, Struktur und Bezeichnung des Scheltwortes. Eine gattungskritische Studie anhand des Amosbuches, BZAW 140, Berlin – New York 1977; J.Vermeylen, Du prophète Isaïe à l'apocalyptique II, EtB, Paris 1978; J.Barton, Amos' Oracles against the Nations, SOTS.M 6, Cambridge 1980; H.Gese, Komposition bei Amos, in: Congress Volume Vienna, SVT 32, Leiden 1981, S.74ff. = ders., Alttestamentliche Studien, Tübingen 1991, S.94ff.; P.Weimar, Der Schluß des Amos-Buches. Ein Beitrag zur Redaktionsgeschichte des Amos-Buches, BN 16, 1981, S.60ff.; H.M.Barstad, The Religious Polemics of Amos. Studies in the Preaching of Am 2,7B-8; 4,1-3; 5,1-27; 6,4-7; 8,14, SVT 34, Leiden 1984; W.Beyerlin, Brecheisen oder was sonst? Revision einer Amos-Vision, OBO 81, Freiburg/Schweiz und Göttingen 1988; V.Fritz, Die Fremdvölkersprüche des Amos, VT 37, 1987, S.26ff.; ders., Amosbuch, Amos-Schule und historischer Amos, in: Prophet und Prophetenbuch. FS O.Kaiser, hg. V.Fritz, K.-F.Pohlmann und H.-Chr.Schmitt, BZAW 185, Berlin – New York 1989, S.29ff.; J.Jeremias, Amos 3-6. Beobachtungen zur Entstehungsgeschichte eines Prophetenbuches, ZAW 100.S, 1988, S.123ff.; ders., Völkersprüche und Visionsberichte im Amosbuch, in: FS O.Kaiser, BZAW 185, 1989, S.82ff.; G.Fleischer, Von Menschenverkäufern, Baschankühen und Rechtsverkehrern. Die Sozialkritk des Amosbuches in historisch-kritischer, sozialgeschichtlicher und archäologischer Perspektive, BBB 74, Frankfurt am Main 1989; W.Dietrich, Israel, Jahwe und die Völker beim Propheten Amos, ThZ 48, 1992, S.315ff.; K.Zobel, Prophetie und Deuteronomium, BZAW 199, Berlin – New York 1992.

Kommentare: KHC Marti 1904 – ICC Harper 1905 (ND) – HK Nowack 1922³ – KAT Sellin 1929²⁻³ – HS Theiss 1937 – HAT Robinson 1954² (1964³) – ATD Weiser 1955² (1985⁸) – CAT Amsler 1965 – BK Wolff 1969 (1985³) – KAT Rudolph 1971 – OTL Mays 1969 – CBC McKeating 1971 – NEB Deissler 1981 (1985²) – WBC Stuart 1987 – AB Anderson/Freedman 1989 – EK Soggin 1982, engl. 1987.

d) Das Buch Obadja

Lehrsatz 1: Das von der Hebräischen Bibel einem sonst unbekannten Obadja *Verehrer Jahwes* (G und V: Abdias *Knecht Jahwes*) unterstellte Büchlein ist mit seinen 21 Versen das kleinste unter den Prophetenbüchern des Alten Testaments. Seine ursprüngliche Botschaft von der Vernichtung Edoms ist redaktionell mit der vom Gericht über die Völker am Tage Jahwes und den an ihn geknüpften Erwartungen von der Bewahrung des Zion und der erneuten Inbesitznahme des Landes unter Beteiligung der ehemaligen Verbannten des Nord und des Südreiches verbunden. Das Büchlein ist vermutlich im Rückgriff auf ein Edom-Orakel für das Mehrprophetenbuch im 5.Jh. geschaffen und dann im Zuge von dessen Ausgestaltung zum Zwölfprophetenbuch bis in das späte 4. bzw. frühe 3.Jh.v.Chr. bearbeitet worden.

Bemerkung 1: *Einordnung im Zwölfprophetenbuch.* Das Büchlein verdankt seine Stellung im hebräischen Zwölfprophetenbuch hinter Amos der thematischen Verknüpfung mit dessen Edomorakeln in Am 1,11f. und 9,12. Für eine Einordnung in der griechischen Bibel hinter Joel ist dagegen das in V.15a angeschlagene Thema des Tages Jahwes verantwortlich, das in dessen Mittelpunkt steht (Joel 1,15; 2,1ff.; 3,4f.; 4,14 und 19).

Zusatz 1: *Aufbau des Buches.* Das Büchlein läßt sich grob in zwei Teile gliedern: 1.) in die mit dem Untergang von Edom als Folge ihres Verhaltens gegenüber den Judäern beschäftigten V.1-14+15b und 2.) in die Ankündigung des Edom einbeziehenden Völkergerichtes am Tage Jahwes und der Bewahrung des Zion nebst den Anhängen in den V.15a.16-21. Beachtet man den Wechsel zwischen Jahwerede (JR) und Prophetenwort (PW) ergibt sich eine Untergliederung in die V.1-4 Gericht über Edom (JR), V.5-7(PW), V.8-10 Ankündigung der immerwährenden Vernichtung Edoms wegen seines Verhaltens gegenüber seinem Bruder Jakob (JR), Entfaltung der begründeten Untergangsbotschaft V.11-14 (PW), V.15-18 erneute Begründung derselben durch den Tag Jahwes über alle Völker und mithin als Weltgericht (JR) und schließlich die sich mit der Inbesitznahme des Landes beschäftigenden Nachträge in V.19-21(PR).[58]

Lehrsatz 2: *Erklärungsmodelle für die Entstehung des Büchleins.* Bei der Beantwortung der Frage nach der Entstehung des Büchleins spielt nicht nur sein eigener literarischer Befund, sondern auch seine teilweise bis zur Identität reichenden Beziehungen zu Jer 49,7-22 eine Rolle.[59] Für die Entstehung des Büchleins gibt es drei Grundmodelle:[60] 1. das mit der Frühdatierung im 6.Jh. verbundene Verständnis des Büchleins als einer literarischen Einheit, 2. seine Deutung als Ergebnis der Ergänzung eines im Bereich von V.1-14+15b zu suchenden Kerns durch die V.15a.16-21 im Zuge eines ein- oder zweiphasigen Fortschreibungsprozesses und schließlich 3. ein mehrschichtiges Redaktionsmodell.

Zusatz 2: *Die Entstehung des Büchleins.* Das *Einheitsmodell* ist in der neueren Forschung in der Spielart vertreten worden, daß ein aus dem vorexilischen Thronbesteigungs- bzw. Tag-Jahwe-Fest stammender liturgischer Text sowohl im Jere-

58. Vgl. dazu P.Weimar, BN 27, 1985, S.38ff., dessen Gliederung eine verbesserte Fassung der von G.Fohrer, BZAW 155, 1981, S.72 vorgelegten darstellt.
59. Vgl. Ob 1b-4.5.8 und 9 mit Jer 49,14-16.9.7.10b und immerhin Ob 16 mit Jer 49,12.
60. Vgl. dazu G.Fohrer, BZAW 155, 1981, S.69-71 und Kaiser, Einleitung[5], S.269f.

mia- wie im Obadjabuch an die Situation nach 587 angeglichen worden sei (vgl. *Bič* und *Watts*). Doch wird diese Annahme dem komplizierten Befund und der sich abzeichnenden Redaktionsgeschichte des ganzen Zwölfprophetenbuches nicht gerecht.

a) Das *Mehrphasenmodell* hat sich in der Nachfolge von *Julius Wellhausen* durchgesetzt, der zwischen V.1-7 als dem Bericht vom Untergang Edoms, den V.8-14+15b als dessen Uminterpretation als Weissagung und V.15a.16-21 als Nachtrag unterschied.[61] In seinem sich auf die präteritalen Verbformen stützenden Verständnis von V.1-7 sind ihm jedoch nur *Wilhelm Nowack* und *Karl Marti* gefolgt. In der weiteren Forschung werden auch die V.1-7 als Prophetie gedeutet und in der Regel nach 587 datiert. Dabei haben *Artur Weiser* und *Hans Walter Wolff* aus kultgeschichtlichen, *Wilhelm Rudolph* aus literargeschichtlichen und *Georg Fohrer* aus kompositionsgeschichtlichen Gründen auch die V.15a.16-18 (und *Wolff* selbst V.21) dem alsbald nach 587 datierten Propheten zugeschrieben. Demgegenüber haben *Theodore H. Robinson* und *Alfons Deissler* mit Recht an dem späten Charakter von V.16-18 und 19-21 festgehalten. *Robinson* hat darüber hinaus darauf verzichtet, die älteren Sprüche einem einzigen Propheten zuzuschreiben.

b) Einen beachtenswerten *redaktionsgeschichtlichen Entwurf* hat *Peter Weimar* vorgelegt. Dabei hat er versucht, die Redaktionen des Büchleins mit der des Dodekaprophetons zu verbinden. Nach seiner Analyse wäre der spätvorexilische Edomspruch V.1-4* durch einen ersten Redaktor durch die Überschrift in V.1a wie durch die V.8-10 und 12-14+15b ergänzt und dadurch das Obadjabüchlein vermutlich spätexilisch als Beitrag zu dem bereits die Bücher Hosea, Amos, Jona, Micha und Zefanja enthaltenden dtr Mehrprophetenbuch geschaffen.[62] Durch einen R^2 wären u.a. die V.1b.5-7 eingeschoben und durch R^3 die V.15a.16-18* nachgetragen, worin sich die Redaktionsebene des Zwölfprophetenbuches spiegelt. Schließlich wären zur Zeit des Hasmonäers Johannes Hyrkan durch zwei weitere Redaktoren die V.19-20 eingefügt und anschließend kommentiert worden. Gegen die Datierung und Interpretation von V.2-7 lassen sich unter Verweis auf *Wellhausens* Deutung Bedenken anmelden. Daher empfiehlt sich eine erneute Nachprüfung, ob der als Ausgangspunkt für die weitere Ausgestaltung des Büchleins dienende Text nicht doch erst ein Echo auf den Untergang Edoms in der 1. Hälfte des 5.Jh.s darstellt.[63] Das verschöbe die Herstellung des Grundbüchleins bis in die Mitte des 5.Jh.s. Die Beziehung von V.1-14+15b auf den Tag Jahwes in V.15a.16-18 ist nach den von *Odil Hannes Steck* vorgelegten synoptischen redaktionsgeschichtlichen Beobachtungen zu den Prophetenbüchern erst

61. J.Wellhausen, 1898³ (1963⁴), S.211ff.
62. Vgl. dazu auch E. Bosshard, Beobachtungen zum Zwölfprophetenbuch, BN 40, 1987, S.30ff. und besonders S.42ff.
63. Vgl. dazu M.Weippert, TRE 9, 1982, S.296.13ff.

im späten 4. oder frühen 3.Jh.v.Chr. erfolgt.[64] Nicht wesentlich später dürften auch die Nachträge in V.19-21 zu datieren sein.

Bemerkung 2: *Zur Beziehung zwischen Ob 1-5 und Jer 49,7-22.* Da Jer 49,7-22 nicht von dem Propheten stammt, muß man entweder annehmen, daß der Edomspruch des Jeremiabuches und das Obadjabuch auf eine beiden vorliegende ältere Tradition zurückgreifen (so zuletzt *Hans Walter Wolff*) oder daß eine literarische Abhängigkeit besteht. Dabei beruhen die in Jer 49,12-22 vorliegenden Parallelen nach der Ansicht von z.B. *Wilhelm Rudolph*, *Robert P. Carroll*,[65] *Peter Weimar* und letztlich auch *Alfons Deissler* (vermutlich mit Ausnahme von Ob 1b = Jer 49,14)[66] auf Entlehnungen aus dem Obadjabüchlein.

Literatur: Smend, Enstehung^4, § 31; W.H.Schmidt, Einführung^4, § 18.4; Kaiser, Einleitung^5, § 24j. – J.Wellhausen, Die Kleinen Propheten, Berlin 1898^3 (ND); W.Rudolph, Obadja, ZAW 49, 1931, S.222ff.; M.Bič, Zur Problematik des Buches Obadjah, SVT 1, 1953, S.11ff.; G.Fohrer, Die Sprüche Obadjas, in: Studia Biblica et Semitica. FS Th.C. Vriezen, ed. W.C.van Unnik und A.S.van der Woude, Wageningen 1961, S.81ff. = ders., Studien zu atl. Texten und Themen (1966-1972), BZAW 155, Berlin – New York 1981, S.69ff.; P.Weimar, Obadja. Eine redaktionskritische Analyse, BN 27, 1985, S.35-99; J.Wehrle, Prophetie und Textanalyse. Die Komposition Obadja 1-2, ATS 28, St. Ottilien 1987; O.H.Steck, Der Abschluß der Prophetie im Alten Testament. Ein Versuch zur Frage der Vorgeschichte des Kanons, BThSt 17, Neukirchen-Vluyn 1991.

Kommentare: KHC Marti 1904 – ICC Bewer 1911 (ND) – HK Nowack 1922^3 – KAT Sellin 1929$^{2-3}$ – HS Theis 1937 – HAT Robinson 1954^2 (1964^3) – ATD Weiser 1955^2 (1985^8) – CAT Keller 1965 – KAT Rudolph 1971 – CBC Watts 1975 – BK Wolff 1977 – NEB Deissler 1984 (1986^2) – WBC Stuart 1987.

e) Das Buch Jona

Lehrsatz: Die Stellung des Buches Jona im Dodekapropheton. Nachdem die literarische Eigenart des Buches Jona bereits im § 16 b) untersucht worden ist, stellt sich hier lediglich die Aufgabe, seine Stellung innerhalb des Zwölfprophetenbuches zu würdigen. Die durch seinen Charakter als Prophetenerzählung ermöglichte Aufnahme hinter dem Amos- bzw. Obadja- und vor dem Michabuch beruht auf der Notiz in II Reg 14,25, daß Jerobeam II. das Ostjordanland gemäß den Worten des Propheten Jona Ben Amittai aus Gath-Hepher zurückgewonnen habe. In der Septuaginta nimmt das Buch statt der 5. die 6.Stelle innerhalb des Zwölfprophetenbuches ein.

64. Vgl. dazu O.H.Steck, BThSt 17, 1991, S.36f. und S.80ff.
65. R.P.Carroll, Jeremiah, OTL, London 1985, S.805.
66. Vgl. A.Deissler, NEB 8, S.138 und P.Weimar, BN 27, S.82ff.

Zusatz 1: *Die Bedeutung des Jonabuches innerhalb des Dodekaprophetons.* Isoliert betrachtet handelt es sich bei dem Buch um eine weisheitliche Lehrerzählung, die dazu auffordert, Gottes Barmherzigkeit nicht nur für sich selbst in Anspruch zu nehmen, sondern sie auch bußfertigen Heiden zu gönnen. In ihrem jetzigen Kontext dürfte sie ein Paradigma dafür sein, daß die Umkehr eines Volkes Gott in der Tat dazu veranlaßt, seine Gerichtsankündigung zurückzunehmen und es zu begnadigen. Wenn das für sein Verhalten gegenüber einem Heidenvolk gilt, trifft es erst recht für seinen Umgang mit seinem eigenen Volk zu. Wenn im Buch Nahum die Zerstörung des stolzen Ninive vorausgesagt und im Buch Zefanja die Erfüllung des Gerichtswortes konstatiert wird, kann der Leser erkennen, daß Jahwes Gnade an die bleibende Demut der Völker und zumal die seines eigenen Volkes gebunden ist.

f) Das Buch Micha

Lehrsatz 1: *Das Michabuch.* Das Michabuch mit seinen sieben Kapiteln ist in der Hebräischen an 6. und in der Griechischen Bibel an 3.Stelle im Zwölfprophetenbuch eingeordnet. Wie bei den anderen, die Botschaft eines vorexilischen Propheten entfaltenden Büchern handelt es sich auch bei ihm um eine Komposition, die ihre jetzige Gestalt in einem Jahrhunderte umspannenden Ausgestaltungsprozeß erhalten hat. In ihrer Dreigliederung erinnert sie insofern an das Jesajabuch, als auch sie nur in ihrem 1.Teil) c.1-3 Unheilsworte über Israel und Juda enthält, deren Kern auf den im letzten Drittel des 8.Jh.s v.Chr. wirkenden judäischen Propheten Micha aus Moroschet Gath zurückgeht. In ihrem folgenden 2.Teil) c.4-5 finden sich nur Heilworte,[67] während es in dem abschließenden 3.Teil) c.6-7 letztlich um die Frage nach den Ursachen der Heilsverzögerung geht. Demgemäß begegnen hier neben Gerichts- und Heilsworten auch psalmenartige Texte.

Zusatz 1: *Der Aufbau des Buches.* Das Buch erhält seine äußere Gliederung durch die Überschrift in 1,1 und die Aufforderung zu hören in 1,2; 3,1(9) und 6,1. Ihr entspricht insofern eine innere, als auf die Droh- und Gerichtsworte in 1,2-2,10; 3,1-12 und 6,1-7,6 Heilsworte in 2,12f.; 4,1-5,14 und 7,11-13 folgen, die schließlich in eine hymnisch abschließende Bittklage Zions in 7,14-20 einmünden. Dabei spielt das *Wer ist ein Gott wie du* in 7,18 offensichtlich auf den Namen des Propheten *Wer ist wie [Jah]* (Jer 26,18) an. Das Büchlein ist mithin in seiner Endgestalt nach einem dreifachen zweigliedrigen eschatologischen Schema aufgebaut, in dem auf Gerichts- jeweils Heilsworte folgen.

67. 4,9-10 ist zumindest in seiner überlieferten Gestalt kein Gerichtswort mehr.

Bemerkung 1: *Zum Aufbau und Inhalt des Buches. Teil 1) c.1-3.* Auf die Eröffnung des Buches mit der erweiterten Wortereignisformel in 1,1, die Michas Auftreten in die Regierungszeit der Könige Jotam, Ahas und Hiskia von Juda einordnet und ihm Gerichtsworte gegen Samaria und Jerusalem zuschreibt, folgt in 1,2-16 eine in sich mehrschichtige Komposition, die in ihrer jetzigen Gestalt alle Völker der Erde auffordert, das Gerichtshandeln Jahwes an Israel und Juda (V.5b) zu beachten (V.2), und abschließend die Tochter Zion zur Trauer ob ihrer verschleppten Kinder auffordert (V.16). Aus ihr lassen sich die V.8-16 als eine Klage über den Untergang des Reiches Juda und zumal Jerusalems ausgliedern. In c.2 folgen ein Drohwort gegen die Raffgier der Mächtigen (2,1-5) sowie ein Streitgespräch mit ihnen (2,6-11) und in c.3 Drohworte gegen die Sippenältesten, Beamten (3,1-4), die Propheten (3,5-8) und schließlich ein weiteres gegen die Ältesten und Beamten (3,9-12), das die Anklage auf die Propheten und Priester ausweitet und die Zerstörung Jerusalems samt seines Tempels voraussagt. Rückblickend fällt auf, daß nicht nur die Könige als solche von Israel (1,14f.), sondern auch die Obersten von Juda als solche von Jakob und Israel (3,1.9) angesprochen werden.

Teil 2) c.4-5. In den c.4-5 läßt sich eine Ringkomposition erkennen: In ihr entsprechen jeweils einander die Heilsworte 1.) von der Völkerwallfahrt zum Zion (4,1-5 vgl. Jes 2,2-5) und von der Beseitigung aller Waffen und Götzenbilder im Lande (5,9-14), 2.) von der Zukunft des aus den Versprengten gebildeten Restes (4,6-8) und von der Herrschaft des Restes über die Völker (5,6-8), 3.) von der Befreiung aus Babel (4,9-10) nebst der von dem vergeblichen Völkersturm gegen den Zion (4,11-13) und von der Errettung vor Assur (5,4-5), und 4.) von der Demütigung des Richters Israels (4,14) und von dem Kommen des die Weltherrschaft antretenden Messias (5,1-3).

Teil 3) c.6-7. Die c.6-7 werden durch den Aufmerksamkeitsruf in 6,1 eröffnet. In 6,2-8 liegt eine 1,2-16 entsprechende Komposition vor: Wurden dort in V.2 alle Völker zu Zeugen des Gerichtshandelns Jahwes an Israel und Juda bzw. Samaria und Jerusalem aufgeboten, so werden hier in V.2 die Berge zu solchen des Rechtsstreites aufgerufen, den Jahwe mit seinem undankbaren Volk führt (V.3-5), das schließlich mittels einer prophetischen Tora über seine wahren Pflichten gegen Gott in Gestalt der Übung von Gerechtigkeit, Liebe und Treue belehrt wird (V.6-8). In 6,9-16 folgt eine Gerichtsrede Jahwes gegen die Stadt und d.h. gegen Jerusalem, die ihre Verödung und Verachtung als Folgen ihrer Sünden erklärt. In 7,1-7 schließt sich eine prophetische Klage über die Auflösung von Treu und Glauben unter den Menschen an, die in V.7 mit einem Vertrauensbekenntnis zu Jahwe als Retter endet. In 7,8-10 ergreift die personifizierte Stadt Jerusalem das Wort, um angesichts ihrer Feindin der Gewißheit der eigenen Rettung und deren Vernichtung Ausdruck zu geben. Diese Hoffnung wird durch das Heilswort in 7,11-13 bestätigt, das ihr neue Größe und die Heimkehr der Diaspora zusagt. Daraufhin bittet das als Frau vorgestellte Jerusalem Jahwe zunächst in 7,14-17 um die Heimführung der Ihren mittels eines neuen Exoduswunders und um seine Anerkennung durch die dabei niedergeworfenen Völker, um dann in dem Hymnus 7,18-20 seine Vergebungsbereitschaft, sein Erbarmen und seine Treue zu preisen.

Zusatz 2: *Zur Entstehung des Buches.* Die Diskussion über die Entstehung des Michabuches ist bis heute in Anknüpfung und Widerspruch durch den 1881 und 1903 vorgelegten Entwurf von *Bernhard Stade* bestimmt. Nach ihm gehen lediglich die c.1-3* auf den Propheten Micha zurück, während 6,1-7,6 spätvorexilisch und c.4-5 samt der Rahmung in 1,2-4 und 7,7 erst nachexilisch mit den c.1-3 verbunden worden seien.

So rechnet man heute denn weithin damit, daß das in c.1-3 enthaltene Erbe des Propheten unter dtr Einfluß exilisch ediert und dann nachexilisch einerseits um die Heilsprophetien in c.4-5 und andererseits um c.6-7 erweitert worden sei. Dabei wird das Wachstum der in c.4-5 zusammengeschlossenen Heilsworte in unterschiedlicher Weise auf die Zeitspanne zwischen dem frühen 6. und der Mitte des 4.Jh.s v.Chr. begrenzt. Als Ausgangspunkt für die Komposition der c.6-7 bietet sich die im Schatten dtn-dtr Geschichtstheologie stehende Gerichtsrede in 6,9-16* an. Die untere Grenze der Entstehung des ganzen Buches wird dabei entweder mit *Hans Walter Wolff* im 5. oder mit *Theodor Lescow, Ina Willi-Plein, Bernard Renaud* und *Jacques Vermeylen* im 4.Jh. v.Chr. gesucht.

Auch wenn es bis heute nicht an Stimmen fehlt, die wie z.B. *Walter Beyerlin, Adam S. van der Woude* oder *Klaus Koch* die messianische Weissagung in 5,1-5* für den Propheten des 8.Jh.s reklamieren, ist dieser Ansicht im Zusammenhang mit der exilisch-nachexilischen Einordnung der auf die Restitution der Königsherrschaft in Juda und Israel gerichteten Erwartungen der Boden entzogen. Weiterhin ist seit dem von *Eckart Otto* geführten Nachweis, daß die Gerichtsrede 6,9-16 im Schatten dtn-dtr Geschichtstheologie steht, ihre Zuweisung an Micha, wie sie z.B. *Artur Weiser, Ina Willi-Plein* und *Bernard Renaud* (vgl. auch *Alfons Deissler*) vertreten haben, nicht mehr haltbar.

Bemerkung 2: *Zur Entstehung des Buches.* Nach *Hans Walter Wolff* hätten am Anfang drei Auftrittsskizzen Michas in 1,6.7b-13a.14-16; 2,1-4.6-11; 3,1-12 gestanden. Sie wären in frühexilischer Zeit durch die dtr Kommentare in 1,5.7a.13b sowie durch Zusätze und Änderungen in 2,3-5.10b; 3,4.5.8, die Überschrift 1,1 und den liturgischen Introitus 1,3f. erweitert worden. Die Sammlung der Heilsworte der c.4-5 habe in frühexilischer Zeit mit den Rettungssprüchen 4,9-5,1.3.4a.5b eingesetzt. Spätexilisch wären die Heimkehrverheißungen für die Gola 2,12.13 und 4,6-7a und weiterhin 5,6-14 mit ihren das Verhältnis zu den Fremdvölkern bestimmenden Sprüchen und die Worte von der Zukunft des Zion 4,1-8 eingebracht worden. Dabei sei die Weissagung von der Völkerwallfahrt zum Zion in 4,1-5 nicht vor der Tempelweihe des Jahres 515 v.Chr. denkbar. Zusammen mit ihrer Aufnahme sei auch die an alle Völker gerichtete Aufforderung in 1,2 eingefügt worden. Dabei wären die c.1-5 seit frühexilischer Zeit im Zusammenhang mit Klagefeiern über den Untergang Jerusalems entstanden. Neben dem heilsprophetisch-universalistischen Tradentenkreis, welcher das dtr verwaltete michanische Erbe angetreten hatte, müsse es angesichts von 6,1-7,7 eine weitere Gruppe gegeben haben, die sich an dem sozialkritischen michanischen Erbe orientierte und ganz den gegenwärtigen Mißständen zugewandt war. – Schließlich sei das ganze in 1,1-7,7 enthaltene Traditionsgut für die gottesdienstliche Lesung hergerichtet und um die Gemeindetexte 7,8-10.14-17 und 18-20 erweitert worden.

Jacques Vermeylen rechnete mit zwei dtr Ausgaben, denen er insgesamt 1,1.2.5b.7.8-9.16; Zusätze in 2,1-5; weiterhin 2,6-7.11; 3,1b.2a.3a.4b.5-8 und 11; 4,4; 5,9-13; 6,2-8 und 6,14bβ.16 zuschrieb. Dabei hätten die Deuteronomisten überhaupt erst 1,2-16; 2,6-11; 3,1-8; 4,1-5; 5,9-13 und 6,1-6 unter teilweisem Rückgriff auf vorexilische Materialien eingebracht.

Nach *Eckart Otto* wurde die Sammlung von Michaworten der c.1-3 in exilischer Zeit durch einen dtr Redaktor geschaffen, der außer auf die kleine Sammlung 3,1-12* auf die Prophetenworte 1,10-13a.14-15 und 2,1-3*.4*.8-10 zurückgreifen konnte und sie durch 1,1*.3-9.13b.16; 2,5-7.11 und Umdeutungen in 2,3.4.10 kommentierte und edierte. Die Historisierung im Rahmen eines Samaria-Jerusalem-Schemas und die Aktualisierung dienen demselben Anliegen, entgegen einer unzeitgemäßen Heilsprophetie die Einsicht in die Schuld und damit die Bereitschaft zur Klage als der Voraussetzung für die Schicksalswende zu wekken.

Kern der nachexilischen Sammmlung von Trostworten 4,9-5,5* sei die spätvorexilische Unheilsankündigung 4,9abα gewesen, die zunächst exilisch durch die Anfügung von 10bβγ zu einem Trostwort erweitert worden sei. Nachexilisch seien dann 4,11-13.14 und 5,5* mit ihrer Völkerkampf- und Messiasmotivik in einer alternierenden Abfolge von Schilderungen der Not und ihrer Überwindung entstanden und die Sammlung durch 4,6f.8; 5,2.6f. im Sinne der Restvorstellung gerahmt worden. Gleichzeitig wären 2,12f. eingeschaltet und 4,6-5,7* angefügt worden. Eine Nachinterpretation in 1,2; 4,1-5 und 5,9-12 habe die Völkerkampfmotivik in 4,11-13 durch die von der Völkerwallfahrt zum Zion und der Pazifizierung des neuen Israel korrigiert.

Die dtn-dtr Gerichtsrede in 6,9-15* beurteilt die erbärmlichen Lebensumstände als Folge eines gemeinschaftsfeindlichen Verhaltens. Sie wird in den Rahmen einer von dtr Geschichtstheologie abhängigen Lehrpredigt 6,2-8 und Gerichtsankündigung in 6,16 gestellt. Mit der erneuten Rahmung durch 6,1 und die tritojesajanischen Texten nahestehende Klage in 7,1-6 wird die Unheilsbotschaft der c.1-6 noch einmal aktualisiert und dabei der Schuldaufweis auf das ganze Volk ausgedehnt. Zusammen mit der Aufnahme von 6,1 dürften auch die psalmenartigen Texte in 7,7-10.14-20 angeschlossen und damit zugleich c.6-7 mit den c.1-5 verbunden worden sein. Dabei stützt sich die Hoffnung auf die Heilswende bei den Menschen auf die Einsicht in ihre Schuld und bei Gott auf seine Bereitschaft zu vergeben.

Bemerkung 3: *Der Prophet Micha*. Die Gestalt des Propheten Micha bleibt hinter seiner vielfach überarbeiteten und ergänzten Botschaft verborgen. Aus 1,1 läßt sich unter Heranziehung von 1,14 der Schluß ziehen, daß er aus dem judäischen Landstädtchen Moroschet Gath, dem heutigen Tell ed-Dschudede, stammt. Über seine Abstammung besitzen wir keinerlei Nachricht. Nach 1,1 fiel seine Wirksamkeit in die Zeit der judäischen Königen Jotam, Ahas und Hiskia. Daß seine Ankündigung der Zerstörung des Jerusalemer Tempels (3,12) in die Regierungszeit Hiskias fiel, wird in Jer 26,17ff. vorausgesetzt. Schreibt man ihm die Klage über die Verwüstung der judäischen Städte in 1,10-15* zu, so müßte er seine Untergangsprophetie vor dem Jahre 712 ausgerichtet haben, weil Gath damals durch Sargon II. von Juda abgetrennt worden ist. Sofern man Micha trotz aller Bedenken die Ankündigung der Zerstörung Samarias in 1,6 zuweist,[68] muß man ihn notwendig vor ihrer Vollstreckung im Jahre 722 v.Chr. ansetzen. Seine prophetische Wirksamkeit wäre mithin maximal auf die Zeit zwischen 733 und 712 zu begrenzen. Nach seiner Überzeugung forderte der Rechtsbruch der Oberschicht (2,1ff.*; 2,8ff.; 3,1ff.*; 3,9ff.*) ein Strafgericht Jahwes gegen Jerusalem und Juda heraus, das zur Zerstörung Jerusalems und seines Tempels führen würde. Die Polemik gegen die falschen Propheten in 3,5ff. scheint die Auseinandersetzung mit der von den dtr Tradenten als unzeitgemäß betrachteten Heilsprophetie der frühen Exilszeit widerzuspiegeln. Daher ist im Blick auf die biographische Auswertung von 3,8 Vorsicht geboten.

Literatur: Smend, Entstehung[4], § 33; W.H.Schmidt, Einführung[4], § 17 ; Kaiser, Einleitung[5], § 24d); E.Otto, Artikel *Micha/Michabuch*, TRE 22, 1992, S.695ff. (Lit.). – B.Stade, Bemerkungen über das Buch Micha, ZAW 1, 1881, S.161ff.; ders., Streiflichter auf die Entstehung der jetzigen Gestalt der atl. Prophetenschriften, ZAW 23, 1903, S.153ff.; J.Wellhausen, Die Kleinen Propheten, Berlin 1898[3] (ND); B.Duhm, Anmerkungen zu den zwölf Propheten, Gießen 1911, S.43ff. = ZAW 31, 1911, S.81ff.; H.Gunkel, Der Micha-Schluß, ZS 2, 1924, S.145ff.; J. Lindblom, Micha literarisch untersucht, AAÅbo VI/2, Åbo 1929; K.Elliger, Die Heimat des Propheten Micha, ZDPV 57, 1934, S.81ff. = ders., Kl. Schriften zum Alten Testament, hg. H.Gese und O.Kaiser, ThB 32, München 1966, S.9ff.; W.Beyerlin, Die Kulttraditionen Israels in der Verkündigung des Propheten Micha, FRLANT 72, Göttingen 1959; H.J.Stoebe, Und demütig sein vor deinem Gott, WuD NF 6, 1959, S.180ff. = ders., Geschichte, Schicksal, Schuld und Glaube, hg. H.D.Neef, BBB 72, Frankfurt/Main 1989, S.209ff.; A.S.Kapelrud, Eschatology in the Book of Micah, VT 11, 1961, S.392ff.; G.Fohrer, Micha 1, in: Das ferne und nahe Wort. FS L.Rost, hg. F.Maass, BZAW 105, Berlin 1967, S.65ff. = ders., Studien zu atl. Texten und Themen (1966-1972), BZAW 155, Berlin – New York 1981, S.53ff.; B.Renaud, Structure et attaches littéraires de Michée IV-V, CRB 2, Paris 1964; ders., La formation du livre de Michée. Tradition et actualisation, EtB, Paris 1977; Th.Lescow, Micha 6,6-8. Studien zu Sprache, Form und Auslegung, ATh I/25, Stuttgart 1966, ders., Redaktionsgeschichtliche Analyse von Micha 1-5, ZAW 84, 1972, S.46ff.; ders., Redaktionsgeschichtliche Analyse von Micha 6-7, ZAW 84, 1972, S.182ff.; J.T.Willis, The Structure of Micah 3-5 and the Function

68. Vgl. dagegen V.Fritz, Das Wort gegen Samaria Mi 1,2-7, ZAW 86, 1974, S.316ff.

of Micah 5,9.14 in the Book, ZAW 81, 1969, S.191ff.; M.Collin, Recherches sur l'histoire textuelle du prophète Michée, VT 21, 1971, S.281ff.; J.Jeremias, Die Deutung der Gerichtsworte Michas in der Exilszeit, ZAW 83, 1971, S.330ff.; I.Willi-Plein, Vorformen der Schriftexegese innerhalb des Alten Testaments. Untersuchungen zum literarischen Werden der auf Amos, Hosea und Micha zurückgehenden Bücher im hebräischen Zwölfprophetenbuch, BZAW 123, Berlin 1971; J.L.Mays, The Theological Purpose of the Book of Micah, in: Beiträge zur atl. Theologie. FS W.Zimmerli, hg. H.Donner, R.Hanhart und R.Smend, Göttingen 1977, S.276ff.; J.Vermeylen, Du prophète Isaïe à l'apocalyptique II, EtB, Paris 1978; D.G.Hagstrom, The Coherence of the Book of Micah. A Literary Analysis, SBL.DS 89, Atlanta/Georgia 1988; W.Werner, Micha 6,8 – eine atl. Kurzformel des Glaubens?, BZ NF 32, 1988, S.232ff.; G.Brin, Micah 2,12-13. A Textual and Ideological Study, ZAW 101, 1989, S.118ff.; E.Otto, Techniken der Rechtssatzredaktion israelitischer Rechtsbücher in der Redaktion des Prophetenbuches Micha, Scand. Journ. of the OT 2, 1991, S.119ff.; K.Zobel, Prophetie und Deuteronomium, BZAW 199, Berlin – New York 1992.

Kommentare: KHC Marti 1904 – ICC Smith 1911 (ND) – HK Nowack 1922³ – KAT Sellin 1929²⁻³ – HS Lippl 1937 – HAT Robinson 1954 (1964³) – ATD Weiser 1950 (1985⁸) – CAT Vuilleumier 1971 – CBC McKeating 1971 – KAT Rudolph 1975 – OTL Mays 1976 (1985³) – NIC Allen 1976- POT v.d. Woude 1976 – BK Wolff 1982 – Herm Hillers 1984 – NEB Deissler 1984 – WBC Smith 1984.

g) Das Buch Nahum

Lehrsatz: Das 3 Kapitel enthaltende Buch des Propheten Nahum aus Elkosch ist an 7.Stelle im Dodekapropheton überliefert. Seinen Ausgang in Spottklagen über den Fall von Ninive besitzend ist es bis in nachexilische Zeit bearbeitet und dabei zu einer Komposition geworden, der die Zerstörung von Ninive zum Typus und Garanten des universalen Gottesgerichts an Israels Feinden geworden ist.

Zusatz 1: *Zum Aufbau und Inhalt*. Das Büchlein läßt sich in seiner überlieferten Gestalt (abgesehen von seiner eigenartigen Überschrift in 1,1) in zwei Teile gliedern: In 1,2-2,3 verheißt es die Erfolglosigkeit aller Angriffe auf Juda, während es in 2,4-3,19 um die Eroberung und Zerstörung Ninives kreist. – Die genauere Analyse von *Klaus Seybold* ergibt eine eigentümliche, den Aufbau des Buches bestimmende Verschränkungstechnik seiner primären Einheiten. Das Buch wird in 1,2-8 durch das die Buchstabenfolge Aleph bis Kaph umspannende Zitat eines alphabetischen Hymnus eröffnet, der Jahwe als Rächer an seinen Feinden und gütigen Helfer derer, die auf ihn vertrauen, preist. 1,9 konstatiert mottoartig in der Form einer rhetorischen Frage und ihrer Beantwortung die Erfolglosigkeit der gegen Jahwe gerichteten Pläne seiner Feinde. Verschränkt mit V.11 folgen in V.10 und 12a$\alpha_2\beta$ vermutlich vormasoretische Schluß- und Randnotizen zu dem Psalmzitat.[69] Dagegen enthalten V.11 und 14 verzahnt mit V.12 das göttliche

69. Vgl. dazu K.Seybold, ZAW 101, 1989, S.71ff.

Urteil über einen Götzendiener, während V.12aα_1.b.13 und 2,1 und 3, wiederum verschränkt mit 2,2, Heilsworte gegen Juda bieten. Es folgen dann in 2,2.4-13 eine Spottklage über die Eroberung Ninives, deren Kopfstück 3,2-3 mit dem Weheruf über die blutschuldige Stadt in 3,1 und 4a verzahnt ist. Dieser ist wiederum durch die Drohworte in 2,14 und 3,4b-7 gerahmt. Schließlich folgt in 3,8-19 eine weitere Spottklage über den Untergang Ninives.

Bemerkung 1: *Zur Überschrift.* Die Überschrift in 1,1 besteht genau besehen aus zweien: Auf die *maśśā'*-Überschrift *Ausspruch Ninive* (vgl. z.B. Jes 13,1; 23,1; Hab 1,1; Sach 9,1; 12,1 und Mal 1,1) in V.1a folgt in V.1b eine weitere *Buch der Schauung Nahums des Elkoschiters.*

Zusatz 2: *Zur Entstehung des Buches.* Die Inhaltsangabe hat bereits gezeigt, daß das Buch einerseits eine konsequente, wenn auch nach unserem Geschmack eigenwillige Komposition darstellt, andererseits aber Texte unterschiedlicher Herkunft enthält. Nachdem *Jörg Jeremias* darauf hingewiesen hat, daß das Heilswort für Juda in 2,1 auf Jes 52,7 zurückgreift, läßt sich der Schluß nicht mehr umgehen, daß das Buch frühestens in exilischer oder besser frühnachexilischer Zeit bearbeitet worden ist.[70] Weiterhin dürfte das Psalmzitat in 1,2-8 mit *Klaus Seybold* erst nachexilisch anzusetzen sein. Als älteste Bestandteile des Buches kommen dagegen die Spottklagen über die Eroberung und Zerstörung von Ninive in 3,2-3+2,2.4-13 und 3,8-19 und möglicherweise der Weheruf in 3,1.4a in Frage. Dabei bildet die Eroberung des als No Ammon bezeichneten oberägyptischen Theben durch den assyrischen König Assurbanipal im Jahre 667 v.Chr. den frühestmöglichen *terminus a quo.* Die Entscheidung über die Datierung der Lieder hängt weiterhin davon ab, ob man die Spottklagen als Prophetien oder als Echo auf die Kunde vom Untergang Ninives betrachtet. Im ersten Fall muß man die Lieder vor der Eroberung Ninives 612, im zweiten nach ihr ansetzen. *Klaus Seybold,* dem wir die jüngste kritische Analyse des Büchleins verdanken, geht von der ersten Möglichkeit aus und datiert 3,8-19a um 660 und 3,2-3; 2,2.4-13 um 650. Zusammen mit dem Ninive geltenden Wehewort in 3,1+4a gingen sie auf Nahum selbst zurück, der sich so als ein *profaner Prophet* zu erkennen gäbe; denn die Theologisierung seiner Botschaft in 2,14; 3,5-6 und 3,7 ginge erst auf seine um 615 v.Chr. wirkenden Tradenten zurück. Weiterhin ordnet *Seybold* 1,12*.13 und 2,1.3 einer exilischen Bearbeitung und 1,2-8(9); 1,11.14 einer etwa um 400 v.Chr. anzusetzenden nachexilischen Bearbeitung zu.

Dieser Entwurf hat, abgesehen von der problematischen Datierung der beiden Spottklagen, seine innere Kohärenz für sich. Die Spätdatierung von 1,11 und 14, die Verbindung von 2,2 mit 2,4ff. und von 2,3 mit 2,1 und die kontext-

70. Zur Zeitstellung der 1.Jerusalemer Redaktion des dtjes Sammlung, zu der Jes 52,7 gehört, vgl. jetzt J.van Oorschot, Von Babel zum Zion, BZAW 206, Berlin – New York 1993, S.166f.

gemäße Deutung von 2,14 und 3,4b-7 wie von 3,1 und 4a besitzen m.E. den Vorzug gegenüber dem Versuch von *Jörg Jeremias*, in 1,11.14; 2,2f.; 3,1-5 und 8-11 primär gegen das eigene Volk gerichtete Worte Nahums zu sehen, die im Schatten von 2,4-14 und 3,12-19 als Assurworte mißverstanden worden seien.

Neben diesem, sich der Frage nach der Herkunft der Bausteine stellenden Entwurf von *Klaus Seybold* verdient die Deutung von *Hermann Schulz* weiterhin Beachtung, weil sie sich der Frage nach dem Gesamtsinn des von ihm als Pseudepigraphe beurteilten Buches stellt. Nach seiner Ansicht hätte der erst nachexilisch zu datierende Verfasser aus einer Spottklage über die Eroberung von Ninive, einem Heilswort für Juda, einem Theophaniehymnus und einem von ihm selbst verfaßten Schlachtlied eine insgesamt eschatologisch zu verstehende Komposition geschaffen, die angesichts des erfüllten Gerichts an Assur die Endgültigkeit der mit dem Exil eingetretenen Umbruchsituation unterstreichen wollte. Daher hätte er in 1,2-2,11 universales eschatologisches Völkergericht (1,2-10) und Heil für Juda (1,12.13; 2,1.3) einander gegenübergestellt, um dann mittels des von ihm geschaffenen eschatologischen Gerichtszyklus 2,12-3,6 zu der tradierten Spottklage überzuleiten. Das bereits erfolgte Gericht an Assur ist damit ebenso zum Garanten wie zum Urbild des kommenden universalen Völkergerichts geworden.

Bemerkung 2: *Der Prophet Nahum*. Über das Leben des Propheten Nahum sind uns keine weiteren zuverlässigen Nachrichten überliefert. Sein Name *Naḥûm* ist als *(Gott/Jahwe) tröstet* (vgl. z.B. Nehemia)[71] oder als *Tröster*[72] zu deuten. Die Lage seines Heimatortes Elkosch läßt sich nicht mehr sicher ermitteln. Kyrill von Alexandria und Epiphanius suchten sie in Juda, Hieronymus in Nordgaliläa. Legendär ist die Verbindung des Propheten mit dem nördlich von Ninive gelegenen al-Kusch.

Literatur: Smend, Entstehung[4], § 34; W.H.Schmidt, Einführung[4], § 18.1; Kaiser, Einleitung[5], § 24f; K.Seybold, SBS 135, 1989, S.11ff. – H.Gunkel, Nahum 1, ZAW 13, 1893, S.223ff.; J.Wellhausen, Die Kleinen Propheten, Berlin 1898[3] (ND); B.Duhm, Anmerkungen zu den zwölf Propheten, Gießen 1911, S.62ff. = ZAW 31, 1911, S.100ff.; P.Humbert, Le problème du livre de Nahoum, RHPhR 12, 1932, S.1ff.; A.Haldar, Studies in the Book of Nahum, UUÅ 1946/7, Uppsala und Leipzig 1947; J.Jeremias, Kultprophetie und Gerichtsverkündigung in der späten Königszeit Israels, WMANT 35, Neukichen-Vluyn 1970; C.A.Keller, Die theologische Bewältigung der geschichtlichen Wirklichkeit in der Prophetie Nahums, VT 22, 1972, S.39ff.; H.Schulz, Das Buch Nahum. Eine redaktionskritische Untersuchung, BZAW 129, Berlin 1973; K.J.Cathcart, Nahum in the Light of Northwest-Semitic, BibOr 26, Rom 1973; D.L.Christensen, The Acrostic of Nahum Reconsidered, ZAW 87, 1975, S.17ff.; ders.,

71. Vgl. M.Noth, Die Israelitischen Personennamen, BWANT III/10, Stuttgart 1928 (ND), S.175; M.Weippert, ZDPV 95, 1979, S.175f. mit epigraphischen Belegen in Anm.7 bzw. J.J.Stamm,in: HAL 647b s.v.
72. J.J.Stamm, in: HAL 647b.

The Acrostic of Nahum Once Again, ZAW 99, 1987, S.409ff.; A.S.van der Woude, The Book of Nahum: A Letter Written in Exile, OTS 20, 1977, S.108ff.; B.Renaud, La composition du livre de Nahum, ZAW 99, 1987, S.198ff.; Th.Schneider, Nahum und Theben. Zum topographisch-historischen Hintergrund von Nah. 3,8f., BN 44, 1988, S.63ff.; K.Seybold, Profane Prophetie. Studien zum Buch Nahum, SBS 135, Stuttgart 1989; ders., Vormasoretische Randnotizen in Nahum 1, ZAW 101, 1989, S. 71ff.; M.A.Sweeney, Concerning the Structure and Generic Character of the Book of Nahum, ZAW 104, 1992, S.364ff.

Kommentare: KHC Marti 1904 – ICC Smith 1911 (ND) – KH Nowack 1922³ – KAT Sellin 1930²⁻³ – HS Junker 1938 – HAT Horst (1954) 1964³ – ATD Elliger 1949 (1982⁸) – CAT Keller 1971 – JAT Rudolph 1975 – CBC Watts 1975 – POT v.d. Woude 1978 – NEB Deissler 1984 – WBC Smith 1984 – NIC Robertson 1990 – ZBK Seybold 1991.

h) Das Buch Habakuk

Lehrsatz: Das drei Kapitel umfassende Buch des Propheten Habakuk ist an 8.Stelle im Zwölfprophetenbuch überliefert. In ihm füllt es in seiner jetzigen Gestalt eine Lücke aus, indem es den Siegeslauf der Neubabylonier (Chaldäer) (1,6) und ihre künftige Vernichtung ankündigt. Aufgrund seiner unterschiedlichen Bestandteile erweckt es jedoch den Eindruck, daß es sich bei ihm um eine Collage handelt. In ihr sind eine weisheitliche Klage über die Unterdrükkung des Gerechten durch den Gottlosen, eine Ankündigung des Siegeslaufes eines Weltherrschers und eine Reihe nachträglich auf sein Schicksal bezogener Weherufe mittels eines imaginären Dialogs zwischen dem Propheten und Jahwe zu einem Prophetenbuch komponiert, an das in c.3 ein mit einer neuen Überschrift versehener, dem Kontext nur lose adaptierter Theophaniehymnus angehängt worden ist. Trotz aller Versuche, dem Büchlein einen auf den im späten 7. oder frühen 6.Jh.v.Chr. datierten Propheten zurückgehenden Kern abzugewinnen, ist der zuerst von *Bernhard Duhm* geäußerte Verdacht nicht verstummt, daß es sich bei ihm um eine erst aus der Alexanderzeit stammende Komposition handelt.

Zusatz 1: *Aufbau und Inhalt des Buches.* Im Anschluß an die Überschrift in 1,1 setzt das Büchlein in 1,2-4 mit einer individuellen Klage über erlittenes Unrecht ein. Darauf folgt in 1,5-11 unvermittelt die Ankündigung des unaufhaltbaren Siegeslaufes eines in V.6 mit den Chaldäern identifizierten Volkes durch Jahwe. Sie weicht in 1,12-13 erneut der individuellen Klage, die dann in 1,14-17 wiederum abrupt durch die metaphorische Schilderung der Macht des Siegers über die Völker abgelöst wird. In 2,1-3 folgt ein als Selbstbericht stilisierter visionärer Zwischentext, in dem der Prophet von Jahwe aufgefordert wird, das gewisse Eintreffen der endzeitlichen Vision abzuwarten. V.4b bezieht sich mit seiner Maxime, daß der Gerechte durch seine Treue leben wird, auf die Klage zurück. Andererseits scheint V.4a den gewalttätigen Sieger im Auge zu haben und damit die sekundär auf ihn bezogenen fünf[73] Weherufe in 2,4-19 vorzubereiten, die seinen Untergang voraussagen. 2,20 leitet mit seiner Aufnahme von Ps 11,4a und seiner Adaption von Zef 1,7a zu dem in c.3 folgenden Psalm über, indem er den stummen Götzen von 2,18f. den lebendigen, in seinem himmlischen Tempel wohnenden Jahwe gegenüberstellt. Auf die Überschrift in 3,1, die den Psalm des Habakuk als eine bewegte Klage einführt, folgt in V.2 eine auf 2,2f. zurückgreifende Bitte, an die sich in den V.3-15 eine Visionsschilderung in der Form eines eschatologischen Hymnus anschließt, der dem nun mit dem Anführer der widergöttlichen Weltmacht identifizierten Frevler (*rāšā*ᶜ) die Vernichtung durch Jahwe ankündigt. Wie in V.2 wird auch in V.16 die Stimme des Propheten laut, der hier die Schrecklichkeit des kommenden Gerichts mittels des Berichts von der Wirkung des Vernommenen auf ihn selbst unterstreicht und im Sinne von 2,2f. erklärt, daß er gelassen dem Gerichtstag über das Räubervolk entgegensieht. V.17 bezieht die Not, sofern er nicht metaphorisch zu verstehen ist, sekundär auf Mißwachstum. Mit V.18f. findet der Psalm und zugleich das Büchlein seinen Abschluß in einem Gotteslob, das seinem Zusammenhang gemäß proleptisch verstanden werden soll. Blicken wir zurück, so erkennen wir, daß es sich bei dem Büchlein trotz seiner auf der Verarbeitung unterschiedlicher Traditionen bedingten Spannungen um eine planvolle literarische Komposition handelt, deren Bogen sich von 1,3 und 1,12 über 2,4 bzw. 2,3 zu 3,2 und 3,16 wölbt.

Zusatz 2: Zum literarischen Problem des Buches.[74] Die Lösung des literarischen Problems des Buches bewegt sich zwischen zwei Extremen:

a) Auf der einen Seite stehen Gelehrte, die in dem Büchlein wie z.B. *Paul Humbert, Karl Elliger, Carl A. Keller, Wilhelm Rudolph, John D.W. Watts* und *Adam S. van der Woude* prinzipiell eine auf den Propheten selbst zurückgehende Komposition sehen, ohne deshalb die Möglichkeit einzelner jüngerer Zusätze auszuschließen. Dabei meinten *Humbert, Elliger* und *Watts* in 1,2-2,5 bzw. 20 den Niederschlag einer von ihnen unterschiedlich abgegrenzten prophetischen Liturgie erkennen und Habakuk als einen Kultpropheten einordnen zu können. Auf diese Weise schien sich auch der Rückgriff auf die Sprache der Psalmen und der Spruchweisheit Israels ungezwungen erklären zu lassen. Zeitlich wäre der Prophet dann gemäß seiner Erwartung eines durch die Chaldäer und d.h. Neubabylonier ausgelösten Strafgerichts um die Wende vom 7. zum 6.Jh.v.Chr. in die Regierungszeit König Jojakims (608-598) einzuordnen.

b) Auf der anderen Seite stehen *Bernhard Duhm* und *Charles C. Torrey*, welche in der Erwähnung der Chaldäer in 1,6 einen sekundären Ersatz für die hier primär

73. Oder bei entsprechender Abänderung von V.5 mit J.Wellhausen, S.168: sechs.
74. Zur Auslegungsgeschichte vgl. P.Jöcken, BBB 48, 1977.

erwähnten *Kittäer* und d.h. Griechen sahen und das Büchlein dementsprechend als eine Pseudepigraphe aus der Zeit Alexanders des Großen beurteilten.

c) Wesentliche Neuanstöße erhielt die Erforschung durch die Untersuchungen von *Jörg Jeremias* und *Eckart Otto*, die beide zu zeigen versuchten, daß die Ankündigung des Gerichts über den Weltherrscher erst Folge einer exilischen Bearbeitung des eigentlichen prophetischen Erbes darstellt. Nach *Jeremias* hätten wir mit einer einerseits innerjudäisch sozialkritisch ausgerichteten und andererseits die Babylonier als Strafwerkzeuge Jahwes betrachtenden Botschaft Habakuks zu rechnen. Erst durch die Uminterpretation der Ankündigung in eine Klage über die Fremdherrschaft und vor allem durch die Einfügung von 2,5bβ.8.10b_1.13-14.17-18 und 20 sei jene zu einer Gerichtsankündigung über die Babylonier umgestaltet worden. *Otto* wollte dagegen die Wirksamkeit Habakuks selbst in eine innerjudäisch-sozialkritische und eine mit den Babyloniern als Strafwerkzeugen Jahwes rechnende Periode zerlegen, wobei auch er mit einer entsprechenden exilischen Uminterpretation rechnete. Der eigentliche Fortschritt der Untersuchungen von *Jeremias* und *Otto* besteht darin, daß sie erkannt haben, daß die Weherufe in 2,(5a).6b.9.12.15.19a erst nachträglich auf die siegreiche Feindmacht bezogen worden sind.

d) Schließlich hat *Klaus Seybold* eine Deutung des Buches vorgelegt, die ebenso an der Historizität des Propheten Habakuk als eines Vorläufers des Propheten Jeremia festhält wie sie versucht, dem Befund der Verwendung unterschiedlicher Gattungen gerecht zu werden. Unter Weiterführung von Beobachtungen von *Hans Schmidt,* der in den psalmenartigen Teilen der c.1-2 einen primär selbständigen Psalm erkannt hatte, sprach er 1,2-4.12-13; 2,1*.4. 20; 3,7*.8*.13b-14 und 17.19 als Gebet eines Angeklagten und Freigesprochenen und mithin als einen individuellen Klage- und Dankpsalm an, der primär selbständig existiert hätte und erst in nachexilischer Zeit mit dem Buch verbunden worden sei. Seinen prophetischen Kern hätten vermutlich die auf zwei Tafeln aufgezeichnete Reitervision 1,5-11 und die 5 bzw. 6 doppelzeiligen Weherufe in 2,5-19* gebildet (vgl.2,1-3). Erst die in der Exilszeit wirkenden Tradenten hätten die insgesamt als Weissagungen verstandenen Tafeln Habakuks auf die Chaldäer bezogen und angesichts der noch ausstehenden Vernichtung des babylonischen Reiches entsprechend neu durch die Voranstellung der Überschrift 1,1, die Zufügung von Hinweisen und Erklärungen in 1,5.14ff. und vor allem in 2,5ff. mit 3,2.16 als Schluß ediert. Ebenso hätten sie die beiden vorexilischen Hymnen 3,3-7 und 3,8-13a.15 angefügt und dem Propheten in den Mund gelegt. Das vorliegende, um den individuellen Psalm vermehrte Buch sei etwa im 4.Jh.v.Chr. anzusetzen.

e) Wie ein Stolperstein liegt dagegen der knappe, wenige Jahre ältere Entwurf von *Antonius H.J. Gunneweg* in der Landschaft. Anders als nach ihm *Klaus Seybold* suchte *Gunneweg* die Grundlage des Buches in den Texten, welche von der

Klage über das Los des Gerechten durch die Zwiesprache mit Gott zu der Gewißheit der Vernichtung des Gottlosen und der eigenen Rettung kommen (2,4) und deren Weherufe eben primär dem Gottlosen gelten. Diese weisheitlich beeinflußte Theodizeedichtung wäre nachträglich in einen mythisiert-historischen Rahmen gestellt und dadurch zum Prophetenbuch umgestaltet worden.

Vielleicht führt eine Untersuchung der in dem Büchlein enthaltenen Vorstellungen über den Siegeslauf und die Vernichtung der Weltmacht im Rahmen der Redaktionsgeschichte des ganzen Zwölfprophetenbuches künftig zu einer überzeugenden Lösung des problematischen Büchleins.

Bemerkung 1: *Zur Überschrift*. Die Überschrift in 1,1 unterscheidet sich von denen der meisten Prophetenbücher dadurch, daß sie das Folgende als *Ausspruch* (*hammaśśā'*) (vgl. z.B. Jes 13,1; 23,1 und vor allem Nah 1,1a; Sach 9,1; 12,1 und Mal 1,1) und Habakuk ausdrücklich als *Propheten* (*hannābî'*) bezeichnet.

Bemerkung 2: *Zum Namen des Propheten.* Der Name des Propheten Habakuk (*ḥ^a baqqûq*), griechisch Αμβακουμ oder Αββακουμ, gehört zu den Pflanzennamen und entspricht dem im Jungbabylonischen bzw. Neuassyrischen belegten *ḥabbaqūqu*/ *ḥambaúqūqu*, das ein Gemüse bezeichnet.[75] Die schon bei *Hieronymus* begegnende Ableitung von *ḥābaq umarmen* ist vorwissenschaftlicher Natur.

Bemerkung 3: *Zur Person des Propheten.* Über das Leben des Propheten Habakuk besitzen wir keinerlei zuverlässige weitere Nachrichten. Die in der Septuaginta gebotene Überschrift der zu den griechischen Danielerzählungen gehörenden Geschichten von Bel und dem Drachen nennt als Quelle die Prophezeiungen des Ambakouk, des Sohnes des Jesus aus dem Stamme Levi. Vermutlich ist die levitische Herkunft aus seiner aus 3,19b erschlossenen Zugehörigkeit zu einer Sängergilde und die Existenz einer seinen Namen tragenden Sammlung von Prophetenerzählungen aus der erzählten Episode (V.33-39) abgeleitet, in welcher der in Juda lebende Prophet durch den Engel Jahwes nach Babylon entrückt wird, um Daniel in seinem Löwenzwinger zu speisen.[76]

Bemerkung 4: *Zu Hab 2,4*. In dem von Paulus in Röm 1,17 und Gal 3,11 aufgenommenen Vers 2,4b *aber der Gerechte wird durch seine Treue* (*bæ'^e mûnatô*) *leben* las der ursprüngliche Septuagintatext ein *durch meine Treue.* Schwierig ist der Vordersatz, der bei G *Meine Seele hat kein Gefallen an ihm* lautet, während er bei M wörtlich mit *Siehe, Vermessenheit, nicht ist gerade seine Seele in ihm* übersetzt ist. *Karl Elliger* hat daraus unter Rückgriff auf G ein *Sieh da, an dem Vermessenen*

75. Vgl. M.Noth, Die israelitischen Personennamen, BWANT III/,10, Stuttgart 1928 (ND), S.213 und W. von Soden, AHw I, 304b s.v.

76. Vgl. dazu auch O.Plöger, Zusätze zu Daniel, JSHRZ I/1, Gütersloh 1973, S.82ff. und W.Rudolph, KAT XIII/3, S.199.

hat meine Seele keinen Gefallen rekonstruiert. *Klaus Seybold* findet in V.4 den Freispruch für den unschuldig Angeklagten. Er rekonstruiert: *Siehe das Urteil: Seine Seele ist (nicht) aufrichtig in ihm; und: er ist gerecht, er wird durch seine Treue am Leben bleiben.*

Bemerkung 5: *Der Habakuk-Pescher aus Qumran.* Der Habakuk-Pescher aus der Höhle 1 in Qumran (1QpHab) stellt den am besten erhaltenen biblischen Kommentar unter den in den dortigen Höhlen gefundenen Pescharim dar. In dreizehn Kolumnen geschrieben, umfaßte er vermutlich nur die c.1-2. Er bezog den Konflikt zwischen dem Gerechten und dem Gottlosen auf den Kampf zwischen dem Lehrer der Gerechtigkeit und dem gottlosen Priester und die Sendung der Chaldäer auf das Aufkommen der Kittäer, die man hier vermutlich bereits mit den Römern gleichzusetzen hat.[77] Der Kommentar ist ein wichtiger Zeuge für die Zuverlässigkeit des masoretischen Textes.

Literatur: Smend, Entstehung[4], § 35; W.H.Schmidt, Einführung[4], § 18.2; Kaiser, Einleitung[5], § 24g; E.Otto, Artikel *Habakuk/Habakukbuch*, TRE 14, 1985, S.300ff. (Lit.). – J.Wellhausen, Die Kleinen Propheten, Berlin 1898[3] (ND); B.Duhm, Anmerkungen zu den zwölf Propheten, Gießen 1911, S.100ff. = ZAW 31, 1911, S.188f.; C.C.Torrey, Alexander the Great in the Old Testament Prophecies, in: FS K.Marti, BZAW 41, Gießen 1925, S.281ff.; P.Humbert, Problèmes du livre d'Habacuc, Mémoires de l'Université de Neuchâtel 18, Neuchâtel 1944; H.Schmidt, Ein Psalm im Buche Habakuk, ZAW 62, 1950, S.52ff.; E.Nielsen, The Righteous and the Wicked in Habaquq, StTh 6, 1953, S.54ff.; W.Vischer, Der Prophet Habakuk, BSt 19, Neukirchen-Vluyn 1958; J.H.Eaton, The Origin and Meaning of Habakuk 3, ZAW 76, 1964, S.144ff; A.S.van der Woude, Der Gerechte wird durch seine Treue leben. Erwägungen zu Habakuk 2:4-5, in: Studia biblica et semitica Th.Ch.Vriezen dedicata, Wageningen 1966, S.367ff.; J.Jeremias, Kultprophetie und Gerichtsverkündigung in der späten Königszeit Israels, WMANT 35, Neukirchen-Vluyn 1970, C.A.Keller, Die Eigenart der Prophetie Habakuks, ZAW 85, 1973, S.156ff.; E.Otto, Die Stellung der Wehe-Worte in der Verkündigung des Propheten Habakuk, ZAW 89, 1977, S.73ff.; ders., Die Theologie des Buches Habakuk, VT 35, 1985, S.274ff.; P.Jöcken, Das Buch Habakuk, BBB 48, Bonn 1977; T.Hiebert, God of My Victory. The Ancient Hymn in Habakkuk 3, HSM 38, Atlanta 1986; A.H.J.Gunneweg, Habakuk und das Problem des leidenden *ṣdyq*, ZAW 98, 1986, S.400ff.; R.D. Haak, Habakuk, SVT 44, Leiden 1991.

Kommentare: KHC Marti 1904 – ICC Ward 1911 (ND) – HK Nowack 1922[3] – KAT Sellin 1930[2-3] – HS Junker 1938 – HAT Horst 1964[3] – ATD Elliger 1949 (1982[8]) – CAT Keller 1971 – KAT Rudolph 1975 – CBC Watts 1975 – POT v.d. Woude 1978 – NEB Deissler 1984 – WBC Smith 1984 – NIC Robertson 1990 – ZBK Seybold 1991.

77. Vgl. dazu M.P. Horgan, Pesharim: Qumran Interpretations of Biblical Books, CBQ.M 8, Washington D.C. 1979, S. 10ff. und Texts, S. 1ff.; E.Lohse, Die Texte aus Qumran. Hebräisch und deutsch, München und Darmstadt 1986[4], S.227ff.; K.Elliger, Studien zum Habakkukkommentar vom Toten Meer, BHTh 15, Tübingen 1953 und Schürer-Vermes III/1, 1986, S.433ff.(Lit.).

i) Das Buch Zefanja

Lehrsatz: Das 3 Kapitel enthaltende Zefanjabuch ist an 9. Stelle im Dodekapropheton eingeordnet. Seinem überlieferten Aufbau liegt das dreigliedrige eschatologische Schema zugrunde: So folgen auf Drohworte gegen Jerusalem in c.1 in c.2 solche gegen die Fremdvölker und in c.3 nach einer abschließenden Gerichtsankündigung gegen Jerusalem Heilsworte. Den Kern des Buches bilden Drohworte gegen Jerusalem und wohl auch gegen die Philister, die vermutlich unter dem Namen des nach 1,1 zur Zeit des Königs Josia von Juda wirkenden Propheten Zefanja tradiert worden waren. Die literarische Grundgestalt entstand erst in exilischer Zeit. Als das Buch von den am Tage Jahwes erfüllten Gerichtsworten des Propheten Zefanja diente es dem Aufweis der Schuld des Volkes und seiner Führungsschicht an dem Untergang des judäischen Reiches. In der spätpersischen bis frühhellenistischen Zeit ist das Büchlein um eine Reihe von Heilsworten ergänzt und die Botschaft vom Tag Jahwes eschatologisch umgedeutet worden: Dem kommenden Weltgericht werden in Jerualem nur die Armen und Geringen entgehen. In dem Chor dieser Bearbeiter erhebt sich in 2,11 und 3,9b.10 eine heilsuniversalistische Stimme, welche die Verehrung Jahwes durch alle Völker verheißt. Seine bedeutendste Nachwirkung hat das Buch durch die Aufnahme der Ankündigung des Tages Jahwes in 1,15f. im *dies irae* der römischen Totenmesse gefunden.

Zusatz 1: *Zum Aufbau und Inhalt des Buches.* Das Buch läßt sich in die Überschrift (1,1), die Ankündigung des Tages Jahwes über das sündige Jerusalem (1,2-18), ein Mahnwort zur Treue und Gerechtigkeit angesichts des bevorstehenden Tages Jahwes (2,1-3), die Fremdvölkersprüche gegen die Philister, die Bewohner der Küste, Moab, Ammon, die Kuschiten und schließlich gegen Assur und Ninive (2,4-15), ein erneutes Drohwort gegen Jerusalem (3,1-4.6-8*)[78] und fünf Heilsworte (3,9-20) gliedern. Hier folgen aufeinander ein Heilswort für Israels demütigen Rest (3,9-13), ein knapper Jahwe-König-Hymnus (3,14f.), ein Heilsorakel, das Zion Jahwes Gegenwart und Beistand verheißt (3,16-18aα), eine Verheißung der Befreiung von seinen Bedrückern und der Sammlung der Versprengten (3,18aβ-19) und eine weitere von der Heimführung der Diaspora und ihrer künftigen Ehrenstellung unter den Völkern (3,20).

Zusatz 2: *Zur Entstehung des Buches.* Überblickt man die Forschung der zurückliegenden Jahrzehnte, so lassen sich grundsätzlich zwei Ansichten unterscheiden: Nach der einen, z.B. von *Carl A. Keller*, *John D.W. Watts*, *Arvid S. Kapelrud* und *Adam S. van der Woude* vertretenen, geht das Büchlein abgesehen von den spätesten Heilsworten auf den Propheten selbst zurück. Nach der anderen, z.B. von

78. Zur nachträglichen Uminterpretation von 3,8 zu einem Wort gegen die Völker vgl. K.Elliger, ATD 25, S.77f. z.St.

Karl Elliger, Wilhelm Rudolph, Alfons Deissler, Klaus Seybold und *Ehud Ben Zvi* vorgelegten verdankt es seine Gestalt entscheidend einer exilischen oder gar erst nachexilischen Ausgabe. In dieser zweiten Gruppe bildet *Ehud Ben Zvi* insofern eine Ausnahme, als er vorkompositionelle Traditionen nur in den Gerichtsankündigungen gegen Jerusalem 1,4-6; 1,7; 1,8-9; 1,10-11; 1,14-16; 3,3-4 und vermutlich auch in den Fremdvölkersprüchen 2,4-7 und 2,8-9 findet, ohne eine Möglichkeit zu sehen, sie sämtlich auf eine einzige Quelle oder gar Zefanja zurückzuführen. Im Gegensatz zu ihm erkennen z.B. *Elliger*, *Rudolph* und *Deissler* nicht nur in der eben genannten und im Einzelfall variierten Textreihe, sondern auch noch in 2,1-3 und 3,9-13* ein Zefanjawort. Doch haben *Seybold* und *Ben Zvi* richtig erkannt, daß die hier angesprochenen *Armen* (d.h.: *Frommen*) *des Landes* (*ʿanwê-hāʾāræṣ*) erst einem nachexilischen Frömmigkeitsideal entsprechen. Vermutlich muß man nach dem Vorschlag von *Klaus Seybold* mindestens zwischen einer exilischen und einer (spät)nachexilischen, protoapokalyptischen Bearbeitung unterscheiden. Dabei dürfte das exilische Buch lediglich die Aufgabe besessen haben, den Schuldaufweis für die Eroberung und Zerstörung Jerusalems 587 zu führen: Da sich das Volk weder durch die Gerichtsankündigungen Zefanjas gegen Jerusalem (1,2-18*) noch durch die erfüllten gegen die Philister, Moabiter, Ammoniter, Kuschiten und Assyrer (2,4-15) warnen ließ (3,6f.), hat Jahwe die Völker an seinem Tage gegen das sündige Jerusalem herangeführt (3,1-8*). Dieser Tag Jahwes ist für die Späteren der Tag des Endgerichts über die ganze Erde (1,3.17-18; 3,8bβ) und alle Völker (1,8 überlieferter Text), dessen Selektion in Jerusalem allein die Armen und Geringen überstehen werden (3,11-13).[79]

Bemerkung 1: *Zur Person des Propheten Zefanja.* In der Überschrift 1,1 wird Zefanjas Abstammung vier Generationen bis auf Hiskia zurückverfolgt. Da sein Vater den eigentlich einen Äthiopier bezeichnenden Namen Kuschi trug, ist der ungewöhnliche Stammbaum möglicherweise angefügt worden, um seine judäische Abstammung zu unterstreichen. Daß der Ururgroßvater Hiskia mit dem gleichnamigen König identifiziert werden soll, läßt sich dem Text jedenfalls nicht zwingend entnehmen.[80] Der in 1,1 ihren Niederschlag findenden Tradition gemäß hat Zefanja zur Zeit König Josias von Juda (639-609) gewirkt. In der Regel erschließt man aus der Kritik an den Beamten und dem Königshaus in 1,8f., daß seine Wirksamkeit in die ersten Regierungsjahre des damals noch unmündigen Königs fiel (IIReg 22,1). Aus der Erwähnung des Königspalastes in 1,8 und der nördlichen Stadtränder in 1,10f. kann man erschließen, daß ihm Jerusalem persönlich bekannt gewesen ist. Schreibt man ihm auch den Spruch gegen Assur und Ninive in 2,13ff. zu, wäre zur Zeit seines Auftretens die Macht Assurs äußerlich noch ungebrochen gewesen. – Betrachtet man dagegen das Buch mit *Ehud*

79. Zu 3,9f. vgl. O.H.Steck, Zu Zef 3,9-10, BZ NF 34, 1990, S.90ff., der hier eine Redaktion des Zwölfprophetenbuches vermutet.
80. Vgl. dazu ausführlich E.Ben Zvi, BZAW 198, 1991, S.42ff. und S.269ff.

Ben Zvi als ein Pseudepigraph, bleiben nur der Name des Propheten und die kahle Erinnerung an die Zeit seines Auftretens übrig, während sich jeder weitere Rückschluß aus den der Komposition vorgegebenen Traditionselementen angesichts ihrer undurchschaubaren Herkunft verbietet.

Literatur: Smend, Entstehung[4], § 36; W.H.Schmidt, Einführung[4], § 18.3; Kaiser, Einleitung[5], § 24e; E. Ben Zvi, BZAW 198, 1991, S.21ff. – J.Wellhausen, Die Kleinen Propheten, Berlin 1889[3] (ND); B.Duhm, Anmerkungen zu den zwölf Propheten, Gießen 1911, S.55ff. = ZAW 31, 1911, S.93ff.; G.Gerleman, Zephanja textkritisch und literarkritisch untersucht, Diss. theol. Lund 1942; J.Hyatt, The Date and Background of Zephaniah, JNES 7, 1948, S.25ff.; D.K.Williams, The Date of Zephaniah, JBL 82, 1963, S.77ff.; L.Sobottka, Zephanja. Versuch einer Neuübersetzung mit philologischem Kommentar, BibOr 25, Rom 1972; A.S.Kapelrud, The Message of the Prophet Zephanja, Oslo 1975; H.Irsigler, Gottesgericht und Jahwetag. Die Komposition von Zef 1,1-2,3 untersucht auf der Grundlage der Literarkritik des Zefanjabuches, ATS 2, St. Ottilien 1977; G.Krinetzki, Zefanjastudien, Bern und Frankfurt/Main 1977; R.Edler, Das Kerygma des Propheten Zefanja, FThSt 126, Freiburg 1984; K.Seybold, Satirische Prophetie. Studien zum Buch Zefanja, SBS 120, Stuttgart 1985; P.R.House, Zephaniah: A Prophetic Drama, JSOT.S 69, Sheffield 1988; E.Ben Zvi, A Historical-Critical Study of the Book of Zephaniah, BZAW 198, Berlin – New York 1991.

Kommentare: KHC Marti 1904 – ICC Smith 1911 (ND) – HK Nowack 1922[3] – KAT Sellin 1930[2-3] – HS Junker – HAT Horst (1954[2]) 1964[3] – ATD Elliger 1949 (1982[8]) – CAT Keller 1971 – KAT Rudolph 1975 – CBC Watts 1975 – POT v.d.Woude 1978 – WBC Smith 1984 – NEB Deissler 1988 – NIC Robertson 1990 – OTL Roberts 1991 – ZBK Seybold 1991.

j) Das Buch Haggai

Lehrsatz: Das Buch des Propheten Haggai ist mit seinen nur zwei Kapiteln das zweitkleinste von allen alttestamentlichen Prophetenbüchern. Im Dodekapropheton hat es seine Stellung unmittelbar vor dem Sacharjabuch gefunden, mit dem es inhaltlich seine Zeitstellung und die Erwartung teilt, daß mit dem Wiederaufbau des Jerusalemer Tempels die Heilszeit vor der Tür steht. Zudem verdanken Hag 1-2 und Sach 1-8 ihre überlieferte Gestalt derselben nachdtr und zumindest protochr Redaktion. Für den nach den redaktionellen Notizen in 1,1 und 2,10 zwischen dem 29. August 520 und dem 18. Dezember 520 v.Chr. wirkenden Propheten war der Wiederaufbau des Tempels die Voraussetzung für das durch die Gegenwart Gottes gewährte, Natur und Volk umfassende Heil. In der Tat soll er nach 1,14f. den Statthalter Serubbabel, den Enkel König Jojachins (I Chr 3,17ff.), den Hohenpriester Josua, den Enkel des 587 hingerichteten Oberpriesters Seraja (I Chr 6,14f.; II Reg 25,18), und das Volk zur Aufnahme der Tempelbauarbeiten veranlaßt haben.

Bemerkung 1: *Zur Person Haggais.* Das Büchlein enthält keinerlei Angaben über die Abkunft und Herkunft des Propheten. Außerhalb desselben wird er nur in Esr 5,1 und 6,14 zusammen mit dem Propheten Sacharja als Veranlasser des Tempelbaus erwähnt. Der aus 2,3 gezogene Rückschluß, daß er selbst noch den Ersten Tempel gekannt hätte und daher im Jahr 520 bereits ein alter Mann gewesen ist,[81] ist nicht zwingend. Gegen die Annahme, daß es sich bei ihm um einen Landjudäer handelt,[82] spricht seine Vertrautheit mit biblischen Traditionen, wie sie zumal in Hag 2,22 (Ex 15,21; Jud 7,22) und 23 (Jer 22,24)[83] ihren Niederschlag gefunden haben. Liegt die Annahme nahe, daß Haggai zu den mit Serubbabel Heimgekehrten gehörte,[84] so läßt sich auch das nicht beweisen. Sein Name hängt mit dem hebräischen Wort *ḥag, Fest,* zusammen und bezeichnet den Propheten als einen an einem Festtag geborenen Knaben.[85]

Zusatz 1: *Zur Komposition des Buches.* Das Buch setzt in 1,1-15a mit einem sorgfältig aufgebauten Bericht von der mit Erfolg an den Statthalter Serubbabel und den Hohenpriester Josua gerichteten Mahnrede ein, den Wiederaufbau des Tempels nicht länger hinauszuschieben, weil das Versäumnis die Ursache für den durch eine Dürre ausgelösten Mangel im Lande sei (V.2.4-11). Als beide auf seine Worte hörten und der *Rest des Volkes* sich vor Jahwe fürchtete, sagte er ihnen den Beistand Jahwes zu, so daß sie nach der eigentümlich am Ende der Erzählung stehenden Datenangabe in V.15a am 24.6. mit den Wiederaufbauarbeiten begonnen hätten (V.12-15a). In 1,15b; 2,1-9 folgt dann ein auf den 21.7. datiertes Wort, das nach V.1 wiederum an Serubbabel, Josua und den Rest des Volkes adressiert ist. In ihm erinnert der Prophet angesichts der Kümmerlichkeit des Tempels (vgl. Esr 3,12) an seine einstige Herrlichkeit, um dann nach einer erneuten Beistandszusage seine künftige, alles Frühere übertreffende in Aussicht zu stellen. In 2,10-14 folgt dann ein auf den 24.9. des 2. Jahres Darius' I. datierter Bericht von einer Zeichenhandlung des Propheten in Gestalt einer Befragung der Priester über Reinheitsfragen, die zu dem Ergebnis führt, daß die Berührung mit Heiligem nicht heiligt, aber die mit Unreinem verunreinigt, worauf der Prophet alles Tun und Opfern *dieses Volkes* für unrein erklärt. Dem Kontext gemäß liegt die Annahme am nächsten, daß damit der Ausschluß eines bestimmten Volkes von der Mitarbeit am Tempelbau und der Teilnahme an seinem Opferkult gemeint ist. Bei 2,15-19 handelt es sich um eine in V.18 ebenfalls auf den 24.9. datierte Trostrede, die den Tag der Grundsteinlegung für den Tempel zum

81. So zuerst H. Ewald, Die Propheten des Alten Bundes III, Göttingen 1868[3], S.178 und z.B. K.Elliger, ATD 25, 1949 (1982[8]), S.84.
82. So W.A.M.Beuken, StSN 10, 1967, S.216ff.
83. So z.B. W.Rudolph, KAT XIII/4, Gütersloh 1976, S.54 z.St.
84. So z.B. W.Rudolph, KAT XIII/4, S.21.
85. Vgl. M.Noth, Die israelitischen Personennamen, BWANT III/10, Stuttgart 1928 (ND), Nr.454-456 und S.222.

Wendepunkt von der Not- zur Segenszeit erklärt. Auch die in 2,20-23 an Serubbabel gerichteten Verheißungen von der Vernichtung der Königreiche der Völker und der Erwählung Serubbabels zum Siegelring und d.h. bevollmächtigten Stellvertreter Jahwes auf Erden sind nach V.20 auf denselben 24.9. wie 2,10ff. und 2,15ff. datiert. So zeichnet sich im Rückblick eine dramatische Steigerung ab, die von der erfolgreichen Anweisung zum Wiederaufbau des Tempels in c.1 ausgehend in c.2 dessen künftige, alles Gewesene übertreffende Herrlichkeit verheißt, ein unreines Volk von seinem Bau und seinem Kult ausschließt, um dann die Grundsteinlegung des Tempels als Wendepunkt von der Zeit des Mangels zur Zeit des Segens zu bezeichnen und schließlich Serubbabel nach dem Sturz der Reiche der Völker die Königsherrschaft zu verheißen.

Zusatz 2: *Das literarische Problem des Buches.* Schon der Wechsel zwischen dem Bericht über den Propheten in der 3. Person mit den eigentlichen Prophetenworten läßt die Besonderheit des Buches als einer Erzählung von dem Wirken des Propheten erkennen. Daher hat es *David L. Petersen* geradezu eine *apologetische Geschichtserzählung* zugunsten der Tempeltheologie genannt.[86] Daß es nicht aus einem Guß ist, sondern eine nachträgliche Komposition darstellt, die sich überlieferter Einzelworte des Propheten bedient, zeigt schon das 1. Kapitel: Hier fällt zumal auf, daß die in V.2a bereits als Wort Jahwe Zebaots gekennzeichnete Scheltrede über das Verhalten des Volkes in V.2b und V.4-6 in V.3 durch eine Wortereignisformel unterbrochen wird, obwohl eine solche, um die Adressaten erweiterte bereits in der Einleitung in V.1 enthalten ist. In ähnlicher Weise konkurrieren die beiden die Beistandszusage in V.13 rahmenden V.12 und V.14 miteinander. Nach fast allgemeiner Ansicht läßt sich in dem Büchlein grundsätzlich zwischen den verarbeiteten Worten, ihrer redaktionellen, berichtenden Rahmung und theologischen Nachinterpretationen unterscheiden. Nach *W.A.M. Beuken* gehörten der Redaktion des Buches 1,1-3*.12a.13-14.15ab*; 2,1*.2.4a*b.5.9b?.10*.11a.20* und 23b an. Sie suche den Nachweis zu führen, wie Gott durch das Wort seiner Propheten die kritischen Augenblicke bei der Neukonstituierung der, wie man heute zu sagen pflegt, Jerusalemer Bürger-Tempelgemeinde[87] überwunden hat. Überlieferungsgeschichtlich sei die Redaktion als nachdtr und chronistisch zu beurteilen. Die Grundlage des Büchleins hätten die datierten Abschnitte 1,3-11.12b; 1,15a+2,15-19; 1,15b+2,1-9*; 2,10-14* und 2,20-23* gebildet.[88]

Andererseits hat *Rex A. Mason* der Edition 1,1.3.12.13a.14. 15; 2,1.2(?).10 und 20 zugeschrieben. Mit ihrer Absicht, die Vollendung des Tempelbaus als Erfüllung des an die Führer des Volkes gesprochenen Prophetenwortes zu deu-

86. Haggai and Zechariah 1-8, OTL, Philadelphia 1984, S.35.
87. Diese Bezeichnung hat J.Weinberg, VT 23, 1973, S.403 nach G.Ch.Sarkisjan und I.D.Amussin in die alttestamentliche Fachsprache eingeführt.
88. StSN 10, 1967, S.331ff.

ten, stehe sie näher bei der dtr als bei der chr Theologie. Auch in der Frage, ob Hag und Sach 1-8 ihre Gestalt derselben Edition verdanken, gehen die Wege auseinander: Während *Carol L. Meyers* und *Eric M. Meyers* Hag und Sach 1-8 als eine geschlossene Komposition betrachten, hat *Rex A. Mason* in der Fraglosigkeit, mit der in den Rahmentexten des Haggaibuches Serubbabel und Josua als göttliche Werkzeuge betrachtet werden, einen Hinweis darauf gesehen, daß die Edition des Haggaibüchleins älter als die von Sach 1-8 ist.[89]

Zusatz 3: Zur Datierung des Buches. Aus der Tatsache, daß sich die von Haggai erwartete große Weltenwende trotz der Fertigstellung des Tempels nicht erfüllt hat, werden im Blick auf die Datierung des Büchleins unterschiedliche Schlüsse gezogen: Während es *Carol L. Meyers* und *Eric M. Meyers*[90] und *Henning Graf Reventlow*[91] deshalb zusammen mit Sach 1-8 vor dem Abschluß des Tempelbaus 515 v.Chr. ansetzen, datiert es *Rex A. Mason* aus demselben Grunde nach diesem Datum: Das teilweise erfüllte Wort sollte nun als Unterpfand für das Eintreffen der einen radikaleren Wandel verheißenden Worte verstanden werden. Halten wir uns an die Charaktersisierung der Edition durch *Beuken* und *Mason*, hängt die Frage nach ihrer absoluten Zeitstellung von der Datierung des Chronistischen Geschichtswerkes ab.[92]

Bemerkung 2: Die Datenangabe in 1,15a, ihre Verbindung mit 2,15-19 und Haggais unreines Volk 2,10-14. Noch immer umstritten sind die Fragen, ob die am Ende von 1,12-14 stehende Datenangabe in V.15a nach dem Vorschlag von *J. Wilhelm Rothstein* mit 2,15-19 zu verbinden ist und das unreine Volk in 2,10-14 die Samaritaner meint oder nicht. Zur Verteidigung der überlieferten Verbindung mit dem vorausgehenden Bericht über die Aufnahme der Arbeiten am Tempel[93] wird vorgebracht, daß die Mahnrede des Propheten in 1,3-11 nicht sofort gewirkt hätte. Aber wenn es sich so verhielte, sollte man die Datenangabe am Anfang von V.14 erwarten. Da die Datierung außer in 1,15 und in 2,18b stets in der Kopfzeile erscheint (vgl. 1,1; 2,1; 2,10 [2,20]) und 2,18b das Datum von 2,10 wiederholt, ist der Verdacht nicht unbegründet, daß es in dem Buch zu nachträglichen Umstellungen und Umdatierungen gekommen ist. Weiter fällt auf, daß die Datenangabe in 2,20 die aus 2,18b wiederholt. Überdies steht die Zeichenhandlung in 2,10-14 einigermaßen unmotiviert in ihrem Kontext, während es sich bei 2,15-19 um einen analogen Text zu 1,3-11 handelt. Betrachtet

89. Vgl. VT 27, 1977, S.421 und ders., The Books of Haggai, Zechariah and Malachi, CBC, Cambridge 1977, S.10.
90. Haggai, Zechariah 1-8, AB 25B, Garden City/N.Y. 1987, S.XLV.
91. ATD 25/2, 1993, S.5.
92. Vgl. dazu Grundriß I, S.147f.
93. So vor allem K.Koch, Haggais unreines Volk, ZAW 79, 1967, S.52ff., der *dieses Volk* auf das eigene bezieht.

man 2,10-14 als einen nachträglich eingefügten Text, der, wie oft vermutet, den Samaritanern gilt (vgl. Esr 4,1-4), aber mit *Tim Unger* erst chronistisch ist und auf die Tempelgründung auf dem Garizim in der Alexanderzeit reagiert,[94] gibt sich die folgende Kette von Umstellungen zu erkennen: 2,15-19 wurde von 1,15a abgetrennt und hinter 2,10-14 gesetzt, während 2,10-14 seinen Ort als abgrenzende Antithese zu 2,9 erhielt. Gleichzeitig wurde 2,10 von 2,21-23 gelöst und in 2,20 in Kurzform wiederholt. Die hier postulierte ursprüngliche Reihenfolge 1,2-11*; 1,15b+2,15-18; 2,1-9* und 2,20-23* gibt sich ungezwungen gegenüber der tradierten als die organischere zu erkennen. An die Verheißung von der Erschütterung der ganzen Erde und der alles Gewesene überbietenden Herrlichkeit des Zweiten Tempels schließt sich die von der Vernichtung der Königreiche der Völker und der Einsetzung Serubbabels zu Gottes Stellvertreter auf Erden harmonisch an. Da der Hohepriester Josua in keinem der Orakel eine Rolle spielt, liegt die Annahme nahe, daß die Worte Haggais nur an Serubbabel oder/und das Volk gerichtet waren und Josua erst durch den Redaktor aufgrund seiner Erwähnung in Sach 3 (vgl. auch 4,11-14) als Mitadressat nachgetragen ist.[95]

Zusatz 4: *Zur Theologie Haggais*. Halten wir uns an die vermutlich auf ihn selbst zurückgehenden Worte, so war der Prophet davon überzeugt, daß die Zurückstellung des Tempelbaus hinter den Wohnungsbau die Ursache des im Lande herrschenden, durch eine anhaltende Dürre verursachten Mangels sei und der Tag der Grundsteinlegung des Hauses Jahwes den Wendepunkt von der Not- zur Segenszeit darstelle. Seine weitergehenden Erwartungen, daß die bestehende Welt in Kürze (2,6) radikal verändert, die Königreiche der Völker gestürzt (2,7a.21b.22), die Reichtümer aller Völker zum Jerusalemer Tempel gebracht (2,7b) und Serubbabel als Stellvertreter Gottes herrschen würden (2,23), sind vermutlich an die Vorstellung von der Heimkehr Jahwes in den Tempel nach dem Antritt seiner Königsherrschaft über die Völker geknüpft, wie sie z.B. in Jes 40,3-5.9-11 und 52,7-10 begegnet.

Literatur: Smend, Entstehung[4], § 37; W.H.Schmidt, Einführung[4], § 22.1; Kaiser, Einleitung[5], § 24 m; H.W. Wolff, Artikel *Haggai/Haggaibuch*, TRE 14, 1985, S.355-360 (Lit.); R.J.Coggins, Haggai, Zechariah, Malachi, OT Guides, Sheffield 1987; – J.W.Rothstein, Juden und Samaritaner, BWAT 3, Leipzig 1908; P.R.Ackroyd, Studies in the Book of Haggai, JJSt 2, 1951, S.163ff.; ders., The Book of Haggai and Zechariah, JJSt 3, 1952, S.151ff.; ders., Exile and Restoration, OTL, London 1967 (1976[3]), S.153ff.; H.W.Wolff, Haggai, BSt 1, Neukirchen-Vluyn 1951; F.Hesse, Haggai, in: Verbannung und Heimkehr. FS W.Rudolph, hg. A.Kuschke, Tübingen 1961, S.109ff.; K.Galling, Serubbabel und der Hohepriester beim Wiederaufbau des Tempels in Jerusalem, in: ders., Studien zur Geschichte Israels im persischen Zeitalter, Tübingen 1964, S.127ff.; W.A.M.Beuken, Haggai-Sacharja 1-8. Studien zur Überlieferungsgeschichte der frühnachexilischen Prophetie, StSN 10, Assen 1967; K.Koch, Haggais unreines

94. Vgl. T.Unger, Noch einmal: Haggais unreines Volk, ZAW 103, 1991, S.210ff.
95. Vgl. dazu auch T.Unger, a.a.O., S.221.

Volk, ZAW 79, 1967, S.52ff. = ders., Spuren hebräischen Denkens. Beiträge zur atl. Theologie. Ges. Aufsätze 1, Neukirchen-Vluyn 1991, S.206ff.; G.Sauer, Serubbabel in der Sicht Haggais und Sacharjas, in: Das ferne und nahe Wort. FS L.Rost, hg. F.Maass, BZAW 105, Berlin 1967, S.199ff.; O.H.Steck, Zu Haggai 1,2-11, ZAW 83, 1971, S.355ff.; K.-M.Beyse, Serubbabel und die Königserwartungen der Propheten Haggai und Sacharja, ATh I/48, Stuttgart 1972; K.Seybold, Die Königserwartung bei den Propheten Haggai und Sacharja, Jud. 28, 1972, S.69ff.; P.D.Hanson, The Dawn of Apocalyptic, Philadelphia (1975) 1979²; R.A.Mason, The Purpose of the ›Editorial Framework‹ of the Book of Haggai, VT 27, 1977, S.413ff.; ders., The Prophets of the Restoration, in: Israel's Prophetic Tradition. FS P.R.Ackroyd, ed. R.Coggins, A.Philipps und M.Knibb, Cambridge 1982, S.137ff.; J.Whedbee, A Question-Answer Schema in Haggai 1: The Form and Function of Haggai 1,9-11, in: Biblical and Near Eastern Studies. FS. W.S.LaSor, ed. G.Tuttle, Grand Rapids 1978, S.184ff.; T.Unger, Noch einmal: Haggais unreines Volk, ZAW 103, 1991, S.210ff.

Kommentare: KHC Marti 1904 – ICC Mitchell 1912 (ND) – HK Nowack 1922³ – KAT Sellin 1930²⁻³ – HS Junker 1938 – ATD Elliger 1949 (1982⁸) – HAT Horst 1954² (1964³) – KAT Rudolph 1976 – CBC Mason 1977 – CAT Amsler 1981 – POT v.d. Woude 1982 – OTL Petersen 1984 – WBC Smith – BK Wolff 1986 – AB C.L. Meyers und E.M. Meyers 1987 – NIC Verhoeft 1987 – NEB Deissler 1988 – ATD Reventlow 1993.

k) Das Buch Sacharja

Lehrsatz: *Das Buch des Propheten Sacharja*. Das im Zwölfprophetenbuch an 11. Stelle überlieferte Buch des Propheten Sacharja umfaßt 14 Kapitel. Von ihnen enthalten nur die c.1-8 Worte des Propheten Sacharja, die c.9-11 und 12-14 dagegen wesentlich jüngere Prophetien, die herkömmlich als deutero- und tritosacharjanisch bezeichnet werden. Die auf Sacharja, den Sohn Iddos, zurückgehenden Prophezeiungen stammen aus den Jahren 520-518 v.Chr. und dokumentieren in ihrer ursprünglichen Gestalt wie die seines Zeitgenossen Haggai die mit dem Wiederaufbau des Jerusalemer Tempels verbundenen Erwartungen auf die Wiederherstellung der Herrschaft der Davididen und den Anbruch der Heilszeit. Sie sind uns nur in der Gestalt überliefert, die sie in einer perserzeitlichen Bearbeitung erhalten haben. Die Erweiterungen durch die c.9-11 und 12-14 gewähren ebenso einen Einblick in die Geschichte der eschatologischen Erwartungen während der Alexander- und der Diadochenzeit wie in die der Entstehung des Zwölfprophetenbuches und der Schlußredaktionen des ganzen *corpus propheticum*.

Zusatz 1: *Aufbau und literarische Schichtung des Protosacharjabuches c.1-8*. Das Buch setzt in 1,1-6 mit einer Mahnrede zur Umkehr ein, die von den Herausgebern der sacharjanischen Prophetien stammt. In 1,7-6,8* folgt die als Selbstbericht stilisierte, kunstvoll aufgebaute Komposition von den *sieben Nachtgesichten* des Propheten, in denen ihm das Geschaute jeweils durch einen Deuteengel (*an-*

gelus interpres) erklärt wird. *Hartmut Gese* hat sachgemäß festgestellt, daß es sich bei dieser Komposition nicht um eine Sammlung, sondern um ein System von sieben Visionen und mithin um eine vollständige Apokalypse handelt.[96] Wie schon der Prolog in 1,1-6 und ihre Einleitung in 1,7 zu erkennen gibt, ist sie zumindest in ihrer überlieferten Gestalt das Ergebnis einer nachdtr Bearbeitung.

Die 1. Vision vom Reiter im Myrtenfeld (1,7-15*) versichert Jerusalem und Juda angesichts ihres fortwährenden Exilsgeschicks, daß Jahwes Eingreifen unmittelbar bevorsteht. Die 2. von den vier Hörnern und vier Schmieden (2,1-4*) ergänzt die Botschaft dahingehend, daß die Feinde Judas alsbald zerschlagen werden. Daher kann das neue Jerusalem gemäß der 3.) von dem Mann mit der Meßschnur (2,5-9) als offene Stadt wiederaufgebaut werden. In ihr wird der in der Mitte der Komposition stehenden 4.) von dem durch zwei Ölbäume flankierten goldenen Leuchter zufolge Jahwe selbst wohnen, während die beiden Gesalbten, der Hohepriester und der messianische Fürst vor ihm stehen (4,1-6a+10b-14*). Die 5.) von der fliegenden Schriftrolle (5,1-4) versichert, daß über dem Land ein Fluch schwebt, der die Häuser aller meineidigen Diebe vernichten wird. Die 6.) von der Frau im Epha (5,5-11) verheißt die in Kürze erfolgende Entsühnung des ganzen Landes und die 7.) von den vier Wagen (6,1-8) vermutlich, daß Gottes Geist die Gola zur Heimkehr bewegen werde. Die Bedeutung der Gesichte ist durch die in den Zyklus eingeschalteten und vermutlich auf den Propheten selbst zurückgehenden Einzelworte in 1,16; 2,10-13*; 4,6b-7 und 4,8-10a unterstrichen.

In diese Reihe ist nachträglich die Vision von der himmlischen Investitur des Hohenpriesters Josua in 3,1-5 und eine Reihe an ihn gerichteter Heilsworte in 3,6-9(10) eingestellt worden. Die Komposition wird jetzt durch den Selbstbericht von einer Symbolhandlung des Propheten in Gestalt der Krönung Josuas in 6,9-15 abgeschlossen. Sie bezog sich nach der nicht unwidersprochenen, aber m.E. immer noch plausiblen Begründung von *Julius Wellhausen*[97] und z.B. *Karl Elliger*[98] ursprünglich auf Serubbabel als den erwarteten König der mit der Vollendung des Tempelbaus erwarteten Heilszeit. In den Visionszyklus sind außer-

96. ZThK 70, 1973, S.37 = ders., BevTh 64, 1974 (1990³), S.219.
97. Die Kleinen Propheten, 1898³ = 1963⁴, S.185.
98. ATD 25, 1949 (1982⁸), S.128ff.; vgl. auch z.B. K.Marti, KHC XIII, 1904, S.420; F.Horst, HAT I/14, 1954², S.236ff.; W.A.M.Beuken, StSN 10, 1967, S.275ff.; S.Amsler, CAT XIc, 1981, S.109; A.Deissler, NEB 21, 1988, S.285f. z.St. Anders z.B. W.Rudolph, KAT XIII/4, 1976, S.130; C.L.Meyers und E.M.Meyers, AB 25B, 1987, S.354f. und H.Graf Reventlow, ATD 25/2, 1993, S.72 z.St. Vgl. aber auch R.A.Mason, CBC, 1977, S.62ff. und D.L.Petersen, OTL, 1984, S.272ff., die beide in dem Bericht die Hand des Herausgebers am Werk sehen, der im Blick auf die tatsächlich eingetretene Situation die Rolle Serubbabels herunterspielt. Es fällt auf, daß die beiden ihn betreffenden Orakel in 4,6b-10 und 6,12f. jeweils in Texte über den Priester Josua eingefügt und dabei sein Name übergangen ist.

dem noch die Einzelworte 1,16; 2,10-13 und 4,6-7.8-10a eingefügt, die den Wiederaufbau Jerusalems, die Befreiung und Heimkehr der Exulanten, das Recht Josuas, vor Jahwe zu treten, das durch das neue Priesterkollegium symbolisierte Kommen des als *Sproß* bezeichneten Königs der Heilszeit und die Tilgung der Schuld des Landes verheißen.

Auf den Propheten selbst zurückgehende Prophetien liegen dann jedenfalls in dem Bericht von der Erteilung der Antwort auf die an die Priester gerichtete Fastenanfrage in 7,1-7* und in dem Fastenspruch 8,18f. vor. Die 7,7 auslegende Zusammenfassung der Botschaft der einstigen Propheten in 7,8-10 ist ebenso redaktionell wie ihre prosaische Fortsetzung in 7,11-14. Beide Ergänzungen dürften von der Hand des für 1,1-6 verantwortlichen Redaktors stammen. Umstritten ist, in welchem Umfang die Einzelworte in c.8 auf den Propheten oder auf eine jüngere eschatologische Zionsredaktion zurückgehen. Als sacharjanisch lassen sich mit großer Wahrscheinlichkeit die Versicherung des Eintretens Jahwes für den Zion in V.2 (V.2a fast wortgleich mit 1,14a), die Ankündigung der Rückkehr Jahwes zum Zion in V.3, die Verheißung neuer Lebensfülle in Jerusalem in V.4f., die der Skepsis gegen die Heilsworte entgegentretende didaktische Frage in V.6 und der Fastenspruch in V.18f. beurteilen. Die auf die Heilsworte Haggais und Sacharjas bei der Grundsteinlegung des Tempels zurückgreifende Verheißung neuen Segens in 8,9-13 dürfte wieder von dem für die Herausgabe der Worte Sacharjas verantwortlichen Redaktor stammen. So zeichnet sich in den c.1-8 eine literarische Schichtung in die sacharjanische Grundbotschaft, ihre Edition und Redaktion durch einen chronistischen Redaktor[99] und weitere eschatologische Ergänzungen ab. Dabei scheint die aus dem Umfeld des Chronisten stammende Redaktion mit der des Haggaibuches zumindest verwandt, wenn nicht identisch zu sein.[100]

Zusatz 2: *Die Botschaft von Sach 1-8.* Aus dem Gesagten geht hervor, daß uns die Worte Sacharjas nicht anders als die seines Zeitgenossen Haggai in einer unter dem Blickwinkel der Jerusalemer Bürger-Tempelgemeinde der Perserzeit erfolgten Redaktion erhalten sind: Für sie ist der Hohepriester bis zum Anbruch der durch Sacharja verheißenen Heilszeit, in welcher der als *Sproß* (vgl. 3,8; 6,12 mit Jer 23,5) bezeichnete König erstehen wird, der königliche Würden besitzende Sachwalter Gottes. Während Sacharja in dem Enkel König Jojachins Serubbabel (I Chr 3,17-19) nicht nur den Vollender des Tempelbaus (4,6b-10a), sondern vermutlich auch den künftigen König Judas gesehen hat, ist er für den Bearbeiter der Mann, der gemäß der Weissagung Sacharjas den Wiederaufbau des Jerusalemer Tempels abgeschlossen hat. Die teilweise bewahrheitete Prophetie ist damit zum Unterpfand der noch offenen Verheißungen vom erlösten Gottesvolk

99. Vgl. dazu W.A.M.Beuken, StSN 10, 1967, S.331ff., der die Bearbeitung in einem chronistisch orientierten Milieu ortet.
100. Vgl. dazu oben, § 24j *Zusatz* 2 und W.A.M.Beuken, a.a.O.

und seinem Leben im von aller Sünde gereinigten Land geworden, in dem die beiden Gesalbten, der Hohepriester und der König, das Volk vor Gott und Gott vor dem Volk vertreten. Gleichzeitig wird die Erfüllung der prophetischen Heilsworte an eine Umkehr zu Jahwe gebunden, die sich im Gehorsam gegen die Tora zu bewähren hat (1,2-6; 7,8-14).

Bemerkung 1: *Zur Person des Propheten.* Sacharja wird in 1,1 und 1,7 als Sohn des Berechja und Enkel des Iddo bezeichnet. Da er Esr 5,1 und 6,14 (vgl. auch Neh 12,16) als Sohn Iddos bezeichnet wird, ist der Name Berechja entweder aufgrund des in Jes 8,2 erwähnten Sacharja, Sohn des Berechja, fälschlich eingetragen oder Iddo in den zuletzt genannten Stellen der Großvater des Propheten. Nach Neh 12,16 ist er Priester gewesen. Gemäß 1,1 und 7,1 fällt sein Auftreten zwischen den Oktober/November 520 und den 7. Dezember 518 v.Chr. – In Esr 5,1 und 6,14 wird er zutreffend als Zeitgenosse des Propheten Haggai betrachtet. Wie bei ihm muß es offen bleiben, ob die für Sacharja überlieferten Daten seine prophetische Wirksamkeit überhaupt begrenzen oder die Tradenten nur die in diese Zeit fallenden Worte ausgewählt haben.

Zusatz 3: *Die deutero- und tritosacharjanischen Prophetien* (*Sach 9-14*). Die c.9-14 lassen sich gemäß ihren Überschriften in 9,1 und 12,1 ungezwungen in die Textblöcke der c.9-11; 12-13 (14) gliedern. Dabei unterscheiden sich die c.9-11 von den c.12-14 formal durch ihre poetische Struktur, während es sich bei den c.12-13 überwiegend und bei c.14 überhaupt um Prosa handelt. Andererseits liegen in den c.12 und 13 Gottessprüche vor, in c.14 aber prophetische Schilderungen der der Heilswende vorausgehenden und folgenden Ereignisse. Daher ist c.14 als Anhang zu beurteilen. Faßt man den Inhalt der Texte ins Auge, zeigt es sich freilich, daß 9,1-11,3 und 11,4-17 eine unterschiedliche Heilsperspektive besitzen: Die großisraelitische Hoffnung von c.9 und 10 ist in 11,4ff. aufgegeben. Vergleichbar unterscheiden sich auch 12,2-13,6 und c.14 durch ihre unterschiedlichen Vorstellungen vom Geschick Jerusalems im Völkersturm: Während die Völker in 12,2-13,6 am unverletzt bleibenden Jerusalem zerbrechen, werden sie in c.14 erst nach der Eroberung der Stadt durch Jahwe vernichtet.

Zusatz 4: *Zur Forschungsgeschichte von Sach 9-14.* Die Einsicht, daß die c.9-14 nicht von demselben Verfasser wie die c.1-8 stammen können, geht bis in die beiden letzten Jahrzehnte des 18. Jh.s zurück.[101] Umstritten blieb freilich bis heute die Zeitstellung dieser Texte und die Frage, ob man zwischen den c.9-11 als deutero- und den c.12-14 als tritosacharjanisch zu unterscheiden hat. *Benedikt Otzen* hat die c.9-13 spätvorexilisch und c.14 spätnachexilisch eingeordnet. *André Lacocque* und

101. Vgl. dazu die Übersicht bei W.M.L.de Wette, Lehrbuch der historischkritischen Einleitung in die kanonischen und apokryphischen Bücher des Alten Testaments, Berlin 1845[6], S.373.

Henning Graf Reventlow setzen die Prophetien in unterschiedlicher Weise zwischen 500 und 450 an. Die Spätdatierung in hellenistischer Zeit ist nach dem Vorbild von *Bernhard Stade* in den letzten Jahrzehnten z.B. von *Karl Elliger, Otto Eißfeldt**, *Georg Fohrer**, *Wilhelm Rudolph, Rex A. Mason, Alfons Deissler* und *Odil Hannes Steck* vertreten worden. In der Tat scheidet eine Frühdatierung aus, weil die Texte mit ihren zahlreichen Rückgriffen auf die Sprache der älteren Prophetenbücher auf eine Zeit verweisen, in der diese bereits zu allgemeinem Ansehen gelangt waren. *Karl Elligers* Unterscheidung zwischen einer aus dem Beginn der hellenistischen Zeit stammenden, zeitlich geordneten Grundschicht in 9,1-8; 9,11-17; 10,3b-12 und 11,4-16, die nachträglich allgemein eschatologisch umgedeutet worden ist, und Einschüben unbestimmter Herkunft in 9,9f.; 10,1f.; 11,1-3 und 11,17 besitzt bis heute ihre Plausibilität. Auch seine Beurteilung von c.12-13 als einer jüngeren und c.14 als einer noch einmal jüngeren Komposition dürfte grundsätzlich richtig sein, wobei man über die konkrete Einweisung von c.14 in die Makkabäerzeit streiten mag. Hervorgehoben sei, daß die Frage nach der Entstehung der c.9-14 neuerdings durch *Odil Hannes Steck*[102] und seine Schüler *Erich Bosshard* und *Reinhard G. Kratz*[103] erfolgversprechend mit der nach der Genese des ganzen Dodekapropheton und schließlich des *corpus propheticum* verbunden worden ist.

Zusatz 5: *Die deuterosacharjanischen Prophetien* (*Sach 9-11*). Die c.9-11 setzen in 9,1-8 den siegreichen Vorstoß Alexanders des Großen nach dem Fall von Tyrus bis nach Gaza im Jahre 332 voraus.[104] Hinter den Gefangenen in 9,11f. dürfte sich eine uns unbekannte Gruppe aus der Alexanderzeit oder dem nachfolgenden Jahrzehnt verbergen.[105] Da erst 11,15ff. einen Reflex auf jüngere Ereignisse enthält, dürfte es sich bei 9,1-8 und 9,9-17 um Fortschreibungen des Sacharjabuches aus den beiden vorletzten Jahrzehnten des 4.Jh.s v.Chr. handeln. In 9,9-17 liegt eine redaktionelle Komposition von Einzelworten vor (9f.11-13.14f.16f.), die um den Gedanken der Befreiung des ganzen Gottesvolkes von der griechischen Knechtschaft (V.13aβ Söhne Jawans)[106] durch Jahwe kreisen. An ihrer Spitze

102. Vgl. BThSt 17, 1991.
103. Maleachi im Zwölfprophetenbuch, BN 52, 1990, S.27ff.
104. Vgl. dazu K.Elliger, Ein Zeugnis aus der jüdischen Gemeinde im Alexanderjahr 332 v.Chr. Eine territorialgeschichtliche Studie zu Sach. 9,1-8, ZAW 62, 1950, S.63ff. Grundsätzlich anders, aber kaum überzeugend, H.Graf Reventlow, ATD 25/2, 1993, S.90.
105. A.Deissler, Zwölf Propheten III, NEB 21, Würzburg 1988, S.297 denkt an Massendeportationen durch Ptolemaeus I. im Jahre 312 v.Chr. nach Ägypten, vgl. Jos. Ant. Jud. XII, 7. – Die Vermutung von O.H.Steck, BThSt 17, 1991, S.75, es könnte sich bei den Gefangenen um von Alexander nach Ägypten verschleppte nordisraelitische Söldner handeln, scheitert m.E. an dem Suff. der 3.sing.fem., das sich im Kontext nur auf das in V.9 erwähnte Zion beziehen kann.
106. H.Graf Reventlow, ATD 25/2, S.98 betrachtet den Versteil metri causa als Glosse. Vgl. dagegen schon C.Steuernagel, Lehrbuch der Einleitung in das Alte Testament, Tübingen 1912, S.644.

steht in 9,9f. die in Mt 21,4f. par Joh 12,11f. aufgenommene messianische Verheißung von dem auf einem Esel reitenden König.[107]

Eine redaktionelle Einheit bilden auch die in 10,1-11,3 zusammengestellten Texte. In 10,1f. steht ein begründetes Mahnwort, Jahwe und nicht die Götzen um Regen zu bitten. In 10,3-12 folgt eine 9,9-17 vergleichbare Komposition von Einzelworten, die das Thema der Wiederherstellung ganz Israels variieren (V.3-5.6.7.8-12). Geht man bei der geschichtlichen Einordnung von c.10 von der Zeitstellung von c.9 aus, kann man den Hochmut Asiens in 10,11 noch nicht mit dem Seleukidenreich identifizieren.[108] 11,1-3 ist ein prophetisches Spottlied über den Fall der Weltmacht.

In 11,4-14 liegt ein Bericht über eine prophetische Zeichenhandlung vor, dessen Eigenart als eines Geschichtsrückblicks in Gestalt eines *vaticinium ex eventu* von *Hartmut Gese* überzeugend nachgewiesen ist.[109] Das Orakel dient dem Zweck, die Verlängerung der eschatologischen Erwartung von Sacharja bis über die Alexanderzeit hinaus zu erklären. Seine Fortschreibung 11,15-17 faßt dann bereits Ereignisse der hellenistischen Zeit ins Auge: Nach *Odil Hannes Steck* könnte man den nichtsnutzigen Hirten in V.17, der seine Herde verließ, mit dem von Jos. C.Ap. I, 186-189 erwähnten Hohenpriester bzw. Statthalter Ezekias (Hiskia) identifizieren, der zusammen mit Ptolemaios I. nach der Schlacht bei Gaza nach Ägypten zog.[110] Blicken wir zurück, wird deutlich, daß sich in c.11 die Heilserwartung gegenüber c.9 und 10 verengt hat: Während in c.9 und 10 noch mit der Wiederherstellung der Einheit des ganzen Gottesvolkes gerechnet wird, gilt ab 11,4ff. das künftige Heil nur noch Juda.

Bemerkung 2: *Zur Deutung von Sach 11,4-14 nach H. Gese.* Die Schlachtschafe sind das nachexilische Juda der Perserzeit, die Händler ihre persischen Oberherren, in deren Auftrag die drei eigenen Hirten und d.h. der Statthalter von Juda, der Hohepriester bzw. die Priesterschaft und der Adel Jerusalem und Juda bis zur Reform Esras beherrschten (V.8). Das Zerbrechen des Stabes Huld in V.10 symbolisiert die Beendigung des Friedenszustandes der im Perserreich zusammengeschlossenen Völker durch Alexander den Großen, zu dessen Zeit durch den Bau des Tempels auf dem Garizim auch der Stab Eintracht und damit die Zusammengehörigkeit von Juda und Israel aufgehoben wurde (V.14).

107. Lies in V.10a mit G und S *er* (= der König) *vernichtet*. Bei M handelt es sich um eine nachträgliche Theologisierung.
108. Vgl. aber O.H.Steck, BThSt 17, 1991, S.76f., der den Text zwischen 323 bzw. 320 und 315 einordnet, da er keine Anspielung auf eine kriegerische Auseinandersetzung zwischen den beiden Reichen enthält, wie sie sich erstmals 312 ereignet hat.
109. Die Deutung der Hirtenallegorie Sach 11,4ff., in: ders., BevTh 64, 1974 (1990^3), S.231ff. Anders H.Graf Reventlow, ATD 25/2, 1993, S.88, vgl. S.112, der den Text als frühnachexilisch einordnet.
110. BThSt 17, 1991, S.88; vgl. dazu M.Hengel, Juden, Griechen und Barbaren. Aspekte der Hellenisierung des Judentums in vorchristlicher Zeit, SBS 76, Stuttgart 1976, S.31f.

Zusatz 6: *Die tritosacharjanischen Prophetien Sach 12-14.* Der durch die Überschrift 12,1 eröffnete Schlußteil des Buches wird in 12,2-13,6 durch ein dreigliedriges Orakel eröffnet. In 12,2-6 verheißt es die wunderbare Rettung Jerusalems vor den anstürmenden Völkern, in 12,9-14 den Umschwung der Gesinnung des Hauses David und der Jerusalemer gegenüber einem Toten, der änigmatisch genug lediglich als ein von ihnen Durchbohrter bezeichnet wird (V.10). Wenn es sich nicht um ein uns unbekanntes zeitgenössisches Ereignis, sondern um ein bereits zurückliegendes handelt, ist es nicht ausgeschlossen, daß der zu Beginn des letzten Jahrhunderts der Perserherrschaft von seinem Bruder, dem Hohenpriester Jochanan im Tempelbereich ermordete Jeschua unter ihm zu verstehen ist.[111] In 13,1-6 kann man mit *Otto Plöger* in den V.2-6 eine Entfaltung des in V.1 über die Reinigung des Hauses Davids und der Bürger Jerusalems Gesagten erkennen.[112] 13,7-9 faßt anders als 13,1-6 die Reinigung des Volkes mittels der Vernichtung eines Drittels durch Jahwe ins Auge, die im Zusammenhang mit der Tötung seines Hirten steht. Ob man ihn mit dem nichtswürdigen Hirten von 11,17[113] oder dem mit einer messianischen Gestalt identifizierten Durchbohrten in 12,10[114] verbinden darf oder in ihm eine andere historische Gestalt wie z.B. den nach Samaria übergetretenen Bruder des Hohenpriesters Manasse (Jos. Ant.Jud. XI, 306-312) und dann im folgenden eine Anspielung auf die Zerstörung Samarias in der Alexanderzeit und den Bau des Tempels auf dem Garizim sehen darf,[115] ist umstritten. Mit c.14 erhält das Buch einen Ausblick auf die Endereignisse. Er wird in 14,1-3 durch die Ankündigung eröffnet, daß Jerusalem durch die Völker erobert und die Hälfte seiner Bewohner vertrieben wird, ehe Jahwe rettend eingreift. Auf diese Weise soll der Endkampf um Jerusalem mit dem im Jahre 587 parallelgesetzt werden (*Alfons Deissler*). In 14,4-5 wird dann der Einzug des von seinen Heiligen (Engeln) begleiteten Gottes in die Stadt beschrieben. 14,6-11 rekapituliert die Ereignisse noch einmal unter dem Gesichtspunkt des Wechsels vom Dunkel zum Licht, von der Not zum die Natur verwandelnden Heil, wie sie die Königsherrschaft Gottes über die Erde zumal für das Heilige Land und Jerusalem zur Folge haben soll (vgl. Ez 47 und Jes 2,2 par Mi 4,1). Auffallend ist, daß die restlichen Texte 14,12-15.16-19.20-21 zwar von dem Schicksal der Völker während und nach der Heilswende, aber nicht von dem der Jerusalemer bzw. Juden handeln. Nach *Erich Bosshard, Reinhard G. Kratz* und *Odil Hannes Steck* würde es sich dadurch erklären, daß die

111. Vgl. O.Plöger, Theokratie und Eschatologie, WMANT 2, Neukirchen-Vluyn 1959 (1968^3), S.105f.; O.H.Steck, BThSt 17, 1991, S.90 und dazu J.H.Hayes und J.M.Miller, Israelite and Judaean History, OTL, London 1977, S.501, vgl. Jos. Ant.Jud. XI 297-301. Zu anderen Deutungen vgl. Kaiser, Einleitung, 1984^5, S.299.
112. WMANT 2, S.106f.
113. So zuletzt A.Deissler, NEB 21, S.309f.
114. So z.B. K.Elliger, ATD 25, S.176.
115. So O.H.Steck, BThSt 17, 1991, S.88f.

Antwort von der für die Fortschreibungen in c.14 verantwortlichen Redaktion erst in Mal 2,17-3,5 und 3,13-21 gegeben wird.[116] Zeitlich wird man die c.12-14 vermutlich bereits im 3.Jh.v.Chr. ansetzen können. Dabei ist mit der Möglichkeit vereinzelter Zusätze bis in die Makkabäerzeit grundsätzlich zu rechnen.

Literatur:

a) *Buchübergreifend*: R.J.Coggins, Haggai, Zechariah, Malachi, OT Guides, Sheffield 1987; – J.Wellhausen, Die Kleinen Propheten, Berlin 1898³ (1963⁴); P.D.Hanson, The Dawn of Apocalyptic. The Historical and Sociological Roots of Jewish Apocalyptic Eschatology, Philadelphia 1979²; O.H.Steck, Der Abschluß der Prophetie im Alten Testament. Ein Versuch zur Frage der Vorgeschichte des Kanons, BThSt 17, Neukirchen-Vluyn 1991.

b) *Zu Sach 1-8*: Smend, Entstehung⁴, S.184f.; W.H.Schmidt, Einführung⁴, S.273ff.; Kaiser, Einleitung⁵, S.287ff. – J.W. Rothstein, Die Nachtgesichte des Sacharja, BWAT 8, Leipzig 1910; L.G.Rignell, Die Nachtgesichte des Sacharja, Lund 1950; M. Bič, Die Nachtgesichte des Propheten Sacharja, BSt 42, Neukirchen-Vluyn 1964; K.Galling, Die Exilswende in der Sicht des Propheten Sacharja, in: ders., Studien zur Geschichte Israels im persischen Zeitalter, Tübingen 1964, S.109ff.; W.M.A.Beuken, Haggai-Sacharja 1-8. Studien zur Überlieferungsgeschichte der frühnachexilischen Prophetie, StSN 10, Assen 1967; P.R.Ackroyd, Exile and Restoration, OTL, London 1968 (1978³); A.Petitjean, Les oracles du Proto-Zacharie. Un programme de restauration pour la communauté juive après l'exil, EtB, Paris und Löwen 1969; K.-M.Beyse, Serubbabel und die Königserwartungen der Propheten Haggai und Sacharja, ATh I/48, Berlin 1972; H.Gese, Anfang und Ende der Apokalyptik, dargestellt am Sacharjabuch, ZThK 70, 1973, S.20ff. = ders., Vom Sinai zum Zion, BEvTh 64, München 1974 (1990³), S.202ff.; K.Seybold, Bilder zum Tempelbau. Die Visionen des Propheten Sacharja, SBS 70, Stuttgart 1974; Chr.Jeremias, Die Nachtgesichte des Sacharja, FRLANT 117, Göttingen 1977; G.Wallis,Die Nachtgesichte des Sacharja. Zur Idee einer Form, SVT 29, Leiden 1978, S.377ff.; R.A.Mason, The Prophets of Restoration, in: Israel's Prophetic Tradition. FS P.R.Ackroyd, ed. R.Coggins, A.Phillips und M.Knibb, Cambridge 1982 (1984), S.137ff.; D.L.Petersen, Zechariah's Visions: A Theological Perspective, VT 34, 1984, S.195ff.; H.-G.Schöttler, Gott inmitten seines Volkes. Die Neuordnung des Gottesvolkes nach Sacharja 1-6, TThSt 43, Trier 1987.

c) *Sach 9-14*: Smend, Entstehung⁴, S.185f.; W.H.Schmidt, Einführung⁴, § 22.3; Kaiser, Einleitung⁵, § 24 q; B.Stade, Deuterozacharja, ZAW 1, 1881, S.1-96; B.Otzen, AThD 6, 1964, S.11ff.; H.-M.Lutz, WMANT 27, 1968, S.1ff.; M.Saebø, Die Deuterosacharjanische Frage. Eine forschungsgeschichtliche Studie, StTh 23, 1969, S.115ff. – O.Plöger, Theokratie und Eschatologie, WMANT 2, Neukirchen-Vluyn 1959 (1968³); P.Lamarche, Zacharie IX-XIV. Structure littéraire et messianisme. EtB, Paris 1961; B.Otzen, Studien über Deuterosacharja, AThD 6, Kopenhagen 1964; H.-M.Lutz, Jahwe, Jerusalem und die Völker. Zur Vorgeschichte von Sach 12,1-8 und 14,1-5, WMANT 27, Neukirchen-Vluyn 1968; M.Saebø, Sacharja 9-14. Untersuchungen von Text und Form, WMANT 34, Neukirchen-Vluyn 1969; I.Willi-Plein, Prophetie am Ende. Untersuchungen zu Sacharja 9-14, BBB 42, Köln 1974: O.H.Steck, Der Abschluß der Prophetie im Alten Testament. Ein Versuch zur Frage der Vorgeschichte des Kanons, BThSt 17, Neukirchen-Vluyn 1990.

116. Vgl. dazu E.Bosshard und R.G.Kratz, BN 52, 1990, S.27ff. und besonders S.37ff. und O.H. Steck,BThSt 17, S.43f.

Kommentare: KHC Marti 1904 – ICC Mitchell 1912 (ND) – KH Nowack 1922³ – KAT Sellin 1930²⁻³ – HS Junker 1938 – ATD Elliger 1949 (1982⁸) – HAT Horst 1954² – KAT Rudolph 1976 – CBC Mason 1977 – CAT c.1-8 Amsler c.9-14 Lacocque – OTL c.1-8 Petersen 1984 – POT v.d. Woude 1984 – WBC Smith 1984 – AB c.1-8 C.L.Meyers und E.M.Meyers 1987 – NEB Deissler 1988 – BK Hanhart 1990ff. – ATD Reventlow 1993.

l) Das Buch Maleachi

Lehrsatz: Das an letzter Stelle im Dodekapropheton stehende Buch Maleachi (*Mein Bote*) wird herkömmlich einem diesen Namen tragenden oder aber einem aufgrund von 3,1 nachträglich so benannten anonymen Propheten zugeschrieben. Es ist jedoch wahrscheinlich, daß es sich bei seinem Grundbestand um eine Fortschreibung von Sach 1-8 handelt, die vermutlich erst in frühhellenistischer Zeit im Zuge der redaktionellen Erweiterungen des Sacharjabuches als ein eigenes Büchlein abgetrennt worden ist. Seine Grundschicht beantwortet die Frage, warum der von Haggai und Sacharja mit dem Wiederaufbau des Jerusalemer Tempels in Aussicht gestellte reiche Segen noch immer nicht eingetroffen ist, mit dem Hinweis auf den laxen Umgang der Priester und des Volkes mit den Kultgeboten. Die erste Erweiterungsschicht sucht dagegen in einer Zeit der Scheidung zwischen den Jahwefürchtigen und den Gottlosen in der Gemeinde die Zuversicht der Wankelmütigen und Frommen mittels der Botschaft von dem bevorstehenden selektiven Gottesgericht am Tag Jahwes zu stärken. Die jüngsten Erweiterungen nehmen diese Botschaft ausgestaltend auf. Die als Schlußwort zum ganzen *corpus propheticum* gedachten Verse 3,22-24 ordnen die Prophetie der Tora des Mose unter, um dann die Wiederkunft des in den Himmel entrückten Elia (II Reg 2,1ff.) als des Propheten in Aussicht zu stellen (vgl. Mt 11,10.14 par Lk 7,27; Mk 9,11-13 par Mt 17,10-13; Lk 1,17; Joh 1,21.25), der vor dem Tag Jahwes die durch den Hellenismus in ihrer Gesetzestreue angefochtene Jugend zur Umkehr zur Religion ihrer Väter bringen werde.[117]

Bemerkung 1: *Zum Namen und zur Überschrift des Buches.* Die Überschrift *Ausspruch* (*maśśā'*) *des Wortes Jahwes an Israel durch Maleachi* in 1,1 besitzt in Sach 9,1 (*Ausspruch*) und 12,1a (*Ausspruch des Wortes Jahwes über Israel*) ihre auffallende Entsprechung (vgl. auch z.B. Jes 13,1; 23,1 und vor allem Nah 1,1; Hab 1,1; Sach 9,1 und 12,1). Bei dem *Maleachi* (*mal'ākî*) in 1,1 könnte es sich theoretisch um eine Kurzform des Namens *Malachija* (*Bote Jahwes*) handeln; aber dieser Personenname ist weder biblisch noch inschriftlich bezeugt. Der palmyrenische

117. Vgl. W.Rudolph, KAT XIII/4, 1976, S.292f.; aber auch H.Graf Reventlow, ATD 25/2, 1993, S.161.

Göttername *Malachbel*[118] zeigt, daß man mit seiner Verwendung als Name für einen Menschen nicht zu rechnen hat. So ist denn ja auch in 3,1a unter *meinem Boten* (*mal'ākî*) ein Engel und vermutlich genauer der himmlische Vezier Jahwes zu verstehen.[119] Andererseits werden in 2,7 die Priester als Boten Jahwes bezeichnet. So dürfte der für die Überschrift verantwortliche Redaktor den namenlosen Propheten als einen solchen getreuen Boten bezeichnen. Daher können wir den Propheten Maleachi trotz seiner bis in die Gegenwart reichenden Verteidiger[120] mit größter Wahrscheinlichkeit aus den biblischen Annalen streichen.[121] Zwischen der Frage, was sich die Redaktoren bei 1,1 dachten, und der, ob wir ihnen darin folgen, ist geflissentlich zu unterscheiden. Übrigens gibt G Mal 1,1 mit *Lastspruch Wort des Herrn für Israel durch die Hand seines Boten* (ἀγγέλου αὐτοῦ) wieder und fügt ein *Nehmt es aber zu euren Herzen* hinzu.

Zusatz 1: *Zum Aufbau des Buches*. An die Überschrift in 1,1 schließt sich in 1,2-5 sogleich eine Streitrede[122] Jahwes an, in dem er sich auf eine Diskussion mit seinem Volk über dessen Zweifel an seiner Liebe zu ihm einläßt und dabei auf das verödete Gebirge Edoms, des Bruders Jakobs hinweist. Der Leser erfährt weiterhin schrittweise, worin die Zweifel Israels begründet waren. Schon in 1,6-10 folgt ein weiteres, an die Priester gerichtetes Streitgespräch, in denen ihnen ihre laxe und daher unakzeptable Opferpraxis vorgehalten wird. Der Vorwurf wird in 1,11-14 auf die betrügerische Auswahl der Opfertiere durch die Darbringenden ausgedehnt und zugleich durch den Hinweis auf die Jahwe an allen Orten dargebrachten Opfer verschärft (V.11). In 2,1-9 zieht Jahwe aus den an die Priester gerichteten Worten die Konsequenz in Gestalt einer Strafankündigung: Wegen ihrer dem Volk erteilten trügerischen Weisungen und ihres fahrlässigen Dienstes soll sie seine spiegelbildliche Strafe (V.3) treffen. In 2,10-12 folgt eine

118. Vgl. zu ihm J.Teixidor, The Pantheon of Palmyra, EPROER 70, Leiden 1979, S.34ff.

119. Vgl. dazu A.S.van der Woude, in: FS H.W.Wolff, 1981, S.293 mit Verweis auf F.Stier, Gott und sein Engel im Alten Testament, ATA XII/2, München 1934, S.84ff. Dem Vorschlag von R.A.Mason, The Books of Haggai, Zechariah and Malachi, CBC, Cambridge 1977, S.152, 3,1b-4 als Nachinterpretation von V.1 zu beurteilen, haben sich van der Woude, a.a.O., S.292 und A.Deissler, Zwölfprophetenbuch III, NEB 21, 1988, S.330f. angeschlossen.

120. Wie z.B. W.Rudolph, KAT XIII/4, 1976, S.247f.; A.S.van der Woude, Haggai, Maleachi, POT, Nijkerk 1982, S.83f., A.Deissler, NEB, 1988, S.315 und H.Graf Reventlow, ATD 25/2, Göttingen 1993, S.130.

121. Vgl. z.B. J.Wellhausen, Die Kleinen Propheten, S.203; K.Marti, KHC XIII, 1904, S.460; K.Elliger, ATD 25, 1949 (1982[8]), S.189; F.Horst, HAT I/14, 1954[2], S.264f.; R.Vuilleumier, in: S. Amsler, A.Lacocque und R.Vuilleumier, Aggée, Zacharie, Malachie, CAT XIc, 1981, S.224 z.St.

122. Zur Beschreibung der Gattung vgl. E.Pfeiffer, EvTh 19, 1959, S.546ff., zu ihrer angemessenen Bezeichnung als Diskussionswort oder Streitrede H.J.Boecker, ZAW 78, 1966, S.78ff.

an das Volk gerichtete Anklage wegen des in ihm waltenden Unfriedens und Götzendienstes. In 2,13-16 schließt sich erneut ein Diskussionswort an, in dem die Ablehnung der Opfer (aus der Hand der Priester?) durch Jahwe mit seinem Haß gegen die, die sich von der Frau ihrer Jugend geschieden haben, begründet wird. In 2,17-3,5 liegt eine nur eingangs als Streitrede charakterisierte Ankündigung eines dem Kommen Jahwes vorausgehenden Läuterungsgerichts an den als Söhne Levis bezeichneten Priestern vor. In 3,6-12 folgt eine als Diskussionswort stilisierte bedingte Verheißung einer neuen Segenszeit für das Volk im Fall seiner Umkehr zu Jahwe, die sich in ihrer ordnungsgemäßen Ablieferung des Zehnten und der Opfergaben erweisen müßte. Doch schon schließt sich in 3,13-21 eine letzte Streitrede Jahwes an, die den Gottesfürchtigen sein Erbarmen und den Gottlosen an seinem Tage die Vernichtung ankündigt. Dann folgt in V.22 ein Mahnwort zur Gesetzestreue und in V.23f. die Ankündigung der Wiederkunft Elias als des vollmächtigen Bußpredigers vor dem kommenden Tage Jahwes.

Zusatz 2: *Das literarische Problem des Buches*. Schon der Rückblick auf die Komposition des Buches gibt zu der Vermutung Anlaß, daß es nicht aus einem Guß ist. Einerseits korrespondieren die an das Volk gerichtete Streitrede in 1,2-5 und die ihm gegebene bedingte Verheißung in 3,6-12 miteinander. In diesen Rahmen fügen sich dann die an die Priester adressierten Worte ein, die Streitreden in 1,6-10 und 1,11-14 und die Strafankündigung in 2,1-9. Dann folgen auf die Anklage gegen das Volk in 2,10-12 in 2,13-16 eine weitere, vermutlich erneut gegen die Priester gerichtete Streitrede und in 2,17-3,5 die Ankündigung eines selektiven Läuterungsgerichts an dem Haus Levi (3,3). Sie widerspricht der generellen Strafankündigung gegen die Priester in 2,1-9. Mit *Adam S. van der Woude* dürfte der Grundtext in 2,17+3,1a.5 zu suchen sein, während es sich in 3,1b-4 um eine jüngere Ergänzung handelt.[123] In 3,1 dürfte der Text gestört sein. Möglicherweise sind 3,1a.bβ Ergebnis einer gesetzestheologischen Glossierung im Sinne von 2,7. – 1,11-13 widerspricht mit seiner auf dem Hintergrund eines eigentümlichen Universalismus vorgenommenen Entwertung des Opfers zugunsten des Gotteslobes sowohl 1,6ff. wie 3,6ff. Mithin dürfte der Abschnitt als eine Fortschreibung zu betrachten sein. An sie ist nachträglich noch 1,14 angefügt worden, um die Streitrede auf 1,6ff. und 2,1ff. abzustimmen.[124] 2,10-16 scheint eine schwierigere Wachstumsgeschichte aufzuweisen: Hier dürfte die Erwähnung des Bundes mit Levi in 2,8 den Vorwurf der Treulosigkeit und der Entheiligung des mit den Vätern geschlossenen Bundes in 2,10 angezogen haben, deren erster dann durch die Streitrede 2,13-16 illustriert wird. Hält man 2,13-16 für ursprünglich, ergibt sich der folgende Chiasmus: 1,6-10 Streitrede, 2,1-9 Strafankündigung und 2,13-16 Streitrede gegen die Priester. 2,11-12 geben sich schon

123. FS H.W.Wolff, 1981, S.289ff.

124. Vgl. dazu noch immer K.Elliger, ATD 25, S.198f. und jetzt besonders H.Utzschneider, BEATAJ 19, 1989, S.84ff.

durch den Numeruswechsel und ihre Götzendienstproblematik als sekundäre Zusätze zu erkennen. Schließlich sind mit *Karl Elliger* auch noch 2,2.7.15abα.16b als Nachinterpretamente und 2,13aα als Brückentext zu 2,10-12* zu beurteilen. Darüber hinaus dürfte in 2,9 ein mit 3,22-24 harmonierender Zusatz vorliegen.

Als Grundbestand des Buches zeichnen sich mithin 1,2-5 (Volk); 1,6-10 (Priester); 2,1.3-6.8 (Priester); 2,10 (Volk?); 2,13b-14.15b-16 (Priester); 2,17+3,1a.5 (Volk) und 3,6-12 (Volk) ab. Als zusammenhängende, mit einem selektiven Gericht an Priestern und Volk rechnende 1. Ergänzungsschicht sind dann 3,1b-4 und 3,13-21 zu betrachten. Weiterhin lassen sich 2,9 und 3,22-24 einer 2. Ergänzungsschicht zuordnen. Vermutlich sind 1,11-13(14) und der Götzendienstvorwurf in 2,11f. jünger. Die Fluch-Glossen in 1,14; 2,2, die priesterfreundliche Glosse in 2,7 und die Geist-Glossen in 2,15abα.16b dürften die jüngsten Einfügungen darstellen.

Erkennt man in der *Grundschicht* mit *Erich Bosshard, Reinhard G. Kratz*[125] und *Odil Hannes Steck* eine Beantwortung der Frage, warum von dem durch die Propheten Haggai und Sacharja mit dem Wiederaufbau des Tempels verheißenen Segen in der Gegenwart nichts zu spüren ist, legt sich der von ihnen gezogene Schluß nahe, in ihr primär eine Fortschreibung von Sach 1-8 zu sehen. Da die Überschrift Mal 1,1 mit der von Sach 9,1 und 12,1 zusammenhängt, dürfte die Verselbständigung zu einem eigenen Buch bei der Anfügung von Sach 9-11 oder wahrscheinlicher bei der von Sach 12-13+14 erfolgt sein. Als Zeitpunkt dafür käme zumal die Anfügung von Sach 14,1-3 bzw. die Einfügung der 1. Ergänzungsschicht in Frage.

Zusatz 3: *Literarische Eigenart und Alter des Buches*. Man braucht nur die zahllosen Nachweise der bis zum Zitat aus Sach 1,3 in Mal 3,7b gehenden Querbezüge zum biblischen Schrifttum bei *Helmut Utzschneider*,[126] *Erich Bosshard* und *Reinhard G. Kratz*[127] oder *Henning Graf Reventlow*[128] zu betrachten, um zu erkennen, daß es sich bei »Maleachi« und seinen Fortschreibern um Schriftpropheten im wahren Sinne des Wortes handelt, die in den Vorstellungen und Formeln der Tora (Gen-Dtn) und der Propheten (Jos-Sach) lebten und sie in ihren gewandelten Situationen fortbildeten. Damit scheidet eine vorexilische und exilische Datierung aus. Der Tempel des Maleachibuches ist selbstverständlich der in den Jahren 520-515 wiederaufgebaute, die Problematik der Grundschicht von der des Haggai- und Sacharjabuches abhängig. Mithin kann man sie frühestens nach 515 ansetzen. Die untere Grenze bildet die Bekanntschaft Ben Siras mit dem Zwölfprophetenbuch (Sir 48,10; 49,10). Da wir bis heute nicht genau wissen,

125. Vgl. BN 52, 1990, S.27ff. und besonders S.32ff. und S.41ff. bzw. O.H.Steck, BThSt 17, 1991, S.33ff.
126. Vgl. BEATAJ 19, 1989, S.23ff und die Zusammenfassung S.75ff.
127. Vgl. BN 52, 1990, S.32ff. S.41ff. und S.45f.
128. ATD 25/2, 1993.

wann die in Mal 1,3 vorausgesetzte Verwüstung des edomitischen Kernlandes erfolgt ist,[129] bietet das Indiz keine wirkliche Hilfe bei der Datierung. Die Forscher tendieren in der Regel zu der Ansetzung des Buches oder zumindest seiner Grundschicht in der 1. Hälfte des 5.Jh.s v.Chr. Doch läßt sich auch eine spätere Datierung nicht ausschließen. Die 1. Ergänzungsschicht gehört vermutlich bereits der 2. Hälfte des 4.Jh.s v.Chr. an. Die weiteren Zusätze dürften zwischen dem 1.Drittel des 3. und dem 1.Drittel des 2.Jh.s v.Chr. vorgenommen sein. Die sich aus der Opferpolemik ergebende Lozierung des Verfassers der Grundschicht im Umkreis des Jerusalemer Tempels dürfte auch für seine Fortschreiber gelten. Mit der Möglichkeit, daß »Maleachi« levitischer Herkunft war, ist bei seiner Bewandertheit in den Prophetenbüchern, seiner Kenntnis der Tora und seiner Kritik an der Opferpraxis der Priester und Abgabenpraxis des Volkes zu rechnen.

Literatur: Smend, Entstehung[4], § 39; W.H.Schmidt, Einführung[4], § 22.4; Kaiser, Einleitung[5], § 24p; R.J. Coggins, Haggai, Zechariah, Malachi, OT Guides, Sheffield 1987. – J.Wellhausen, Die Kleinen Propheten, Berlin 1898[3] (ND); E.Pfeiffer, Die Disputationsworte im Buche Maleachi, EvTh 19, 1959, S.546ff.; H.J.Boecker, Bemerkungen zur formgeschichtlichen Terminologie des Buches Maleachi, ZAW 78, 1966, S.78ff.; G.Wallis, Wesen und Struktur der Botschaft Maleachis, in: Das ferne und nahe Wort. FS L.Rost, hg. F.Maass, BZAW 105, Berlin 1967, S.229ff.; A.Renker, Die Tora bei Maleachi, FThSt 112, Freiburg i.Br. 1979; A.S.van der Woude, Der Engel des Bundes, Bemerkungen zu Maleachi 3,1c und seinem Kontext, in: Die Botschaft und die Boten. FS H.W.Wolff, hg. J.Jeremias und L.Perlitt, Neukirchen-Vluyn 1981, S.289ff.; H.Utzschneider, Künder oder Schreiber? Eine These zum Problem der »Schriftprophetie« auf Grund von Maleachi 1,6-2,9 BEATAJ 19, Frankfurt/Main u.a. 1989; ders., Die Schriftprophetie und die Frage nach dem Ende der Prophetie. Überlegungen anhand von Mal 1,6-2,16, ZAW 104, 1992, S.377ff.; E.Bosshard und R.G.Kratz, Maleachi im Zwölfprophetenbuch, BN 52, 1990, S.27ff.; O.H.Steck, Der Abschluß der Prophetie im Alten Testament. Ein Versuch zur Frage der Vorgeschichte des Kanons, BThSt 17, Neukirchen-Vluyn 1991.

Kommentare: KHC Marti 1904 – ICC Smith 1912 (ND) – HK Nowack 1922[3] – KAT Sellin 1930[2/3] – HS Junker 1938 – ATD Elliger 1949 (1982[8]) – HAT Horst 1954[2] – KAT Rudolph 1976 – CBC Mason 1977 – CAT Vuilleumier 1981 – POT v.d.Woude 1982 – NIC Verhoef 1987 WBC Smith 1988 – NEB Deissler 1988 – ATD Reventlow 1993 – EK: A.v.Bulmerincq I 1921-1926 II 1929-1932, Acta et Commentationes Universitatis Dorpatensis B I/2, Dorpat 1921; B III/1, 1922; B IV/2, 1923; B VII/1, 1926; B XV/1, 1929; B XIX/1, 1930; B XXIII/2, 1931; B XXVI/1, 1932 und B XXVII/2, 1932 – J.G. Botterweck (partim) BiLe 1,1960, S.28ff., S.100ff., S.179ff. und S.253ff.

129. Vgl. dazu M.Weippert, TRE 9, 1982, S.296.13ff.

§ 25 Das Danielbuch und die Apokalyptik

Lehrsatz 1: *Das Danielbuch.* Das Danielbuch ist eine pseudepigraphe Schrift, die ihre Endgestalt nach einer längeren Vorgeschichte in der Zeit der Verfolgung der jüdischen Religion durch Antiochus IV. Epiphanes (175-164 v.Chr.) erhalten hat.[1] Sie stammt aus den Kreisen schriftgelehrter und zugleich ein breiteres Wissen besitzender eschatologisch gesinnter Unterweiser oder Lehrer. Ihrer Gattung nach ist sie als einziges alttestamentliches Buch im Vollsinn eine Apokalypse. Für diese ist eine durch überirdische Wesen vermittelte Offenbarung über die durch himmlische Entscheidungen bewirkte Rettung Israels am Ende der Geschichte und das mit ihm verbundene Gericht über die Lebenden und die Toten charakteristisch. Die Geschichtstheologie des Danielbuches bedient sich der Lehre von den vier Weltreichen, um den angefochtenen Frommen mit ihrer Hilfe die Gewißheit des nahen Endes der Zeit der Verfolgung und der Erlösung Israels zu geben. Dabei versteht es die irdische Geschichte als Folge himmlischer Kämpfe und Entscheidungen. Es erwartet, daß das griechisch-hellenistische Weltreich, das mit der Verfolgung der jüdischen Religion durch den Seleukidenkönig Antiochus IV. seinen hybriden Höhepunkt erreicht hat, dank seiner im Himmel beschiedenen und entschiedenen Vernichtung in bälde der ewigen Königsherrschaft Israels als der Verwirklichung der Gottesherrschaft auf Erden weichen wird (vgl. Dan 2 mit Dan 7) und die Toten auferstehen werden (Dan 12).

Zusatz 1: *Zum Aufbau des Buches.* Das Buch gliedert sich deutlich in zwei Teile: Der 1.) umfaßt die c.1-6 und enthält Fremdberichte vom Ergehen Daniels/Beltschazars (vgl. 1,7 mit 5,12; 10,1) und seiner drei Freunde Hananja/Schadrach, Mischael/Meschach und Asarja/Abed-Nego (vgl. 1,7 mit 3,12) am Hof der babylonischen Könige Nebukadnezar (c.1-4) und Belsazar, (c.5), des medischen Königs Dareios (c.6) und des persischen Königs Kyros (vgl. 1,21 mit 6,29). Der 2.) Teil mit den c.7-12 berichtet in der 1. Person sing. über die von Engeln gedeuteten Visionen Daniels, die in die Zeit des letzten babylonischen Königs Belsazar (c.7 und 8) und des persischen Königs Kyros (c.10-12) datiert sind. In ihrer Mitte steht in c.9 das in die Zeit Dareios' des Meders datierte Bußgebet Daniels samt seiner Belehrung durch den Engel Gabriel über die Bedeutung der siebzig Jahrwochen aus Jer 25,11f. bzw. 29,10. Beide Teile werden außer durch die Gestalt Daniels durch die Lehre von den vier Weltreichen in den c.2 und 7 zusammengehalten.

1. Vgl. dazu auch H.Gese, Die Bedeutung der Krise unter Antiochus IV. Epiphanes für die Apokalyptik des Danielbuches, ZThK 88, 1983, S. 373ff. = ders., Alttestamentliche Studien, Tübingen 1991, S.202ff.

Lehrsatz 2: Die Entstehung des Danielbuches. Das Danielbuch stellt in seiner überlieferten Gestalt eine Auswahl aus einer breiteren Danielüberlieferung dar. Ob es seine Entstehung einem einzigen Verfasser, der teilweise auf bereits schriftlich fixierte Überlieferungen zurückgreifen konnte, oder einem mehrphasigen Fortschreibungsprozeß verdankt, ist bis heute umstritten.

Zusatz 2: Zum literarischen Problem des Buches. Das literarische Problem des Danielbuches stellt sich 1. angesichts der zwischen den c.1-6 und 7-12 bestehenden formalen und tendenziellen Unterschiede und 2. angesichts des Sprachenwechsels vom Hebräischen zum Aramäischen und zurück zum Hebräischen.

Die in den c.1-6 vorliegenden Erzählungen über Daniel und seine drei Freunde spiegeln gemäß dem in 1,1 und 21 abgesteckten zeitlichen Rahmen den Übergang vom babylonischen zum medisch-persischen Reich. Lediglich in 2,40-45 korrespondieren sie mit der eschatologisch ausgerichteten Lehre von den vier Weltzeitaltern in c.7. Sie handeln einerseits von Daniel als dem göttlich inspirierten Traum- und Zeichendeuter (c.2; 4 und 5) und andererseits von der Rettung Daniels (c.6) und seiner Freunde (c.3), nachdem sie wegen ihrer Einhaltung des göttlichen Verbots des Bilderdienstes (c.3) oder des Gebots, allein zu Jahwe zu beten (c.6), mit königlichen Befehlen (c.3) oder Gesetzen (c.6) in Konflikt geraten und zum Tode verurteilt waren. So bezeugen die Erzählungen die überlegene Macht des Gottes der Juden, die selbst von den heidnischen Königen anerkannt wird (2,47; 3,28; 4,31ff. und 6,27f.). Im Unterschied zu den c.7-12 werden die Engel hier nur als Retter im Munde Nebukadnezars bzw. Daniels (3,25 und 28 bzw. 6,23) erwähnt. Erst in der griechischen Sonderüberlieferung wird von ihrem Eingreifen zur Rettung der drei Männer im Feuerofen erzählt (3,49f.).

Die Visionsberichte der c.7-12 sind dagegen in der 1. Person sing. abgefaßt. In ihnen bedarf Daniel anders als in c.2; 4 (und 5) zum Verständnis seiner Gesichte und im Fall von c.9 auch der Weissagung Jeremias eines Deuteengels (*angelus interpres*). Gleichzeitig wird in ihnen allen der in c.1 gesteckte zeitliche Rahmen bis in die Regierungszeit Antiochus' IV. ausgedehnt, das Verhältnis zwischen Israel und seinen gegenwärtigen Fremdherren negativ beurteilt und der baldige Anbruch der Gottesherrschaft prophezeit.

Auffallend ist der zweimalige *Sprachenwechsel*: 1,1-2,4a sind hebräisch, 2,4b-7,28 aramäisch und 8,1-12,13 erneut hebräisch verfaßt.

Zur Erklärung dieses Befundes stehen grundsätzlich eine Fragmenten-[2], eine Einheits- und eine Aufstockungshypothese (*Klaus Koch*)[3] zur Verfügung. Doch beschränkt sich die Diskussion seit langem nur noch auf die beiden letzten. Nach der *Einheitshypothese* wäre das Buch durch einen Verfasser unter Rückgriff auf

2. Diese ist durch J.D.Michaelis begründet und z.B. noch durch G.A.Barton, JBL 17, 1898, S.62ff. vertreten worden. Vgl. dazu auch K.Koch, EdF 144, 1980, S.55ff.
3. Vgl. dazu K.Koch, EdF 144, S.61ff. und vor allem R.G.Kratz, WMANT 63, 1991, S.11ff.

ältere Überlieferungen geschaffen worden. Sie bezieht ihre Kraft aus der inhaltlichen Verträglichkeit seiner Teile, die sich oberhalb der Spannungen zu erkennen gibt, die auf der Verarbeitung älterer Überlieferungen beruhen. Sie ist erstmals 1822 durch *Friedrich Bleek*[4] vertreten worden und hat bis heute nahmhafte Vertreter gefunden.[5] Da die Erklärung der Genese des Buches dem Sprachenwechsel in 2,4b und 8,1, den formalen und tendenziellen Unterschieden zwischen den c.1-6* und 7-12 und zugleich den zwischen den beiden Blöcken bestehenden chronologischen und tendenziellen Überschneidungen gerecht werden muß, ist es jedoch verständlich, daß neben ihr die mit sukzessiven Fortschreibungen des Buches rechnende Aufstockungshypothese nicht weniger bedeutende Vertreter für sich gewinnen konnte. Sie besitzt in *Johann Gottfried Eichhorn* (1783) ihren Vorläufer und hat in *Johannes Meinhold* (1884 bzw. 1888) und *Gustav Hölscher* (1919) ihre die weitere Forschung nachhaltig beeinflussenden Verteidiger gefunden.[6] Nach der ihr von *Hölscher* gegebenen Fassung wäre das Buch in drei Stadien entstanden: Am Anfang hätte die im 3.Jh.v.Chr. veranstaltete Sammlung mit den aramäischen Erzählungen der c.1-6 gestanden. An sie wäre noch im gleichen Jahrhundert das ebenfalls aramäisch verfaßte c.7 angeschlossen worden. Und schließlich hätte das Buch in der Makkabäerzeit unter Anfügung der c.8-12 seine jetzige Gestalt erhalten.

Dieses Modell ist seither wiederholt aufgenommen und z.B. durch die Annahme, daß auch c.1 erst dem letzten Stadium des Buches angehört, modifiziert worden.[7] Zuletzt ist es durch *Reinhard G. Kratz* (1991) neu ausgestaltet und im Blick auf die Chronologie der beiden ersten Stadien modifiziert worden: *Kratz* geht von der Feststellung aus, daß der durch 1,21 und 6,29 abgesteckte zeitliche Rahmen vom babylonischen bis zum medisch-persischen Reich im Grundbestand der c.1-6 nicht überschritten wird.[8] Damit übernehme der Verfasser der Sammlung die Vorstellung von den drei einander ablösenden Weltreichen in ihrer persischen Gestalt, die mit der Anerkennung der sukzessiven göttlichen Legitimation erst des babylonischen und dann des medisch-persischen Reiches verbunden ist.[9] Die Bekennererzählungen der c.3 und 6 demonstrierten nicht nur das gute Verhältnis der unter dem Schutz ihres Gottes stehenden Juden zu

4. Ueber Verfasser und Zweck des Buches Daniel, Theologische Zeitschrift 3, 1822, S.171ff.; vgl. auch J.M.L.de Wette, Lehrbuch der historisch-kritischen Einleitung in die kanonischen und apokryphischen Bücher des Alten Testaments, Berlin 1845[6], S.389f.
5. Diese hat z.B. in A.Frh. von Gall, 1895; H.H.Rowley, 1950/51; N.Porteous, (1962) 1978[3]; O.Eißfeldt, Einleitung, Tübingen 1964[3](ND), S.708ff. und besonders S.714f.; A.Lacocque, 1976 ihre Verteidiger gefunden. Zu den unterschiedlichen Erklärungsmodellen vgl. auch H.H.Rowley, HUCA 23/1, 1950/51, S.233ff. = ders., 1965[2], S.247ff. und K.Koch, EdF 144, 1980, S.55ff.
6. Vgl. dazu auch die Nachweise Einleitung[5], S.318.
7. Vgl. dazu K.Koch, EdF 144, S.59ff. und z.B. J.J.Collins, FOTL XX, 1984, S.29f.
8. Sie enthielt nach Kratz, S.71 c.1; 2,1aβ-4a.4b-28aα.29-39*.45-49 und c.3-6.
9. Vgl. S.197ff. und S.224.

ihren heidnischen Königen, sondern in c.6 auch die Legitimation des jüdischen, noch nicht mit der überlieferten Tora identischen Gesetzes durch die Perserkönige.[10] Die Abfolge und Bewertung der mit der Deportation der 1. Gola einsetzenden und mit dem Herrschaftsantritt Kyros' (II.) endenden Ereignisse zeige, daß der Verfasser ebenso auf Jer 25-29 wie auf II Chr 36,20-23 bzw. Esr 1,1 zurückgreife.[11] Da die chronistische Konzeption letztlich bereits in der Aramäischen Quelle Esr 4,(6)8-6,18 enthalten sei, könne man mit der Datierung der Sammlung bis in das späte 5.Jh. hinuntergehen.[12] Die Abhängigkeit vom chronistischen Geschichtsbild und das Interesse an der 1. Gola sprächen schließlich für die Lokalisierung des Verfassers der c.1-6* in Jerusalem.[13]

Auch nach den Analysen von *Kratz* ist die Sammlung c.1-6 im 3.Jh.v.Chr. um den Grundbestand von c.7 mit seiner Vision von den vier Tieren aus dem Abgrund als den Symbolen der vier Weltreiche erweitert worden. Dabei sei die in c.2 vorliegende dreigliedrige Konzeption von der Abfolge des babylonischen, medischen und persischen Weltreiches um das griechisch-hellenistische als das vierte und letzte vor dem Anbruch der Gottesherrschaft ergänzt und auch c.2 entsprechend überarbeitet worden.[14]

Daß die c.8-12 nicht vor der Makkabäer-Zeit an c.1-7 angeschlossen sein können, ergibt sich, sofern man nicht überhaupt mit einem einheitlichen Verfasser des Buches rechnet, zwingend aus der in ihnen vorausgesetzten Religionsverfolgung durch Antiochus IV.[15] Anläßlich ihrer Hinzufügung dürfte c.7 so überarbeitet worden sein, daß das vierte Weltreich erst mit seiner Vernichtung endet.[16] Gleichzeitig wurde wohl auch 1,1-2,4a aus dem Aramäischen ins Hebräische übersetzt, so daß der Anfang und das Ende des Buches sprachlich miteinander übereinstimmen.

Da c.2 und 7 einander mit ihrer Konzeption von den vier Weltreichen entsprechen und 1,18ff. ebensowenig mit 2,25 und 4,4f. wie 1,21 mit 10,1 übereinstimmt, steht eine Vielzahl von Möglichkeiten offen, diesen Befund zu erklären. Geht man davon aus, daß c.2 Antiochus IV. noch nicht im Auge hat[17] und die

10. Vgl. S.225ff. und besonders S.257f.
11. Vgl. S.260ff. und besonders S.270ff.
12. Vgl. S.270ff.
13. S.278f.
14. Damit kamen neu hinzu 2,1aα.28aβγ.b.39*.40.41aβγ.bα.42a*.44; 7,1a.2-7.9f.11b-19.23.26f. 28bα.
15. Vgl. Dan 8,21ff.; 9,25f.; 11,3-39 und 12,1 und zur Sache E.Bickerman(n), Der Gott der Makkabäer, 1937 = ders., StJLA 32, 1979 und K.Bringmann, AAWG.PH III/132, Göttingen 1983.
16. Nach R.G.Kratz, S.72 wurde jetzt auch c.2 überarbeitet, so daß das Buch nun durch 2,41aα.bβγ.42a*.b.43; 7,1b. (7bβ).8.11a.20-22.24f.28a.bβ und die c.8-12 erweitert worden wäre.
17. Vgl. z.B. J.J.Collins, HSM 16, 1977, S.84 und J.-Chr.Lebram, ZBK 23, 1984, S.21.

Anspielungen auf ihn in c.7 erst nachträglich eingefügt worden sind,[18] ergibt sich die Möglichkeit, daß das aramäische Danielbuch zunächst aus den c.3-6 bestand[19] und dann um die c.1-2 und 7* erweitert wurde. Da die Datierung von 1,21 und 6,29 ohne einen weiteren, unter Kyros spielenden Text trotz ihrer geschichtstheologischen Implikationen im Zusammenhang in der Luft hinge, ist zu erwägen, ob c.7* nicht ursprünglich in das 1.Jahr des Kyros datiert war und erst bei der Anfügung der c.8-12 auf Belsazar umdatiert wurde.[20] Bei dieser Rekonstruktion müßte man für die Spannungen zwischen c.1 und den folgenden Erzählungen die Sperrigkeit der vom Sammler übernommenen Stoffe verantwortlich machen. Ihn würde man zwischen dem frühen 3. und dem ersten Jahrzehnt des 2.Jh.s v.Chr. einzuordnen haben. Sofern man 2,43 mit seiner Anspielung auf die Heiraten zwischen den Ptolemäern und den Seleukiden für ursprünglich hält, käme als *terminus post quem* erst die Mitte des 3.Jh.s in Frage.[21] Bei dieser Sicht der Dinge würden sich die konzeptionellen Beziehungen der c.1-6 bzw. 7 zum Chronistischen Geschichtswerk ungezwungen erklären lassen.[22] Mit ihr würde auch die Ansicht übereinstimmen, daß die Belegstellen für die Beschäftigung des Judentums mit der Gestalt des weisen Daniel in Ez 14,14.20 und 28 nicht vor der Wende vom 4. zum 3.Jh.v.Chr. entstanden sind.[23] Aber selbst wenn man der Rekonstruktion der Entstehungsgeschichte des Buches durch *R.G.Kratz* zustimmt, dürfte seine Datierung der Sammlung der c.1-6* in das spä-

18. Vgl. dazu das Referat von J.Coppens, BEThL 61, 1983, S.50ff. und besonders S.55 und S.56ff., wo er sich der Analyse von P.Weimar, Daniel 7. Eine Textanalyse, in: Jesus und der Menschensohn. FS A.Vögtle, Freiburg 1975, S.11-34 anschließt. Danach gehören zur makkabäerzeitlichen Bearbeitung die V.20-22b. 24-25. 26b und 27 (*'am*).
19. R.Albertz, Der Gott des Daniel, SBS 131, 1988, S.147ff. und S.159ff. findet die älteste Sammlung von Danielerzählungen in den c.4-6: Ihre aramäischen c.4f. und das hebräische c.6 wären in der ausgehenden Perserzeit zunächst in der babylonischen Diaspora verschriftet und dann bei ihrer Übersetzung ins Griechische in frühhellenistischer Zeit in der ägyptischen Diaspora zu einer Sammlung zusammengeschlossen worden. Der Septuaginta-Übersetzer habe sie gekannt und der jüngeren Fassung der c.4-6 des Danielbuches vorgezogen.
20. So z.B. J.A.Montgomery, ICC, 1927 (ND), S.37, vgl. auch K.Koch, EdF 144, S.19, und J.J.Collins, FOTL XX, 1984, S.30.
21. Vgl. dazu J.J.Collins, FOTL XX, S.49, der die V.41-43 als sukzessiv angefügte Glossen betrachtet.
22. Da Dan 1 bei der Berechnung der siebzig Jahre, wie schon H.Gese, Das Geschichtsbild des Danielbuches und Ägypten, in: Fontes atque Pontes. FS H.Brunner, hg. v. M.Görg, ÄAT 5, Wiesbaden 1983, S.139ff. = ders., Atl. Studien, 1991, S.189ff. gezeigt hat, von II Chr 36,22f. abhängig ist, bei denen wiederum Jer 25,11f. und 29,10 im Hintergrund stehen, und c.9 zugleich der Deutung dieser Jeremiastellen gilt, läßt sich c.1 auch für die Einheitshypothese in Anspruch nehmen.
23. Zur Einordnung der Belege in die Entstehungsgeschichte des Ezechielbuches vgl. J.Garscha, Studien zum Ezechielbuch, EHS.T 23, Bern und Frankfurt am Main 1974, S.266ff. mit S.311 sowie S.160ff. mit S.307.

te 5.Jh.v.Chr. angesichts der perspektivischen Verkürzungen der Geschichte der frühen Perserzeit in der Aramäischen Sammlung Esr 4(6)8-6,18 zu hoch greifen[24] und um mindestens ein halbes Jahrhundert herabzusetzen sein.

Bemerkung 1: *Zur Vorgeschichte der c.1-6.* Daß hinter c.4 eine jüdische Adaption einer babylonischen Naboniderzählung steht, ist seit dem Bekanntwerden des Gebets Nabonids (4QOrNab) gewiß.[25] Da gemäß den babylonischen Nachrichten zu vermuten ist, daß Nabonid ursprünglich auch im Hintergrund der c.2; 4 und 5 steht, ist die Übertragung auf Nebukadnezar (c.2 und 4) bzw. Belsazar (c.5) als sekundär zu beurteilen.[26] Als Quellpunkt der Danielerzählungen beurteilt *R.G. Kratz* die von G im Anschluß an 12,13 überlieferte Geschichte von Bel und dem Drachen, die er mit *Klaus Koch*[27] für älter als die von Daniel in der Löwengrube in c.6 hält.[28]

Bemerkung 2: *Zu den Zusätzen im griechischen Daniel.* Der griechische Text des Danielbuches enthält eine Reihe von Zufügungen zu dem der Hebräischen Bibel. Hinter 3,23 bietet er nach einer kurzen Einführung in V.24f. in 3,26-45 das *Gebet des Azarias/Asarja* und nach dem Zwischentext in V.46-51, der von der wunderbaren Errettung der drei Männer durch einen Engel berichtet, in 3,52-90 den *Lobgesang der drei Männer im Feuerofen*, um dann nach einem Überleitungssatz in V.91a zu dem Grundtext von M (3,24) zurückzukehren. In der Septuaginta folgen außerdem hinter 12,13 die *Erzählungen von Susanna und Bel und dem Drachen*, während in der auf Theodot zurückgeführten Textgruppe die Erzählung von Susanna dem kanonischen Buch vorangestellt ist, weil Daniel in ihr noch als junger Mann erscheint.[29]

Bei dem *Gebet des Asarja* handelt es sich um ein mit einer Gerichtsdoxologie eingeleitetes Volksklagelied, das dem Kontext überhaupt nicht adaptiert ist (vgl. V.29f.). Der *Lobgesang der drei Männer im Feuerofen* ist ein Hymnus, der in seinem Hauptteil V.57-87 an Ps 148 erinnert. Seine Schlußverse 89f. scheinen aus Ps 136,1f. zu stammen. V.88 paßt das Lied durch seine von Ananias, Azarias und Misael befolgte Aufforderung, den Herrn für ihre Rettung zu preisen, oberflächlich dem Kontext an. Demgemäß dürfte der ganze von G überlieferte Abschnitt 3,24-91a eine sekundäre Ausgestaltung des bei M erhaltenen Grundtextes darstellen.

24. Vgl. dazu Grundriß I, S.136.
25. Vgl. dazu R.Meyer, SSAW.PH 107/3, 1962, besonders S.104ff. = ders., hg. v. W.Bernhardt, 1989, S.71ff., besonders S.116ff.
26. R.G.Kratz, WMANT 63, S.84ff. und besonders S.120ff.
27. AOAT 38/1, 1987, S.194ff. und S.205.
28. R.G.Kratz, WMANT 63, S.111ff.
29. Vgl. dazu auch G.Vermes und M.Goodman, in: Schürer-Vermes III/2, Edinburgh 1987, S.722ff., die zumal das Problem der Ursprache der Erzählungen diskutieren und den Gebrauch der Zusätze in der patristischen Literatur nachweisen.

Die 64 Verse umfassende *Geschichte von Susanna* erzählt von der Rettung der jungen Frau eines in Babylon lebenden Juden namens Jojakim durch die Weisheit des jungen Daniel. Nachdem sie aufgrund des falschen Zeugnisses von zwei von ihr verschmähten jüdischen Ältesten zum Tode verurteilt worden war, gelang es Daniel, die beiden Zeugen durch ihr getrenntes Verhör als Lügner zu überführen, so daß sie an Susannas statt hingerichtet wurden.

Die Doppelerzählung von *Bel und dem Drachen* berichtet in den V.1-22 zunächst von der Überführung der betrügerischen Machenschaften der Belpriester mit den für ihren Gott bestimmten Opfergaben durch Daniel, der am Hof des Königs (bzw. in den Theodot-Texten: des Kyros) lebt und allein seinen Gott verehrt. Die Priester werden anschließend durch den König getötet und die Statue und der Tempel Bels durch Daniel zerstört. In den V.23-42 schließt die Erzählung von der Tötung eines von den Babyloniern verehrten Drachens durch Daniel und seiner durch die Babylonier beim König erzwungenen siebentägigen Aussetzung in einem Löwenzwinger an. In ihm wird er auf Gottes Befehl durch den Propheten Ambakum (Habakuk) gespeist und am siebten Tag durch den König befreit. Daraufhin werden seine Feinde den Löwen vorgeworfen und sogleich von ihnen gefressen. Falls die Überschrift in G tatsächlich Vertrauen verdiente und die Erzählung aus einem Buch des Propheten Habakuk stammt, könnte sie aus einer uns nicht überlieferten Sammlung von Prophetengeschichten entnommen sein. Sie dürfte aber mit *Otto Plöger* trotzdem kaum älter als das 2.Jh.v.Chr. sein.[30]

Bemerkung 3: *Das Problem der Vorgeschichte der c.8-12.* Für die c.8-12 steht eine Untersuchung, wie sie *R.G. Kratz* für die c.1-6 vorgelegt hat, noch aus. Ihre unterschiedlichen Gattungen und Stoffe legen die Annahme nahe, daß auch sie ihre eigene Vorgeschichte besitzen. In c.8 handelt es sich der Form nach um eine symbolische Traumvision vom Kampf des Steinbocks mit dem Widder, die durch den Erzengel Gabriel gedeutet wird. Sie scheint nach dem Vorbild von c.7 angelegt zu sein, greift bei ihrer Verlegung an einen Fluß (Ulai) in 8,2 auf Ez 1,1, ihrer Schilderung des Engels in V. 15 vermutlich auf Ez 8,15, der Rede vom Ende in V.17b und 19b auf Hab 2,3 und in V.10f. auf Jes 14,13f. zurück.[31] Inhaltlich unterbrechen die V.13-14 mit ihrer Berechnung der Frist bis zur Wiedereinweihung des Jerusalemer Tempels den Zusammenhang. Sie sind offenbar zusammen mit V.26 (und 27b?) eingefügt.[32] Aber möglicherweise sind auch die Anspielungen auf Antiochus IV. in V.11f.16.18f. und 24f. erst nachträglich eingefügt, so daß der

30. Vgl. dazu einerseits O.Plöger, JSHRZ I/1, S.67 und andererseits K.Koch, EdF 144, S.25 und ders., AOAT 38/1, S.194ff. und S.205.
31. Vgl. dazu L.F.Hartman, AB 23, 1978, S.230 und J.J.Collins, FOTL XX, 1984, S.86f. und J.E.Goldingay, WBC 30, 1989, S.201.
32. Vgl. H.L.Ginsberg, TStJTSA 14, 1948, S.28ff.; L.F.Hartman, AB 23, S.230f. und ähnlich J.-Chr.Lebram, ZBK 23, 1984, S.95.

Grundstock des Kapitels dem Vorschlag von *Jürgen-Christian Lebram* gemäß aus der Zeit Antiochus' III. stammen könnte.[33] C.9 besteht aus einem Gebet Daniels in V.4-19 und der Antwort des Engels in V.22-27, die eine Erläuterung der siebzig Jahre von Jer 25,11f. und 29,10 als Jahrwochen gibt und diesen Zeitraum mit Antiochus IV. enden läßt. Hinweise auf eine ältere literarische Grundlage fehlen. Fraglich ist lediglich, ob das Gebet nicht erst sekundär eingeschaltet ist. Die große Vision in 10,1-12,4 nebst ihrem Ausklang in dem das ganze Buch beschließenden Offenbarungsdialog in 12,5-13 enthält keine Hinweise auf eine ältere Vorgeschichte, sondern gehört ganz der Zeit Antiochus' IV. an. In 11,1-12,4 handelt es sich um eine in sich geschlossene geschichtliche Apokalypse in der Form einer Erscheinung, eines Gesprächs des Engels mit Daniel und einer Rede eines Engels. Die Epiphanieszene mit ihrem Zwiegespräch in 10,1-21 erweist sich von Ez 1 und Ez 8-10 abhängig und wirkt in Apc 1,13-15 nach. Die Rede des Engels in 11,2-45 besteht in V.2-39 aus einem großen *vaticinium ex eventu* über die Ereignisse vom Ausklang der Perserzeit bis zum 2.Ägyptenfeldzug Antiochus' IV. In ihr verrät der Verfasser eine überraschend genaue Kenntnis der Geschichte der Beziehung zwischen den Ptolemäern und den Seleukiden. Erst in den V.40-45 folgt dann eine tatsächliche Weissagung über das Ende des Königs. An sie schließt sich in 12,1-3 eine eschatologische Prophetie über die Auferstehung der Toten und die himmlische Herrlichkeit der eschatologischen Lehrer an. In der abschließenden Szene vernimmt Daniel erst die Unterredung zweier Engel über die bis zum Ende verbleibende Zeit, um dann einen von ihnen nach der Bedeutung des Gehörten zu fragen. Sie läuft in drei Antworten aus, von denen die erste die Frage zurückweist (V.10), während die zweite und dritte sie umschreibend beantworten (V.11 und 12). Während man V.11 in der Regel als Nachtrag nach dem Verstreichen der in 8,14 genannten 1150 Abendmorgen und V.12 als einen weiteren nach Ablauf der in V.11 gesetzten Frist betrachtet,[34] beurteilt sie *J.-Chr. Lebram* als zum Grundbestand der Szene gehörende zweistufige Angabe.[35]

Bemerkung 4: *Zum Bußgebet Dan 9,4-19.* Ob es sich bei dem im dtr Geist gehaltenen Bußgebet Daniels in 9,4-19 um eine nachträgliche Einfügung oder einen integrierenden Bestandteil des Kapitels handelt, ist in der Forschung umstritten.[36] Zugunsten der Athetese läßt sich darauf hinweisen, daß sich V.21b ohne

33. ZBK 23, S.93.
34. Vgl. z.B. A.Bentzen, HAT I/19, 1952², S.86; O.Plöger, KAT XVIII, 1965, S.172f.; J.J.Collins, FOTL XX, S.99 und A.A.Di Lella, AB 23, S.313f.
35. ZBK 23, S.137 z.St.; vgl. auch N.Porteous, ATD 23, 1962 (1985⁴), S.144f.
36. Als sekundär haben das Gebet z.B. A.Frh. von Gall, 1895, S. 123ff.; K.Marti, KHC XVIII, 1901, S.65; A.Bentzen, HAT I/19, S.75 und L.F.Hartman, AB 23, 1978 (ND), S.248 beurteilt. Für seine Herleitung vom Verfasser der c.8-12 hat sich zuletzt nach erneuter Abwägung aller Gründe vorsichtig J.E.Goldingay, WBC 30, 1989, S.233-237 ausgesprochen; vgl. auch N.Porteous, ATD 23, S.111; O. Plöger, KAT XVIII, S.137ff. und R.G.Kratz, WMANT 63, S.41 Anm.117.

weiteres an V.2 anschließen läßt und das dtr Geschichtsverständnis des Gebets und die deterministische Deutung der 70 Jahrwochen durch den Engel in V.24ff. sachlich in Spannung stehen. Will man das Gebet aus kompositionstechnischen Gründen trotzdem für ursprünglich halten, empfiehlt sich die von *John J. Collins* und *Henning Graf Reventlow* bevorzugte Lösung, in ihm einen aus einem anderen liturgischen Zusammenhang übernommenen Text zu sehen.[37]

Bemerkung 5: *Zum Problem des Sprachenwechsels.* Das Problem, warum 1,1-24a hebräisch und 2,4b-7,28 aramäisch abgefaßt sind und 8,1-12,13 erneut ins Hebräische zurückfällt, wird in der Forschung bis heute unterschiedlich gelöst: 1. hat man vermutet, daß das Buch ursprünglich ganz hebräisch geschrieben worden und nach einem Textverlust aus einer aramäischen Übersetzung ergänzt worden sei; 2. hat man angenommen, daß es um seiner Aufnahme in die kanonischen Schriften willen an seinem Anfang und Ende aus dem Aramäischen ins Hebräische übersetzt worden sei; 3. hat man erwogen, daß der Verfasser mit der Benutzung des Hebräischen oder Aramäischen jeweils auf das Milieu seiner Stoffe Rücksicht genommen habe, und 4. hat man den Befund weithin mittels der Fortschreibungs- oder Aufstockungshypothese erklärt. Nach ihr war die Sammlung der Erzählungen der c.1(2)-6(7) ursprünglich auf Aramäisch abgefaßt. An sie wären gegebenenfalls zunächst das aramäische c.7 und dann die hebräischen c.8-12 angeschlossen und gleichzeitig c.1 aus dem Aramäischen ins Hebräische übersetzt oder überhaupt erst jetzt gebildet worden.[38]

Lehrsatz 3: *Die Entstehungszeit des Danielbuches.* Das Danielbuch stammt in seiner vorliegenden Gestalt aus der Zeit nach der Entweihung des Jerusalemer Tempels durch die Errichtung eines heidnischen Altars im Zuge des Verbots der traditionellen jüdischen Religionsausübung durch den Seleukiden Antiochus IV. Epiphanes im Dezember 168 (Dan 11,31). Es ist genauer in die Zeit nach dem Ausbruch des Makkabäeraufstandes 167 v.Chr. (11,34) und vor dem Tod des Königs 164 in Parthien (vgl. dagegen 11, 40ff.) und vermutlich auch noch vor der Wiedereinweihung des Tempels durch Judas Makkabäus im Dezember 165 zu datieren.

37. Vgl. in diesem Sinne J.J.Collins, FOTL XX, 1984, S.90f. und H.Graf Reventlow, Gebet im Alten Testament, Stuttgart u.a. 1986, S.281ff. und besonders S.282.
38. Zur Auseinandersetzung mit anderen Theorien vgl. K.Koch, EdF 144, S.49f. und zur Sache z.B. auch J.-Chr.Lebram, ZBK 23, S.22f., der wegen der Diskrepanz zwischen 1,18-21 und 2,25 die aramäische Sammlung erst mit c.2 beginnen läßt und die Übersetzung von 2,1-4a ins Hebräische und die Vorschaltung von c.1 dem für die Aufnahme des Grundbestandes von c.8 verantwortlichen und in der Zeit Antiochus' IV. lebenden Redaktor zuschreibt, den er als RI von R II als dem Bearbeiter und Erweiterer der Makkabäerzeit unterscheidet.

Lehrsatz 4: *Die Träger der Danielüberlieferung.* Als Träger zumindest des letzten Stadiums der kanonischen Danielüberlieferung geben sich in 11,33.35 und 12,3 eschatologisch gesinnte und zugleich gesetzestreue maśkilîm oder *Unterweiser* (vgl. auch 1QS III,13 und IX,12) zu erkennen.

Zusatz 3: *Zur geschichtlichen Einordnung der Träger der Danielüberlieferung.* Der Rückschluß aus den in c.8-12 verarbeiteten Stoffen erlaubt es, in den Unterweisern Männer zu erkennen, die aufgrund ihres Studiums der Schrift (Dan 9) unter Hinzuziehung astronomisch-astrologischer (Dan 8), geschichtlicher (Dan 11) und geographischer Kenntnisse und Quellen[39] im Kontext der synkretistischen Strömungen der hellenistischen Zeit ein eschatologisches Geheimwissen entwikkelt hatten, das sie als Ergebnis ihrer Erleuchtung betrachteten und in den Dienst der Gesetzestreue stellten. Angesichts ihrer Schriftkenntnisse wird man sie am ehesten in levitischen oder selbst priesterlichen Kreisen zu suchen haben, die sich zu den eschatologisch gesinnten und gesetzestreuen Asidäern oder Frommen (I Macc 2,42; II Macc 14,6) rechneten.[40] Da es ihnen nicht um die Wiedererrichtung eines jüdischen Staates, sondern um die Restitution Israels im Zuge des Anbruchs der Gottesherrschaft ging, haben sie sich nur vorübergehend den Makkabäern angeschlossen (vgl. Dan 11,34 und I Macc 7,13).[41]

Zusatz 4: *Zur Geschichtstheologie des Danielbuches.* Die Geschichtstheologie des Danielbuches knüpft an die aus Jer 25,11f. und 29,10 stammende Vorstellung an, daß das Land Juda nach der Zerstörung Jerusalems 70 Jahre brach liegen sollte und fügt die Wirkungszeit Daniels nach 1,1 und 21 in eben diese Zeitspanne ein. Sie begann gemäß der chronistischen Darstellung mit der Deportation unter Jojakim (II Chr 36,5ff.) und endete nach II Chr 36,22f. mit dem Tempelbau- und Heimkehrerlaß aus dem 1. Regierungsjahr des Perserkönigs Kyros II. (vgl. auch II Chr 36,20f.). Wenn dann die Zahl in c.9 durch den Engel als die von 70 Jahrwochen gedeutet wird, tritt die Weissagung des Endes des Verfolgers Antiochus IV. in das Licht der Erfüllung der jeremianischen Weissagung. In diesen die Zeiten überwölbenden Bogen fügen sich dann die beiden Weissagungen von den vier Weltreichen in c.2[42] und 7[43] ein: So wie auf das baby-

39. Vgl. dazu M.Hengel, WUNT 10, S.330ff.; zum Problem der Herkunft der Weltreichlehre auch R.G.Kratz, WMANT 63, S.197ff. und J.J.Collins, HSM 16, S.37ff.
40. Vgl. zu ihnen M.Hengel, WUNT 10, S.319ff. und z.B. A.Lacocque, Daniel et son Temps, S.131ff., aber jetzt auch E.Haag, Die Hasidäer und das Danielbuch, TThZ 102, 1993, S.51ff. und besonders S.63, der in ihnen erst die Nachfahren der »Verständigen« des Danielbuches sieht.
41. Vgl. J.J.Collins, HSM 16, S.210ff.
42. Zu Herkunft und Alter der Konzeption vgl. M.Hengel, WUNT 10, S.330ff.; J.J.Collins, HSM 16, S.36ff.; H.Gese, ÄAT 5, 1983, S.139ff. = ders., Atl. Studien, 1991, S.189ff. und R.G.Kratz, WMANT 63, S.197ff.
43. Zum mythischen Hintergrund von c.7 vgl. J.J.Collins, HSM 16, S.96ff.und J.Day, God's

lonische das medisch-persische und auf das persische das griechisch-hellenistische Reich gefolgt sind, wird sich auch dessen Zeit erfüllen und die uneingeschränkte Königsherrschaft Gottes an seine Stelle treten. So wie der für das Perserreich stehende Widder von dem für das Griechenreich stehenden Steinbock besiegt wurde, wird auch das hybride kleine Horn, Antiochus IV., fallen, wenn seine Zeit gekommen ist (vgl. c.7 mit c.8) und der Uralte an Tagen, der ewige Gott, sich zum Weltgericht setzt (7,9f.) und die Herrschaft über alle Völker und Länder für immer dem mit den Wolken des Himmels kommenden Menschensohn übergibt (7,13f.). Die in die Verheißung des Endes des Frevlers übergehenden *vaticinia ex eventu* in c.11, die den Gang der Geschichte von den letzten Perserkönigen bis zu Antiochus IV. nachzeichnen, dienen noch einmal der Stützung der Weissagung, daß sein Ende und damit zugleich das mit der Auferstehung der Toten verbundene Weltgericht nahe bevorsteht (12,1-3).[44] In dieser letzten Zeit gilt es, den das Geheimnis der Geschichte enthüllenden Unterweisern zu vertrauen (11,33), sich nicht durch das Martyrium etlicher unter ihnen in der Hoffnung auf die nahe Erlösung beirren zu lassen (11,34) und so getreu wie Daniel (c.4) und seine Freunde (c.3) an der Tora festzuhalten und allein den angestammten Gott zu verehren. Wenn Gott den hybriden Nebukadnezar mit Wahnsinn geschlagen hat (4,25ff.), dann wird er den König, der Gottes Heiligtum geschändet hat, gewiß nicht ungestraft lassen. So ordnen sich am Ende alle Texte dieses Buches unbeschadet ihrer Herkunft und ursprünglichen Absicht der *einen* Botschaft von dem Ende des Tyrannen und dem Anbruch der Königsherrschaft Gottes unter. Engel haben einst den Verfolgten geholfen (3,25ff. und 6,23). Engel, unter ihnen zumal der Erzengel Gabriel, haben Daniel die Geheimnisse der Endzeit offenbart (7,16ff. 19ff.23ff.; 8,13ff.; 9,21ff.; 10,5ff.).[45] Gabriel hat mit Hilfe Michaels, des Schutzengels Israels, gegen den Völkerengel des Perserreiches gekämpft (10,13.20). Michael wird auch im letzten, im Himmel entschiedenen Kampf (7,21.25) für sein Volk eintreten (12,1). Dann wird die Herrschaft im Himmel ewig den Engeln als den Heiligen des Höchsten (7,18) und auf Erden dem Volk der Heiligen des Höchsten und d.h. Israel gegeben (7,27).[46] Und so wird das irdische Geschehen als Gleichnis des himmlischen verstanden, in dem die eigentlichen Entscheidungen fallen. Hinter all diesen Weissagungen

conflict with the dragon and the sea. Echoes of a Canaanite myth in the Old Testament, UCOP 35, Cambridge 1985, S.151ff.

44. Vgl. dazu auch O.Kaiser, in: ders. und E.Lohse, Tod und Leben, Kohlhammer Taschenbuch 1001, Stuttgart u.a. 1977, S.68ff. und jetzt auch J.-Chr. Lebram,ZBK 23, 1984, S.134f. z.St.

45. Vgl. zu ihnen jetzt M.Mach, Entwicklungsstadien des jüdischen Engelglaubens in vorrabbinischer Zeit, TStAJ 34, Tübingen 1992.

46. Vgl. dazu auch M.Noth, Die Heiligen des Höchsten, NTT 56/ 1-2 (FS S. Mowinckel), 1955, S.146ff. = ders., Ges. Studien zum Alten Testament, ThB 6, München 1957 (ND), S.274ff. und J.Coppens, BEThL 61, 1983, S.69ff. mit der Zusammenfassung S.98ff.

steht, wie c.2 zeigt, Gott selbst, der Daniel im Nachtgesicht das doppelte Geheimnis von Nebukadnezars Traum offenbarte (2,17ff. 27f.).

Bemerkung 6: *Zur Identifikation des Menschensohns in Dan* 7.[47] Eine religionsgeschichtliche Ableitung des erstmals in Dan 7,13 begegnenden Menschensohns ist bisher nicht gelungen. Bekanntlich begegnet die formelhafte Bezeichnung im Ezechielbuch über 93 Mal als Anrede Gottes an den Propheten (vgl. z.B. Ez 2,1; 40,4), um den Gegensatz zwischen Gott und Ezechiel als Kreatur zu markieren.[48] Aber von dieser Verwendung führt keine Verbindung zu Dan 7,13f., wo es sich bei der Erscheinung um eine Gestalt handelt, die *wie ein Mensch* (*kᵉbar ʾᵃnāš*) aussieht und also kein Mensch ist.[49] Daß es sich bei ihr um ein himmlisches Wesen handelt, geht daraus hervor, daß sie *mit den Wolken des Himmels* kommt (vgl. Mk 14,62 par Mt 26,64) und dann vor Gott gestellt wird, der ihr die ewige Herrschaft über alle Völker und Zungen verleiht. In V.18 heißt es dann, daß die Heiligen des Höchsten die ewige Königsherrschaft empfangen. Identifiziert man sie mit den Engeln, kann man annehmen, daß es sich bei dem, der wie ein Mensch aussieht, um den Repräsentanten der Engel handelt. Gemäß der parallelen Machtübertragung an das Volk der Heiligen des Höchsten in V.28 legt sich der Schluß nahe, ihn mit dem Erzengel Michael als dem Völkerengel Israels zu identifizieren.[50] Schreckt man davor angesichts der Brüchigkeit des Textes zurück, wird man es bei der Auskunft belassen, daß es sich bei ihm um den himmlischen Repräsentanten der Heiligen des Höchsten und damit zugleich des Volkes der Heiligen des Höchsten handelt.

Lehrsatz 5: *Das Wesen des jüdisch-apokalyptischen Schrifttums.* Die Eigenart der pseudonymen jüdischen Schriften, die herkömmlich als Apokalypsen oder Offenbarungen bezeichnet werden, besteht darin, daß sie in einem erzählenden Rahmen ein eschatologisches Geheimwissen über das Ende der bisherigen Ge-

47. Zur Forschungsgeschichte vgl. auch K.Koch, EdF 144, S.216ff. und zur Sache zumal J. Coppens, BEThL 61, S.101ff.
48. W.Zimmerli, BK XIII/1, Neukirchen-Vluyn 1979², S.70f.
49. Der ausgefallene Vorschlag von G.Gerleman, Der Menschensohn, Stud.Bib. I, Leiden 1983, S.1ff., die Wendung mit *der vom Menschen Verschiedene* zu übersetzen, und von aramäischem *bar* als einer Raumbezeichnung auszugehen, hat m.W. keine Aufnahme gefunden.
50. So auch J.J.Collins, HSM 16, S.144ff., vgl. besonders S.146f. und als Parallele 1QM XVII,7f., aber auch J.Coppens, BEThL 61, S.111f., der die Rolle von Gabriel und Michael im Danielbuch für zu unklar hält, um eine Entscheidung zwischen beiden zu treffen. Dagegen weist J.E.Goldingay, WBC 30, 1989, S.172 die Deutung auf einen der beiden Engel unter Verweis darauf zurück, daß er in den V.18.22 und 27 nicht erneut genannt wird. Nach seiner Ansicht ist über die Auskunft, daß es sich bei dem Menschensohn in Dan 7,13 um eine rätselhafte übermenschliche Gestalt handelt, nicht hinauszukommen.

schichte, den Anbruch der Gottesherrschaft und die Zukunft der Toten entfalten, für das sie sich auf überirdische Vermittlungen berufen.[51]

Zusatz 5: *Zum apokalyptischen Schrifttum*. Die Gattung besitzt ihre Vorläufer in der prophetischen Literatur und zumal in den Nachtgesichten des Sacharjabuches.[52] Das selbständige jüdische apokalyptische Schrifttum setzt nach dem Stand der Überlieferung im 3.Jh.v.Chr. mit dem *Buch der Wächter* (und d.h. der nie schlafenden Thronengel) I Hen 1-36 ein,[53] um seinen Höhepunkt zwischen dem 2.Jh.v.Chr. und dem 2.Jh.n.Chr. zu erreichen.[54] Als fiktive Offenbarungsempfänger werden in den jüdischen Apokalypsen in der Regel Gestalten der Vorzeit wie vor allem Henoch (Gen 5,21-24), aber auch z.B. Noah, Mose, Baruch und Esra gewählt. Dagegen gibt sich der in der Tradition der jüdischen Apokalyptik stehende Verfasser der neutestamentlichen Offenbarung des Johannes, nach der das ganze einschlägige Schrifttum bezeichnet wird, mehrfach namentlich mit seinem eigenen Namen zu erkennen (Apc 1,1.4.9; 22,8).[55]

51. Vgl. dazu die Explikation des Begriffs durch J.J.Collins, Semeia 14, S.9, zitiert bei dems., FOTL XX, S.4:»›Apocalypse‹ is a genre of revelatory literature with a narrative framework, in which a revelation is mediated by an otherworldly being to a human recipient, disclosing a transcendent reality which is both temporal, insofar as it envisages eschatological salvation, and spatial insofar as it involves another, supernatural world.« Zur Sache vgl. auch H.Stegemann, Die Bedeutung der Qumranfunde für die Apokalyptik, in: Apocalypticism in the Mediterranean World and the Near East, ed. D.Hellholm, Tübingen 1983 (1989²), S.495ff. und zum Streit um die Definition D.S.Russell, Divine Disclosure, 1992, S.8ff., der angemessen zwischen der Apokalypse als einer Literaturgattung, der Apokalyptik als einem religiösen Vorstelungskomplex und der apokalyptischen Eschatologie als den in dem einschlägigen Schrifttum enthaltenen Vorstellungen über die letzten Dinge unterscheidet. Zum religionsgeschichtlichen Zusammenhang vgl immer noch M.Hengel, WUNT 10, S.369ff. und S.381ff.
52. Vgl. dazu oben § 24k sowie H.Gese, Anfang und Ende der Apokalyptik, dargestellt am Sacharjabuch, ZThK 70, 1973, S.20ff. = ders., Vom Sinai zum Zion, BevTh 64, München 1974 (1989³), S. 202ff.
53. Vgl. dazu J.T.Milik, The Books of Enoch. Aramaic Fragments of Qumrân Cave 4, Oxford 1976; die Fragmente auch bei K.Beyer, Die aramäischen Texte vom Toten Meer, Göttingen 1984, S.225ff. und zu den Problemen jetzt besonders F.G.Martínez, Qumran and Apocalyptic. Studies on the Aramaic Texts from Qumran, StTDJ 9, Leiden 1992, S.60ff. Zu dem im Wächterbuch bereits benutzten Buch Noahs vgl. ebenda, S.24ff.
54. Vgl. dazu auch die Artikel *Apokalyptik/Apokalypsen*, TRE 3, 1978, S.189ff. von G.Lanczkowski (religionsgeschichtlich); J.Lebram (AT); Kh.Müller (Judentum); A.Strobel (NT). Zum Fortleben im Mittelalter vgl. K.-H.R.Konrad und zum Nachleben im Zeitalter der Reformation und der frühen Neuzeit G. Seebaß, ebenda. Vgl. ferner K. Müller, SBAB 11, 1991.
55. Vgl. P.Vielhauer, Geschichte der urchristlichen Literatur, GL, Berlin – New York 1975 (ND), S.502 bzw. E.Lohse, Die Entstehung des Neuen Testaments, ThW 4, Stuttgart u.a. 1991⁴, S.144.

Lehrsatz 6: *Die Arten der Apokalypsen.* Bei den Apokalypsen kann man grundsätzlich zwischen solchen mit weltgeschichtlichen Offenbarungen und solchen mit überweltlichen Reisen unterscheiden.

Zusatz 6: *Zu den Arten der Apokalypsen.* Zu den geschichtlichen Apokalypsen gehören außer dem Danielbuch das Buch der Traumgesichte I Hen 83-91*,[56] der Brief Henochs I Hen 91-107* mit der Zehnwochenapokalypse (I Hen 93,1-10; 91,11-17),[57] das Jubiläenbuch,[58] der IV Esra[59] und die syrische Baruchapokalypse (II Baruch).[60] Zu den Apokalypsen mit Himmels und Unterweltsreisen gehören das Buch der Wächter I Hen 1-36, das Astronomische Buch I Hen 72-82,[61] die Bilderreden I Hen 37-71, der slavische oder II Henoch,[62] die griechische

56. Vgl. G.Beer, in: APAT II, Tübingen 1900 (ND), S.217ff.; R.H.Charles, in: APOT II, 1913, S.163ff.; P.Rießler, Altjüdisches Schrifttum außerhalb der Bibel, Augsburg 1928 (ND), S.355-451; E.Isaac, in: OTP I, London 1983, S.5ff.; M.A.Knibb, The Ethiopic Book of Enoch. A New Edition in the Light of the Aramaic Dead Sea Fragments I-II, Oxford 1978; S.Uhlig, Das Äthiopische Henochbuch, JSHRZ V/6, 1984; M.Black, The Book of Enoch or I Enoch, StVTP 7, Leiden 1985 und zum ganzen Buch A.-M.Denis, Introduction aux pseudépigraphes grecs d'Ancien Testament, StVTP 1, Leiden 1970, S.15ff. und Schürer-Vermes III/1, 1986, S.250ff. (Lit.).
57. Vgl. dazu F.Dexinger, Henochs Zehnwochenapokalypse und offene Probleme der Apokalyptikforschung, StPB 29, Leiden 1977 und J.C.Vanderkamp, Studies in the Apocalypse of Weeks (1 Enoch 93,1-10; 91,11-17), CBQ 46, 1984, S.511ff.
58. Vgl. E.Littmann, in: APAT II, 1900, S.31ff.; R.H.Charles, in: APOT II, 1913, S.1ff.; P. Rießler, S.539ff.; K.Berger, Das Buch der Jubiläen, JSHRZ II/3, 1981 und dazu A.-M. Denis, StVTP 1, 1970, S.150ff., und Schürer-Vermes III/1, 1986, S. 308ff. (Lit.).
59. Vgl. H.Gunkel, in: APAT II, 1900, S.331ff.; G.H.Box, in: APOT II, 1913, S.542ff.; P.Rießler, 1929, S.255ff.; J.Schreiner, Das 4.Buch Esra, JSHRZ V/,4, 1981 (Lit.); B.M.Metzger, in: POT I, 1983, S.517ff.; dazu W.Harnisch, Verhängnis und Verheißung der Geschichte. Untersuchungen zum Zeit- und Geschichtsverständnis im 4. Buch Esra und in der syr. Baruchapokalypse, FRLANT 97, Göttingen 1969; E.Brandenburger, Die Verborgenheit Gottes im Weltgeschehen. Das literarische und theologische Problem des 4. Esrabuches, AThANT 68, Zürich 1981 und zum Buch A.-M.Denis, StVTP 1, 1970, S.194ff. und Schürer-Vermes III/1, 1985, S.294ff.
60. Vgl. V.Ryssel, in: APAT II, 1900, S.402ff.; R.H.Charles, in: APOT II, 1913, S.470ff.; F.J.Klijn, Die syrische Baruch-Apokalypse, in: JSHRZ V/2, 1976, S.103ff.; ders., in: OTP I, 1983, S.615ff., und dazu W.Harnisch, FRLANT 97, 1969 sowie Schürer-Vermes III/ 2, 1987, S.750ff. (Lit.).
61. Vgl. dazu auch O.Neugebauer, The ›Astronomical‹ Chapters of the Ethiopic Enoch (72-80,1 and 82,4-20) with Additional Notes on the Aramaic Fragments by M.Black, in: M.Black, StVTP 7, 1985, S.386ff.
62. Vgl. N.Forbes und R.H.Charles, in: APOT II, S.425ff.; P.Rießler, S.452ff.; F.I.Andersen, 2 (Slavonic Apocalypse of) Enoch, in: OTP I, 1983, S.91ff. und dazu Schürer-Vermes III/2, 1987, S.746ff.(Lit.).

Baruchapokalypse oder III Baruch,[63] das Testament Levis c.2-5[64] und z.B. die Apokalypse Abrahams[65].

Zusatz 7: Gattungen der Apokalypsen.[66] Als Mittel der geheimen Offenbarungen erscheinen *symbolische Traumvisionen* (vgl. z.B. Dan 2 und 4 bzw. Dan 7 und 8; I Hen 83f.; IV Esr 11f.; II Bar 35-47); *Visionen mit der Erscheinung eines himmlischen Wesens* (vgl. z.B. Dan 10); *Mitteilungen eines Engels* (vgl. Dan 11; Jub 2,1ff.) und *Offenbarungsdialoge* (vgl. z.B. IV Esr 4,1-11,34; II Bar 1,1-5,4). Die Mitteilungen können in einem Offenbarungsdialog in der Gestalt eines *exegetischen Midrasch* (Dan 9) erfolgen. Als *narrativer Midrasch* läßt sich das Jubiläenbuch bezeichnen. Dem exegetischen Midrasch verwandt ist der *Pescher*, die Deutung oder der Kommentar (vgl. z.B. Dan 2,3ff.24ff.; 4,3f.; 5,7f.15ff.; 1QpHab; 4QpNah; 4QpPs 37), der im Gegensatz zum Midrasch einzelne Sätze oder Wendungen auslegt. Schließlich gibt es auch noch den Offenbarungsbericht, in dem der Offenbarungsempfänger den Inhalt ihm zuteil gewordener Offenbarungen mitteilt (vgl. die Zehn-Wochenapokalypse I Hen 93,1-10; 91,12-19).

Literatur: Smend, Entstehung[4], § 48; W.H.Schmidt, Einführung[4], § 24; Kaiser, Einleitung[5], § 27; W.Baumgartner, Ein Vierteljahrhundert Danielforschung, ThR NF 11, 1939, S.59ff., 125ff. und 201ff.; K.Koch u. Mitarb. T.Niewisch und J.Tubach, Das Buch Daniel, EdF 144, Darmstadt 1980; J.Lebram, Artikel *Daniel/Danielbuch*, TRE 8, 1981, S.325ff. – J.Meinhold, Die Composition des Buches Daniel, Greifswald 1884; ders., Beiträge zur Erklärung des Buches Daniel, Heft I. Dan.2-6, Leipzig 1888; A.Frh. von Gall, Die Einheitlichkeit des Buches Daniel, Gießen 1895; G.Hölscher, Die Entstehung des Buches Daniel, ThStKr 92, 1919, S.113ff.; M.Noth, Zur Komposition des Buches Daniel, ThStKr 98/99, 1926, S.143ff. = Ges. Studien zum AT II, hg. H.W.Wolff, ThB 39, München 1969, S.11ff.; E.Bickerman(n), Der Gott der Makkabäer. Untersuchungen zu Sinn und Ursprung der makkabäischen Erhebung, Berlin 1937 = ders., The God of the Maccabees, trl. H.R.Moehring, StJLA 32, Leiden 1979; H.H.Rowley, The Unity of the Book of Daniel, HUCA 23/1, 1950/51, S.233ff.= ders., The Servant of the Lord, Oxford 1965[2], S.247ff.; R.Meyer, Das Gebet des Nabonid. Eine in den Qumran-Handschriften wiederentdeckte Weisheitserzählung, SSAW.PH 107/3, Berlin 1962 = ders., Zur Geschichte und Theologie des Judentums in hellenistisch-römischer Zeit. Ausgewählte Abhandlungen, hg. W.Bernhardt, Berlin 1989, S.71ff.; J.J. Collins, The Apocalyptic

63. Vgl. V.Ryssel, in: APAT II, S.448ff.; H.M.Hughes, in: APOT II, 1913, S.527ff.; P.Rießler, 1928, S.40ff.; H.E.Gaylord, in: OTP I, 1983, S.653ff. und dazu A.-D. Denis, StVTP 1, 1970, S.79ff. und Schürer-Vermes III/2, 1987, S.789ff. (Lit.).
64. Vgl. F.Schnapp, in: APAT II, 1900, S.465ff.; R.H.Charles, in: APOT II, 1913, S. 282ff.; P.Rießler, 1929, S.1159ff.; H.C.Kee, in: POT I, 1983, S. 788ff. H.W.Hollander und M. de Jonge, The Testaments of the Twelve Patriarchs. A Commentary, StVTP 8, Leiden 1985 (Lit.), S.129ff. und besonders S. 131ff. und dazu Schürer-Vermes III/2, 1987, S.767ff.
65. Vgl. P.Rießler, 1928, S.13ff.; R.Rubinkiewicz, in: POT I, S.681ff. und dazu Schürer-Vermes III/1, S.288ff. (Lit.).
66. Vgl. dazu J.J.Collins, FOTL 20, S.6ff.

Vision in the Book of Daniel, HSM 16, Missoula/Mont. 1977; M.Hengel, Judentum und Hellenismus, WUNT 10, Tübingen (1969) 1988[3]; J.Coppens, Le relève apocalyptique du messianisme royal II. Le fils d'homme vétéro- et intertestamentaire, ed. J.Lust, BEThL 61, Leuven 1983; K.Bringmann, Hellenistische Reform und Religionsverfolgung in Juda. Eine Untersuchung zur jüdisch-hellenistischen Geschichte (175-163 v. Chr.), AAWG.PH III/132, Göttingen 1983; A.Lacocque, Daniel et son Temps. Recherches sur le Mouvement Apocalyptique Juif au IIe siècle avant Jésus Christ, Le Monde de la Bible, Genf 1983; K.Koch, Deuterokanonische Zusätze zum Danielbuch. Entstehung und Textgeschichte, AOAT 38/1-2, Kevelaer und Neukirchen-Vluyn 1987; R.Albertz, Der Gott des Daniel. Untersuchungen zu Daniel 4-6 in der Septuagintafassung sowie zur Komposition und Theologie des aramäischen Danielbuches, SBS 131, Stuttgart 1988; K.Müller, Studien zur frühjüdischen Apokalyptik, SBAB 11, Stuttgart 1991; R.G.Kratz, Translatio imperii. Untersuchungen zu den aramäischen Danielerzählungen und ihrem theologiegeschichtlichen Umfeld, WMANT 63, Neukirchen-Vluyn 1991 (Lit.); D.S.Russell, Divine Disclosure. An Introduction to Jewish Apocalyptic, Minneapolis 1992.

Kommentare: HK Behrmann 1894 – KHC Marti 1901 – SAT Haller 1925[2] – ICC Montgomery 1927 (ND) – HS Goettsberger 1928 – EB Nötscher 1948 – HAT Bentzen 1952[2] – KAT Plöger 1965 – ATD Porteous 1962; 1978[3] (1985[4]) – CAT Lacocque 1976 – AB Hartman und Di Lella 1978 (ND) – FOTL Collins 1984 – ZBK Lebram 1984 – BK Koch 1986ff. – WBC Goldingay 1989 – NEB E. Haag 1993 – EK Baumgartner 1926 – Charles 1929 – Young 1949.

Zu den Zusätzen: APAT I Rothstein 1900 (ND) – APOT I Davies 1913 (ND) – JSHRZ Plöger 1973.

§ 26 Pseudepigraphe Prophetenbücher der griechischen Bibel

a) Das Buch Baruch

Lehrsatz 1: *Das Buch und sein Verfasser.* Die Septuaginta überliefert hinter Jeremia und vor den Threni das Buch Baruch, im Unterschied zur syrischen Baruchapokalypse[1] auch I Baruch genannt. Es könnte zunächst eine Fortschreibung des griechischen Jeremiabuches bzw. seiner Vorlage gewesen sein, ehe es im Zuge weiterer Ausgestaltung von diesem als selbständiges Büchlein abgetrennt wurde. Der Überschrift in 1,1-2 gemäß soll der aus Jer 36 und 45 bekannte Helfer Jeremias Baruch Ben Nerija als Verfasser des Büchleins betrachtet werden. Er soll es im 5.Jahr König Jojachins bzw. der 1.Deportation (597 v.Chr.) in Babel aufgezeichnet und dort dem König und dem Volk vorgelesen haben. Sie hätten es dann mit einem Begleitbrief, der seine Verlesung empfahl, an den Hohenpriester Jojakim nach Jerusalem gesandt. Aber Bezeugung und sein Inhalt lassen den pseudepigraphen Charakter des Buches erkennen.

Lehrsatz 2: *Der Aufbau und Inhalt des Buches.* Das fünf Kapitel umfassende Büchlein gliedert sich in zwei scharf voneinander abgesetzte Teile, von denen der erste in Prosa und der zweite in Poesie verfaßt ist: Teil 1) mit 1,3-3,8 enthält in 1,15-3,8 ein Bußgebet der Verbannten, das durch eine die Schrift legitimierende Erzählung eingeleitet ist. Teil 2) mit 3,9-5,9 bietet einen Kranz von Mahn-, Klage- sowie Trost- und Heilsworten, die fast alle der als Frau personifizierten Stadt Jerusalem in den Mund gelegt oder ihr zugesagt werden. Vermutlich besitzen beide Teile des Buches eine getrennte Vorgeschichte. Die durch den Charakter des Buches als Rollendichtung erschwerte *Datierung* ist mit von der Beurteilung seiner literarischen Einheit abhängig. Sie schwankt in der neueren Forschung zwischen der Mitte des 2.Jh.s v.Chr. und dem 1.Jh.n.Chr. Wahrscheinlich hat das Büchlein jedoch seine beide Teile umfassende Endgestalt bereits um die Mitte des 1.Jh.s v.Chr. in Jerusalem erhalten.

Zusatz 1: *Zur Entstehung und Datierung des Buches.* Bei der *literarischen Analyse* muß man sich den Charakter des Buches als einer Rollendichtung vergegenwärtigen; denn er erschwert sowohl literarkritische Entscheidungen wie Rückschlüsse auf den zeitgeschichtlichen Hintergrund. Zunächst gilt es festzustellen, daß sich seine beiden Teile komplementär zueinander verhalten: Der erste schildert mit seinem Bußgebet die Not der Exilierten, der zweite verheißt ihnen die Heimkehr zum Zion. Trotzdem handelt es sich bei dem überlieferten Buch um eine sekundäre Komposition. Als primär selbständige Teile lassen sich im Anschluß an *Antonius H.J.Gunneweg* (1975; 1980[2]; vgl. auch *Josef Schreiner* 1986) das Buß-

1. Vgl. A.F.J.Klijn, Die syrische Baruch-Apokalypse, JSHRZ V/2, 1976, S.103ff.
2. Vgl. dazu oben, § 25.

gebet in 1,15-2,35(3,8), die weisheitliche Mahnrede 3,9-4,4 und die Liedkomposition 4,5-5,9 ansprechen. Das *Bußgebet* ist in 1,15-2,35 in einem stark semitisierenden Griechisch verfaßt. Sein Abschluß in 3,1-8 unterscheidet sich sprachlich von dem Vorhergehenden und dient der Verknüpfung mit 3,9-4,4 (vgl. 3,7f. mit 3,9f.). Sachlich erweist sich 1,15-2,35 in V.15-20 von dem Gebet in Dan 9,4-19 (vgl. zumal 1,16-18 mit Dan 9,9-11), in V.21-35 vom Deuteronomium und dem Jeremiabuch abhängig. Da die Herkunft des Gebets in Dan 9 umstritten ist,[2] läßt sich allenfalls aufgrund der Nichterwähnung der Auferstehungshoffnung in 2,17 auf eine vormakkabäische Entstehung von 1,15-2,35 zurückschließen. Die *weisheitliche Mahnrede* in 3,9-4,4 fordert Israel zum Gehorsam gegen das Gesetz als der Bedingung für die Erlangung des Heils auf. Neben Anleihen aus der Tritojesajanischen Sammlung und dem Hiobbuch fällt hier die Vorstellung von der verborgenen göttlichen Weisheit auf, an der Israel durch die Tora teilhat. Sie besitzt ihre nächsten Parallelen in Sir 1,1-10 und Sir 24, so daß das Lied aus den ersten Jahrzehnten des 2.Jh.s v.Chr. stammen könnte. Der kleine Zyklus der *Klage- und Trostlieder* in 4,5-5,9 besteht aus einem *Trostwort an Israel* in 4,5-8, das mittels 4,9a mit der Klage Jerusalems und ihrem Trost- und Mahnwort an ihre weggeführten Kinder in 4,9b-20 bzw. 4,21-29 verbunden ist. Daß die Personifikation des klagenden Jerusalem aus den *Threni* entlehnt ist, liegt auf der Hand.[3] In 4,30-34(35) folgt ein als Gottesrede stilisiertes *Trostwort an Jerusalem*, das allen Städten, die ihre Kinder unterdrückt oder verschleppt haben, die ewige Zerstörung androht.[4] In 4,36-5,9 folgt eine an deutero- und tritojesajanischen Heilsworten orientierte und an Jerusalem gerichtete *Aufforderung*, den Zug ihrer in alle Welt zerstreuten Kinder wahrzunehmen, die Gott auf ebener Bahn und durch Schatten spendende Wälder heimführt. Sie besitzt in Ps Sal 11,2-6 eine auffallende Entsprechung.[5] Wiederum ist das Abhängigkeitsverhältnis nicht eindeutig zu bestimmen. Doch dürfte auch hier die Dependenz auf Seiten des Baruchbuches zu suchen sein.[6] Läßt man die Unsicherheit der Entstehungszeit der einzelnen Psalmen Salomos außer acht,[7] ergibt sich angesichts ihrer Bezugnahmen auf die Eroberung Jerusalems durch Pompejus 63 v.Chr. und seine 48 v.Chr. erfolgte Ermordung für ihre Entstehung die Zeit kurz vor und nach der die Mitte des 1.Jh.s v.Chr. Entsprechend wird man auch die Komposition 4,5-5,9 und vermutlich das ganzen Baruchbuch in die 2.Hälfte des 1.Jh.s v.Chr. ansetzen können. Mit der Möglichkeit, daß die einzelnen Teile dem Ge-

3. Vgl. auch z.B. 4,12 mit Thren 1,1. Vgl. weiterhin 4,15 mit Dtn 28,49f.
4. Vgl. 4,30 mit Jes 43,1; 4,35 mit Jes 34,9f.34; 4,37 mit Jes 49,18; 60,4 und 34,10.
5. Vgl. 5,1 mit Jes 61,10; 5,4 mit Jes 61,3; 5,6 mit Jes 49,22f.; 5,7 mit Jes 40,3-5; 49,4 und 5,8 mit Jes 55,12f.
6. Für die Abhängigkeit von Ps Sal 11 von Bar 4,36-5,9 hat sich W.Pesch, Die Abhängigkeit des 11. salomonischen Psalms vom letzten Kapitel des Buches Baruch, ZAW 67, 1955, S.251ff., für die umgekehrte C.A. Moore, Towards the Dating of the Book of Baruch, CBQ 36, 1974, S.312ff. ausgesprochen.
7. Vgl. dazu S.Holm-Nielsen, JSHRZ IV/2, S.51.

samtredaktor des Buches bereits auf Griechisch vorlagen, ist zu rechnen. Für 1,15-2,35 ist eine hebräische oder aramäische Vorlage angesichts des semitisierenden Griechisch anzunehmen. Ob die in 3,9-5,9 zusammengestellten Texte primär ebenfalls semitisch oder bereits griechisch verfaßt waren, ist unsicher.

Die *Datierung* des Büchleins schwankt in der Forschung zwischen der Mitte des 2.Jh.s vor und dem letzten Drittel des 1.Jh.s n.Chr. Dabei spielt vor allem die in 1,11 den Jerusalemern anbefohlene Fürbitte für Nebukadnezar und seinen Sohn Baltasar (Belsazer) eine Rolle, hinter denen man unterschiedliche zeitgeschichtliche Herrscher vermutet hat. Doch bleiben diese Überlegungen angesichts des Charakters des Büchleins als Rollendichtung und der Abhängigkeit von 1,11 von Jer 29 und Dan 5 fraglich.[8] Unterstellt man, daß 1,1-5*.15b-2,35 sukzessiv um 3,1-8 und 3,9-4,4 und schließlich um die Jerusalemtexte 1,6-15a und 4,5-5,9 erweitert worden ist, ergibt sich ein komplizierteres Bild von der Entstehung des Buches. Zugunsten dieser Annahme ließe sich darauf verweisen, daß in 2,25 die Zerstörung des Jerusalemer Tempels, in 1,10-11 aber das Funktionieren des dortigen Kults vorausgesetzt ist. Außerdem verdient der Hinweis von *Pierre-M. Bogaert* (1982) Beachtung, daß 1,1ff. als Antithese zu Jer 36 entworfen ist: Während die Verlesung der durch Baruch aufgezeichneten Jeremiarolle vor König Jojakim mit ihrer Verbrennung endete, hat die vor dem verbannten König Jojachin und dem Volk ihre Buße zur Folge. Die Annahme, daß das Büchlein bzw. seine Grundgestalt zunächst als eine Fortschreibung des griechischen Jeremia bzw. seiner Vorlage gedacht war, ist aus stilistischen Gründen möglich, aber nicht zwingend. Die weitergehende Hypothese, daß Baruch in 1,1 lediglich als Schreiber von Jeremiaworten eingeführt werde, ist angesichts der Parallele in Jer 29,1 wenig wahrscheinlich. Rechnet man mit einem Wachstum des Buches, in dessen letztes Stadium die Jerusalemerweiterungen fallen, so kann man annehmen, daß es zunächst in der Diaspora entstanden ist, seine Endgestalt aber erst in Jerusalem erhalten hat. Doch bedürfte eine solche Teilungshypothese einer sorgfältigen, den sprachlichen und biblischen Befund minutiös berücksichtigenden Neuuntersuchung, für welche die Vorarbeiten in den Untersuchungen von *Emanuel Tov* und in den Kommentaren bereit liegen.

Zusatz 2: *Zur Ursprache und Bezeugung des Buches*. In der Forschung besteht darüber Einigkeit, daß mindestens 1,15-2,35 aus dem Hebräischen oder Aramäischen ins Griechische übersetzt ist. Im Blick auf 4,5-5,9 schwankt das Urteil. Doch sprechen Fehlübersetzungen zusammen mit den poetischen Hebraismen auch hier für eine primäre hebräische Abfassung.[9] Unter den Textfunden

8. Vgl. dazu das Referat bei Schürer-Vermes III/2, 1987, S.734ff.; weiterhin z.B. P.-M.Bogaert, Le personnage de Baruch et l'histoire du livre de Jérémie, Studia Evangelica VII, TU 126, Berlin 1982, S.73ff. und jetzt vor allem O.H. Steck, FRLANT 160, 1993, S. 285-303, der das Buch zwischen 163-162 v.Chr. datiert.
9. Vgl. dazu Steck, a.a.O., S. 249-253.

vom Toten Meer sind keine Fragmente des Büchleins identifiziert worden. Neben der griechischen Textform liegt das Büchlein in drei lateinischen Fassungen vor, von denen *Hieronymus* eine für die Vulgata übernommen hat. Das Büchlein ist weiterhin syrisch in der Übersetzung der Peschitta und Syro-Hexaplaris, koptisch und äthiopisch überliefert. Darin spiegelt sich seine Hochschätzung in der Alten Kirche, in der seine Worte gemäß seiner Anordnung hinter dem Jeremiabuch häufig als jeremianisch zitiert werden. Dabei hat sich zumal 3,38 als Weissagung auf die Inkarnation der göttlichen Weisheit in Jesus Christus besonderer Beliebtheit erfreut. Doch wird dieser Vers häufig, wenn auch nicht zwingend, als christliche Interpolation betrachtet.[10]

Literatur: Oesterley, Introduction, S.256ff.; Eißfeldt, Einleitung$^{3-4}$, S.802ff.; Rost, Einleitung Apk., S.50ff.; Schürer-Vermes III/1, S. 733ff.; H.-P.Rüger, Artikel *Apokryphen* I.12, TRE 3, 1978, S.307. – W.Pesch, Die Abhängigkeit des 11. salomonischen Psalms vom letzten Kapitel des Buches Baruch, ZAW 67, 1955, S.251ff.; B.N.Wambacq, Les prières de Baruch (I,15-II,19) et Daniel (IX,5-19), Bib 40, 1959, S.463ff.; ders. L'unité littéraire de Baruch I-III, BEThL 12, 1959, S.455ff.; ders., L'unité du livre de Baruch, Bib 47, 1966, S.547ff.; E.Haenchen, Das Buch Baruch, in: ders., Gott und Mensch, Tübingen 1965, S.299ff.; C.A.Moore, Towards the Dating of the Book of Baruch, CBQ 36, 1974, S.312ff.; E.Tov, The Septuagint Translation of Jeremiah and Baruch. A Discussion of an Early Revision of the LXX of Jeremiah 29-52 and Baruch 1:1-3:8, HSM 8, Missoula 1976; J.A.Goldstein, The Apocryphal Book of Baruch, Proceedings of the American Academy for Jewish Research 46/47, 1979/80, S.179ff.; P.-M.Bogaert, Le personnage de Baruch et l'histoire du livre de Jérémie. Aux origines du livre deutérocanonique de Baruch, TU 126, 1982, S.73ff.; J.R.Busto Saiz, Baruc 3,9-4,4: Estructura y contenido, in: A.Vargas-Machuca und G.Ruiz, ed., Palabra y Vida, FS J.A.Diaz, Madrid 1984, S.121ff. O.H. Steck, Das apokryphe Baruchbuch, FRLANT 160, Göttingen 1993.

Kommentare: APAT I Rothstein 1900 (ND) – APOT I Whitehouse 1913 (ND) – HS Kalt 1932 – EB Hamp 1958^{4} – BOT Wambacq 1957 – JSHRZ Gunneweg 1975 (1980^{2}) – NEB Schreiner 1986 – ATD Steck 1994.

b) Der Brief Jeremias

Lehrsatz: Der Brief Jeremias. Bei dem 72 Verse enthaltenden Brief Jeremias (EpJer) handelt es sich um eine pseudepigraphe Lehrschrift über die Grundlosigkeit der Furcht vor den mit ihren Bildern gleichgesetzten Göttern. Sie geht auf ein hebräisches oder aramäisches Original zurück und war bereits im 1.Jh.v.Chr. in Palästina auf griechisch verbreitet. Wie schon in jüngeren Septuagintahandschriften zählte sie in der Vetus Latina und in ihrer Folge in der Vulgata und den neueren Bibelübersetzungen als 6. Kapitel des Baruchbuches. Sie ist vermutlich in frühhellenistischer Zeit entstanden.

10. Vgl. dazu mit A.H.J.Gunneweg Sir 24,10-13 und Sap Sal 9,10.

Zusatz 1: *Literarische Eigenart und Inhalt der Schrift.* Das Büchlein gibt sich in seiner Überschrift als Kopie eines Briefes aus, den der Prophet Jeremia an die durch den König von Babylon zur Deportation Bestimmten sandte. Seiner Natur nach ist er jedoch eine *Lehrschrift* über die Nichtigkeit der mit ihren Bildern identifizierten Götter. Sie wird in V.1-6 durch eine *Einleitung* eröffnet, in der den zur Deportation nach Babylon Bestimmten die Begegnung mit Götterprozessionen voraussagt wird und sie dazu aufgefordert werden, sich nicht vor den Göttern zu fürchten, sondern den Herrn anzubeten. Anschließend wird das Thema der Nichtigkeit der mit den Bildern identifizierten Götter und des mit ihnen vollführten Betrugs in zehn Abschnitten behandelt, von denen die ersten neun (V.7-14.15-22.23-28.29-39.40-44.45-51.52-56.57-64.65-68) durch einen Kehrvers abgeschlossen werden und der zehnte (V.69-72) das Nichtigkeitsurteil zusammenfaßt. Als Hauptargumente dafür wird auf die Herstellung der Götterbilder, ihre Bewegungslosigkeit, Hilflosigkeit und Pflegebedürftigkeit und schließlich ihre Unfähigkeit hingeweisen, handelnd in die Geschichte oder das Leben des einzelnen einzugreifen. Bei der fiktiven Einkleidung seiner Lehrschrift hat der Verfasser sich an Jer 29 erinnert. Die Anregungen zu seinen Götzenbildpolemiken haben ihm Jer 10,1-16; Jes 44,9-20; 46,5-7; Ps 115,4-8 und 135,15-18, aber auch eigene Beobachtungen gegeben.

Zusatz 2: *Alter und Heimat der Schrift.* Als Ausgangspunkt für die Beantwortung der Frage nach dem Alter des Büchleins bietet sich V.2 an, der den Deportierten einen bis zu sieben Generationen dauernden Aufenthalt in Babylonien voraussagt und damit die siebzig Jahre von Jer 29,10 bei weitem übertrifft. Gleichgültig, ob man die 280 Jahre von 597 bzw. 587 an rechnet oder sie nur symbolisch bewertet, kommt man mindestens in die frühhellenistische Zeit. Falls II Macc 2,2 EpJer im Auge hat (was umstritten ist), ergäbe sich als unterste Grenze für die Entstehung des Briefes das späte 2.Jh. v.Chr.[11] Da der Verfasser den Tempelkult nicht nur aus der Literatur, sondern auch aus eigener Anschauung kennt und dabei in V.42f. auf die mit dem Kult des babylonischen Gottes Bel verbundene Prostitution hinweist, ist es nicht ausgeschlossen, daß er in Babylonien gewirkt hat, in dem die einheimische Religion seit den Tagen Alexanders des Großen einen neuen Aufschwung genommen hatte. Aber er könnte seine Kenntnisse auch anderwärts erworben haben, so daß seine Lokalisierung unsicher bleibt. Seine rationalistische Götzen- und Kultpolemik bezeugt seine Nähe zur Weisheit, seine Schriftkenntnis seine Zugehörigkeit zu schriftgelehrten Kreisen, so daß man ihn vermutlich in priesterlichen oder levitischen Schreibern zu suchen hat.

Zusatz 3: *Die Bezeugung und Ursprache der Schrift.* Der Jeremiabrief ist uns nur griechisch oder in von der Septuaginta abhängigen Tochterübersetzungen erhal-

11. Vgl. dazu Grundriß I, S.164f.

ten. Der älteste handschriftliche Textzeuge ist das griechische Papyrusfragment 7Q2 aus dem 1.Jh.v.Chr.[12] Da der Verfasser des Briefes bei seiner Wiedergabe von Jer 10,5 statt auf den Text von G auf den von M zurückgreift, die griechische Fassung eine Reihe von Semitismen enthält und einige ihrer eigentümliche Wendungen als Übersetzungsfehler zu deuten sind,[13] liegt der Schluß nahe, daß das Buch ursprünglich hebräisch oder aramäisch abgefaßt war.

Literatur: Oesterley, Introduction, S.268ff.; Eißfeldt, Einleitung[3/4], § 87; Rost, Einleitung Apk, S.53ff.; H.-P.Rüger, Artikel *Apokryphen* I.13, TRE 3, 1978, S.308 und S.316; Schürer-Vermes III/2, 1987, S.743ff. – W.Naumann, Untersuchungen über den apokryphen Jeremiabrief, BZAW 25, Gießen 1913; E.S.Artom, L'origine, la data e gli scopi dell'Epistola di Geremia, Annuario Studi Ebr. 1, 1935, S.49ff.; D.Kellermann, Apokryphes Obst. Bemerkungen zur Epistula Jeremiae (Baruch Kap.6), insbesondere zu Vers 42, ZDMG 129, 1979, S.23ff.

Kommentare: APAT I Rothstein 1900 (ND) – APOT I Ball 1912 – HSAT Kalt 1932 – BOT Wambacq 1957 – EB Hamp 1958[4] – JSHRZ Gunneweg 1975 (1980[2]) – NEB Schreiner 1986 – ATD Kratz 1994.

12. Vgl. M.Baillet, J.T. Milik und R.de Vaux (avec une contribution de H. W. Baker), Les ›Petites Grottes‹ de Qumran, DJD III, Oxford 1962, S.143 und pl.XXX.
13. Vgl. z.B. mit A.H.J.Gunneweg, JSHRZ III/2, S.185f. V.10.15.30 und 71 und vor allem D.Kellermann, ZDMG 129, 1979, S.23ff.

Bibelstellenregister
(in Auswahl)

Corrigenda zu Band 1

S. 7, Zeile 9: Lies statt *Literatur*: Überlieferung.
S. 74, Zeile 22: Lies statt *Pedanten*: Pendants.
S. 111, Zeile 8: Lies statt *Eglon*: Ehud.
S. 133, Zeile 7: Lies statt *griechisch*: hebräisch.